Die freiwillige Gerichtsbarkeit

im Reiche und in Preußen.

Ein Leitfaden

von

Dr. A. Nußbaum.

Berlin 1900.

J. Guttentag, Verlagsbuchhandlung,

G. m. b. H.

Vorwort.

Die freiwillige Gerichtsbarkeit hat dank der traditionellen Zurücksetzung, mit welcher sie trotz ihrer wachsenden Bedeutung und Vereinheitlichung seitens der Theorie anscheinend immer noch behandelt werden soll, bisher noch keine das neuere Recht berücksichtigende systematische Darstellung gefunden. Die statt dessen üppig emporgeschossene Kommentarlitteratur kann hierfür keinen vollen Ersatz gewähren. Besonders für die erste Einführung in ein Rechtsgebiet ist die Kommentarform sowohl im allgemeinen wie namentlich im vorliegenden Falle, wo die positive Gesetzgebung den Stoff nach allen Richtungen auseinandergerissen hat, durchaus ungeeignet; der Gebrauch des Kommentars setzt vielmehr einen Ueberblick über das Rechtsgebiet schon voraus.

Der vorliegende Leitfaden will nun den Leser — als solcher ist in erster Linie der preußische Jurist gedacht — in die freiwillige Gerichtsbarkeit einführen. Weiteres ist nicht erstrebt. Für die Behandlung des Stoffes mußten daher hauptsächlich didaktische Rücksichten maßgebend sein. Der Verfasser hat sich namentlich bemüht, die leitenden Gesichtspunkte breit hervorzuheben und sie, soweit es der knappe Rahmen des Leitfadens zuließ, durch praktische Beispiele und Vergleiche aus anderen Rechtsgebieten sowie durch Berücksichtigung der geschichtlichen Entwickelung und des Zweckes der Rechtssätze zur Anschauung zu bringen, alles Beiwerk dagegen zurückzudrängen. U. a. sind deshalb die Lehren des „allgemeinen Theiles" eingehender behandelt als die des „besonderen Theiles"; auch die durch die Verschiedenheit des Druckes kenntlich gemachte Zweitheilung des Stoffes soll den hervorgehobenen Zwecken dienen.

Das Studium des Gesetzes kann und will der Leitfaden nicht erübrigen; er soll vielmehr nach der Absicht des Verfassers neben dem Gesetzestext benutzt werden. Die wichtigeren Gesetzescitate sind daher in den Text der Darstellung selbst aufgenommen worden.

Berlin, im Oktober 1900.

Der Verfasser.

Inhaltsübersicht.

Einleitung.

Allgemeiner Theil.

Erstes Kapitel.

Das Gericht.

Zweites Kapitel.

Die Partei.

Drittes Kapitel.

Das Verfahren.

Abschnitt I: Allgemeines.

Abschnitt II: Das Beschwerdeverfahren.

Abschnitt III.

Abschnitt IV: Die Kosten.

Besonderer Theil.

Erstes Kapitel.

Vormundschaftssachen.

Zweites Kapitel.

Drittes Kapitel.

Nachlaß- (und Theilungs-) Sachen.

Viertes Kapitel.

Handels- und Vereinssachen.

Fünftes Kapitel.

Sechstes Kapitel.

Siebentes Kapitel.

Die gerichtliche und notarielle Urkunde.

Achtes Kapitel.

Einzelne Angelegenheiten.

Anhang.

Das Notariat.

Verzeichniß der Abkürzungen.

AG. = Ausführungsgesetz.[1])

AGO. = Allgemeine Gerichtsordnung für die preußischen Staaten vom 6. Juli 1793.

AHGB. = Allgemeines Deutsches Handelsgesetzbuch (1861).

ALR. = Allgemeines Landrecht für die Preußischen Staaten vom 5. Februar 1794.

ALVG. = (Preußisches) Gesetz über die Allgemeine Landesverwaltung vom 30. Juli 1883.

Begr. = Begründung zum Entwurf eines Preußischen Gesetzes über die freiwillige Gerichtsbarkeit (Drucksachen des Hauses der Abgeordneten, 1899, Beil. zu Nr. 35).

BGB. = Bürgerliches Gesetzbuch für das Deutsche Reich vom 18. August 1896.

BSchG. = Reichsgesetz betreffend die privatrechtlichen Verhältnisse der Binnenschifffahrt (in der Fassung der Bekanntmachung vom 20. Mai 1898).

CPO. = Civilprozeßordnung (in der Fassung der Bekanntmachung vom 20. Mai 1898).

Denkschr. = Erläuternde Denkschrift zum Entwurf eines Gesetzes über die Angelegenheiten der freiwilligen Gerichtsbarkeit, Reichstagsvorlage (Reichstags-Drucksachen 1897/98, Beil. zu Nr. 21).

DJZ. = Deutsche Juristenzeitung, herausgegeben von Laband, Stenglein und Staub.

EG. = Einführungsgesetz.

Fr. G. = Freiwillige Gerichtsbarkeit.

GBO. = Grundbuchordnung vom 24. März 1897.

---

[1]) Wo nicht ein anderes ausdrücklich gesagt ist, sind immer die preußischen Ausführungsgesetze gemeint.

GenG. = Reichsgesetz, betreffend die Erwerbs- und Wirthschaftsgenossenschaften (in der Fassung der Bekanntmachung vom 20. Mai 1898).

GKG. = Gerichtskostengesetz.

GS. = (Preußische) Gesetzsammlung.

GVG. = Gerichtsverfassungsgesetz (in der Fassung der Bekanntmachung vom 20. Mai 1898).

HGB. = Handelsgesetzbuch vom 10. Mai 1897.

JM. = (Preußischer) Justizminister.

JMBl. = (Preußisches) Justizministerialblatt.

KG. = Kammergericht.

„ (mit Zusatz einer Ziffer, z. B. KG. 3, 48) = Jahrbuch für Entscheidungen des Kammergerichtes u. s. w., herausgegeben von Johow.

KO. = Konkursordnung (in der Fassung der Bekanntmachung vom 20. Mai 1898)

LG. = Landgericht.

OLG. = Oberlandesgericht.

PrFG. = Preußisches Gesetz über die freiwillige Gerichtsbarkeit vom 21 September 1899.

RG. = Reichsgericht.

„ (mit Zusatz einer Ziffer, z. B. RG. 12, 49) = Entscheidungen des Reichsgerichtes in Civilsachen.

RFG. = Reichsgesetz über die Angelegenheiten der freiwilligen Gerichtsbarkeit vom 17 Mai 1898.

RGBl. = Reichsgesetzblatt.

RGes. = Reichsgesetz.

StGB. = Strafgesetzbuch für das Deutsche Reich vom 15. Mai 1871.

StPO. = Strafprozeßordnung für das Deutsche Reich vom 1. Februar 1877.

VO. = Verordnung.

WO. = Allgemeine Deutsche Wechselordnung.

ZfCP. = Zeitschrift für Deutschen Civilprozeß u. s. w., herausgegeben von Schultzenstein und Vierhaus.

ZwVG. = Reichsgesetz über die Zwangsversteigerung und die Zwangsverwaltung vom 24. März 1897.

Einleitung.

§ 1.

Begriff der freiwilligen Gerichtsbarkeit.[1])

Freiwillige Gerichtsbarkeit ist die Mitwirkung der Staatsgewalt an der Gestaltung der Privatrechtsverhältnisse. Musterbeispiele für Akte freiwilliger Gerichtsbarkeit sind die öffentliche Beurkundung von Rechtsgeschäften und die rechtsbegründende Eintragung in öffentliche Register und Bücher. Die fr. G. ist verschieden sowohl vom Civilprozeß wie von der obrigkeitlichen Verwaltung; erstere hat nicht die Gestaltung, sondern den Schutz der Privatrechte zum Gegenstande; letztere ist ihrem Wesen nach nicht auf die Gestaltung rechtlicher, sondern thatsächlicher Verhältnisse gerichtet.

Die fr. G. wird nicht nur, wie man nach dem buchstäblichen Sinne des Ausdrucks vermeinen könnte, von den Gerichten, sondern auch von anderen Behörden und Beamten, z. B. von den Notaren, dem Patentamte, den Auseinander-

[1]) Litteratur: W. H. Puchta, Ueber die Grenzen des Richteramts, 1819 S. 18 ff.; derselbe, Handbuch des gerichtlichen Verfahrens in nicht streitigen bürgerlichen Rechtssachen, 1831 § 3; Oesterley, Versuche aus dem Gebiete der sog. freiwilligen Gerichtsbarkeit, 1830; Merkel, Das Notariat und die willkürliche Gerichtsbarkeit, 1860 S. 1 ff.; Wach, Handbuch des Civilprozesses, 1885 Bd. I S. 47 ff.; Frese im Sächs. Archiv für bürgerl. Recht 6, 99 ff.; Schmidt, Lehrbuch des deutschen Civilprozeßrechts, 1898 S. 130 ff.; Weißler, Reform der vorbeugenden bürgerlichen Rechtspflege in Oesterreich, 1900 S. 34 ff. Außerdem sämmtliche — im § 5 aufgezählte — Kommentare zum RFG.

setzungsbehörden, ausgeübt. Die insofern irreführende Bezeichnung „freiwillige Gerichtsbarkeit" ist geschichtlich zu erklären (§ 2) und enthält immerhin einen richtigen Kern, da die Zuständigkeit der Gerichte **überwiegt**.

Für die den Gerichten zugewiesenen Gegenstände der fr. G. hat sich ein Verfahren herausgebildet, welches sich zwar nicht nach den strengen Regeln des Civilprozesses abwickelt, aber auch nicht in dem Grade wie das Verwaltungsverfahren der festen Formen ermangelt. Das positive Recht hat nun aus Zweckmäßigkeitsgründen sowohl mancherlei Angelegenheiten civilprozessualer Natur — namentlich die Erledigung gewisser Streitigkeiten zwischen Ehegatten und zwischen Eltern und Kindern[1]) — dem Prozeßrichter als auch einzelne Verwaltungssachen, z. B. das Taxationswesen,[2]) den Verwaltungsbehörden abgenommen und dem Richter der fr. G. überwiesen, formell also dem letzteren Gebiete zugeschlagen.

Als begrifflich den Verwaltungssachen zugehörend wird meist die Obervormundschaft angesehen. Dies trifft nur theilweise zu. Insbesondere sind die Bestellung des Vormunds und die Ertheilung der richterlichen Genehmigung zur Vornahme von Rechtsgeschäften echte Akte der fr. G. Dagegen ist die Führung der Aufsicht über die Vormünder in der That begrifflich Verwaltungssache.

Umgekehrt sind aber auch mehrfach Angelegenheiten, die an sich der fr. G. zuzuzählen sind, z. B. die Entmündigung — das Aufgebot dürfte gleichfalls hierhin zu rechnen sein[3]) — durch das Gesetz den Formen des Civilprozesses unterstellt worden. **Ueberhaupt darf keine der durch selbständige Verfahrensgesetze, wie die Civilprozeßordnung, die Konkursordnung und das Zwangs-**

---

[1]) Vgl. z. B. §§ 1357, 1358, 1379, 1402, 1447, 1451, 1519, 1635, 1636 BGB.; §§ 1304, 1308, 1612 BGB.

[2]) Unten § 51.

[3]) Vgl. **Wach** a. a. O. S. 63; abw. **Dorner**, Kommentar zum RFG. S. 4; **Fischer**, Recht und Rechtsschutz, S. 12 ff.

versteigerungsgesetz geregelten Angelegenheiten im Sinne des positiven Rechts als eine solche der fr. G. behandelt werden.[1])

Hiernach hat der an die Spitze dieses Paragraphen gestellte theoretische (materielle) Begriff der fr. G. praktisch nur eine beschränkte Bedeutung. Die Frage, ob im einzelnen Falle die Regeln des Civilprozesses, der fr. G., der Verwaltung u. s. w. maßgebend sind, entscheidet sich, wie die obigen Ausführungen gezeigt haben, in erster Linie nach dem positiven Recht; erst wo dieses keine Auskunft giebt, ist auf den materiellen Begriff der fr. G. zurückzugehen.[2])

Ueber den Begriff der fr. G. besteht eine so umfangreiche — freilich recht unfruchtbare — Litteratur, wie über keine andere Frage der ganzen Lehre. Vgl. die Aufzählung in Anm. 1 S. 1, wo nur das Wichtigste angeführt ist. Oben ist im wesentlichen die herrschende Ansicht wiedergegeben. Im Gegensatz zu ihr stehen vornehmlich diejenigen Meinungen, welche als das charakteristische Merkmal der fr. G. deren Zweck — sei es den der Sicherung gegen künftige Rechtsverletzungen (Mohl)[3]) oder den der Klarstellung von Rechtsverhältnissen (Weißler)[4]) — ansehen. Allein diese Zwecke decken nur einen Theil des Gebiets.

Der Ausdruck „fr. G." darf, wie schon bemerkt, nicht wörtlich genommen werden — auch das Merkmal der „Freiwilligkeit" trifft keineswegs immer zu —, sondern ist als ein technischer aufzufassen. Er ist eine Uebersetzung

---

[1]) Z. B. die Bestellung eines Vertreters in den Fällen der §§ 57, 58, 494 CPO., die Bestätigung eines Zwangsvergleichs (§§ 184 ff. KO.), die Bestellung eines Zwangsverwalters (§ 150 ZwVG.)

[2]) So z. B. im Falle des § 1141 BGB., siehe § 52 Ziff. III dieses Leitfadens.

[3]) Polizeiwissenschaft, Bd. III (System der Präventivjustiz oder Rechtspolizei) S. 1 ff., 13; Frese a. a. O. S. 103; Oesterley a. a. O. S. 11 ff.

[4]) Weißler, Reform S. 42; in seinem Kommentar zum RFG. S. 3 f.

des quellenmäßigen „iurisdictio voluntaria“ (unten § 2) — man sprach früher wohl auch von „willkürlicher Gerichtsbarkeit“ —, eben deshalb von jeher in der gemeinrechtlichen wie der partikulären Rechtswissenschaft und Gesetzgebung vorwiegend verwendet worden und steht jetzt in der Ueberschrift der beiden wichtigsten einschlägigen Gesetze, des Reichsgesetzes vom 17. Mai 1898 und des preußischen Gesetzes vom 21. September 1899. Die daneben häufig gebrauchte Bezeichnung „nichtstreitige Rechtspflege“ [1]) (auch nichtstreitige Rechtssachen) kommt dem materiellen Begriff vielleicht näher, erreicht ihn aber auch nicht und steht sprachlich der anderen Terminologie nach.[2]) Gemeinrechtlich bediente man sich vielfach des Ausdrucks „Extrajudicialien“, besonders in der badischen Rechtssprache ist die Bezeichnung „Rechtspolizei“ üblich, in Oesterreich gilt ein Gesetz vom 9. August 1854 über das „gerichtliche Verfahren in Rechtsangelegenheiten außer Streitsachen“.

Wohl zu unterscheiden von der fr. G. ist die Justizverwaltung (§§ 77 ff. AG. z. GVG.), welche gemäß § 4 EG. z. GVG. allein von allen Verwaltungszweigen den Gerichten übertragen werden darf.

Zur Justizverwaltung gehört z. B. die Führung der Aufsicht über die Justizbeamten, das Gefängnißwesen, soweit es vom Justizministerium ressortirt, das Gerichtskassenwesen,[3]) aber z. B. auch die allgemeine Beeidigung eines Sachverständigen für gerichtliche Angelegenheiten, welche sowohl durch den Landgerichtspräsidenten wie durch einen von ihm beauftragten Richter erfolgen kann,[4]) und die den Gerichten obliegende Vorbereitung der justizministeriellen Entscheidungen über die Befreiung von gewissen

[1]) Vgl. Jastrow, Archiv für bürgerliches Recht 13, 314.

[2]) Der von Staub, DJZ. 1898, 14 vorgeschlagene Ausdruck „außerordentliche Gerichtsbarkeit“ (extraordinaria cognitio) paßt aus geschichtlichen und sachlichen Gründen nicht.

[3]) Vgl. z. B. Sydow, die preußischen Ausführungsgesetze zu den Reichsjustizgesetzen, Anm. zum § 77 AG. z. GVG. Die dort angezogenen Verordnungen sind allerdings zum Theil veraltet.

[4]) § 86 AG. z. GVG., Allg. Verf. des JM. vom 5. Februar 1900, JMBl. S. 48, § 3.

Ehehindernissen und dem für die Annahme an Kindesstatt erforderlichen Alter des Annehmenden und über die Ehelichkeitserklärung.[1])

Für die Angelegenheiten der Justizverwaltung gelten völlig andere Grundsätze wie für die der fr G., z. B. ist in ersterer der Richter nicht unabhängig, mithin auch in sachlicher Hinsicht den Anweisungen der Aufsichtsbehörde unterworfen, eidliche Zeugenvernehmungen sind nicht zulässig, gegen Maßnahmen des Richters findet lediglich die Aufsichtsbeschwerde statt[2]) u. s w.

§ 2.

Geschichtliches.

a) Das frühere Recht.[3])

Die fr. G. nimmt im System des römischen Rechtes nur eine sehr bescheidene Stellung ein. Man kann hierher rechnen die prätorische in integrum restitutio (welche bekanntlich nicht nur — wie jetzt — gegen die Versäumung prozessualer Fristen, sondern vor allem gegen die Eingehung gewisser materieller Rechtsgeschäfte gewährt wurde) sowie den vor dem Magistrat erfolgenden Abschluß gewisser Geschäfte des ius civile (in iure cessio zum Zwecke der Eigenthumsübertragung, manumissio, emancipatio und adoptio); diese wurden ursprünglich in der Form der legis actio, mithin eines (Schein-) Prozesses vollzogen und müssen als Akte der fr. G. angesehen werden, seitdem die Bedeutung der prozessualen Form dem Bewußtsein der Betheiligten entschwunden war, mindestens aber seitdem in der nachklassischen Zeit (bei der manumissio, emancipatio und adoptio) das Kleid des Scheinprozesses abgestreift worden

---

[1]) BGB. §§ 1303, 1312, 1322, 1723, 1744, 1745, Kgl. Verordn. vom 16. November 1899 (GS S. 562), Art. 10, 13, 14, Allg. Verf. des JM. vom 14. Dezember 1899 (JMBl. S 784).

[2]) Vgl. unten S. 66

[3]) Oesterley a. a. O; Merkel a. a. O; Weißler, Reform S. 1 ff.

und nur die Vollziehung vor der Gerichtsbehörde übrig geblieben war.

Vor allem erweiterte die sozialreformatorische Gesetzgebung des ausgehenden Römerreichs den Kreis der fr. G. Hier ist namentlich die Ausbildung der staatlichen Obervormundschaft (näheres unten § 26), die Aufstellung des Erfordernisses obrigkeitlicher Genehmigung für Vereinbarungen über Alimente[1]) und die Vorschrift der gerichtlichen Insinuation von Schenkungen über 500 solidi zu nennen.

In den Quellen findet sich eine den Institutionen Marcians[2]) entstammende Stelle (l. 2 D de off. proc. 1,16), wo iurisdictio contentiosa und voluntaria in Gegensatz zu einander gestellt werden; als Beispiele der letzteren werden die Manumission von Sklaven (Freilassung) und von Hauskindern (Emanzipation) und die Adoption genannt. Es handelt sich jedoch wohl nur um eine gelegentliche Bemerkung Marcians, der für das römische Recht prinzipielle Tragweite nicht beigemessen werden darf;[3]) denn die ganze Unterscheidung wie überhaupt der Begriff der iurisdictio voluntaria ist den römischen Quellen im Uebrigen gänzlich unbekannt. Eine ganz andere und gewaltige Bedeutung erhielt die Formel Marcians erst durch die Rezeption.

In Deutschland hatte die fr. G. einen weiten Umfang gewonnen. Viele Rechtsgeschäfte konnten nur vor Gericht oder anderen öffentlichen Stellen vollzogen werden, insbesondere erfolgte seit der Zeit der Rechtsbücher die Uebertragung des Eigenthums an Grundstücken ganz vorwiegend im Wege der gerichtlichen Auflassung;[4]) vor Allem aber war das öffentliche Urkunds- und Buchwesen zu hoher Blüthe gelangt (vgl. unten § 46). Für diese und manche andere, dem Justinianischen Gesetzgebungswerk mehr oder minder un-

---

[1]) l. 8 pr. § 2 D. de transact. 2,15; l. 8 C. de transact. 2,4.

[2]) Die Institutionen Marcians sind wahrscheinlich etwa um die Regierungszeit Caracallas (211—217) verfaßt.

[3]) Oesterley a. a. O. S. 95 ff.

[4]) Heusler, Institutionen des deutschen Privatrechts II, 81 ff.

bekannte Rechtseinrichtungen mußte gleichwohl nach dem Gebote der romanistischen Doktrin die quellenmäßige Grundlage gefunden werden. Man griff zu diesem Zwecke die iurisdictio voluntaria Marcians auf, die so, freilich mit neuem Inhalt erfüllt, in der gemeinrechtlichen Litteratur der technische Ausdruck für unser Rechtsgebiet wurde.

Die Glosse zu l. 2 D 1,16 hatte den wesentlichen Unterschied zwischen der iurisdictio voluntaria und contentiosa darin gefunden, daß erstere „in volentes", letztere „in invitos" gerichtet sei. Diese Grenzbestimmung ging in die gemeinrechtliche Wissenschaft über, doch wurde schon frühzeitig, da bei manchen der hierher gehörigen Angelegenheiten, z. B. den Vormundschaftssachen, von „Freiwilligkeit" nicht gut die Rede sein konnte, ein Zwischenbegriff geschaffen, welcher bald als iurisdictio mixta oder quasi contentiosa in selbstständiger Weise zwischen die beiden anderen Begriffe eingeschoben wurde, bald als iurisdictio voluntaria mixta (Gegensatz iurisdictio voluntaria mera), einen Unterbegriff der iurisdictio voluntaria darstellte. Ueber das Unterscheidungsmerkmal dieses Zwischenbegriffes gegenüber der eigentlichen iurisdictio voluntaria gingen die Meinungen auseinander[1]): meist sah man es darin, daß ersterer eine causae cognitio, d. h. eine materielle Sachprüfung des Richters erfordere (so namentlich bei Vormundschaftssachen und Hypothekenbestätigungen), während bei letzterer alles auf den reinen Willen der Betheiligten abgestellt sei.

Die gesetzgeberische Fortentwicklung der fr. G. erfolgte Anfangs durch das Reich, welches vornehmlich in der Notariatsordnung von 1512 dem Notariatswesen und in den Polizeiordnungen von 1548 und 1577 dem Vormundschaftswesen eine neue Grundlage gab, ging aber bald genug in die Hände der Einzelstaaten über. Von diesen gelangte bei weitem zuerst Preußen zu einer umfassenden Neuregelung des gesammten Gebiets, indem der zweite Theil der Allgemeinen Gerichtsordnung dem „gerichtlichen

[1]) Claproth, Theoretisch-praktische Rechtswissenschaft S. 1 f., Oesterley a. a. O. S. 94 Anm. 8.

Verfahren in nicht streitigen Angelegenheiten" gewidmet wurde[1]).

Dieser zweite Theil findet sich in dem Corpus iuris Fridericianum vom 26. April 1781, auf welchem die AGO. beruht, noch nicht und ist durchweg das Werk Suarez's.[2]) Publizirt ist der zweite (und dritte) Theil der AGO. im Juli 1795, obwohl das Publikationspatent für die gesammte AGO. vom 6. Juli 1793 datirt. Die Verzögerung rührte hauptsächlich daher, daß der Druck nicht rechtzeitig begonnen hatte.

Der zweite Theil der AGO. zerfällt in sechs Titel, denen eine kurze Einleitung vorangeht. Die beiden ersten Titel entsprechen dem, was man in der Wissenschaft mit „Allgemeinem Theil" bezeichnet, die Titel 3—6 bringen den besonderen Theil (Beurkundungen von Verträgen und anderen Handlungen inter vivos, Aufnahme von Testamenten, Nachlaßwesen, Taxwesen). Das Hypotheken-, Depositalund Vormundschaftswesen, welches von der AGO. zwar zu der nichtstreitigen, aber — im Sinne der älteren Theorie — nicht zu der eigentlich „freiwilligen" Gerichtsbarkeit gerechnet wurde, fanden in der auf letztere beschränkten AGO. keine Aufnahme, sondern wurden in der Allgemeinen Hypothekenordnung vom 20. Dezember 1783, der Allgemeinen Depositalordnung vom 15. September 1783 und ALR. II, 18 geregelt.

Der erste Theil der AGO. enthält eine „Prozeßordnung", der dritte Theil beschäftigt sich mit den „Pflichten der bei der Justiz angesetzten Personen". Von dem ganzen Gesetze steht im wesentlichen nur noch der von der gerichtlichen Taxation handelnde sechste Titel des zweites Theiles in Geltung.[3])

Das Beispiel Preußens fand lange Zeit hindurch in den anderen deutschen Staaten keine Nachahmung. Zuerst wurde in Oesterreich eine einheitliche Regelung der gerichtlichen

[1]) Zur Geschichte der AGO. vgl. Simon in Mathis Allgemeiner juristischen Monatsschrift 11,262 ff.; Abegg, Versuch einer Geschichte der preußischen Civilprozeßgesetzgebung S. 111 ff.

[2]) Vgl. Stölzel, Suarez, S. 215 ff.

[3]) Art. 144 Ziff. 1 und 2 Pr. FG.

nichtstreitigen Rechtspflege durch das bereits erwähnte Gesetz vom 9. August 1854 über das gerichtliche Verfahren in Rechtsangelegenheiten außer Streitsachen herbeigeführt, ihm folgte Baden mit dem Gesetze vom 28. Mai 1864 (6. Februar 1879) über die Verwaltung der fr. G. und das Notariat und Sachsen mit den Verordnungen vom 9. Januar 1865 (und 3. August 1868) betreffend das Verfahren in nichtstreitigen Rechtssachen; außerdem gaben sich viele deutsche Staaten besondere Notariatsordnungen. Im allgemeinen pflegte man jedoch sporadisch in den privatrechtlichen Gesetzen nebenher diejenigen Angelegenheiten der fr. G. zu erledigen, welche mit dem jeweiligen materiellen Gegenstande des Gesetzes zusammenhingen. Dieses System fand namentlich auch Anwendung, als sich ein einheitliches deutsches Recht, zunächst als „Allgemeines", dann als „Bundes-" und endlich als Reichsrecht zu bilden begann. So enthalten u. a. die Wechselordnung (Art. 87—90), das Allgemeine Deutsche Handelsgesetzbuch (Art. 12ff., 432 ff.), das Markenschutzgesetz vom 30. November 1874 (§§ 1ff.), das Geschmacksmustergesetz vom 11. Januar 1876 (§§ 9ff.) Vorschriften, welche in das Gebiet der fr. G. gehören. Von einschlägigen preußischen Gesetzen seien nur die Grundbuchordnung vom 5. Mai 1872 und die Vormundschaftsordnung vom 5. Juli 1875 genannt.

Die Justizreorganisation von 1877/1879 ließ die nichtstreitigen Rechtssachen an sich unberührt, wurde aber für viele Bundesstaaten, insbesondere für Preußen und Bayern, zur Veranlassung, in ihren Ausführungsgesetzen zum GVG. und zur CPO.[1]) die allgemeinen Grundsätze der fr. G. im Anschluß an GVG. und CPO. einheitlich und zeitgemäß zu gestalten. Hessen schritt zum Erlaß eines besonderen Gesetzes vom 5. Juni 1879 über das Verfahren in Sachen der nichtstreitigen Gerichtsbarkeit.

---

[1]) Preußische Gesetze vom 24. April 1878 und 24. März 1879, Bayrische Gesetze vom 23. Februar 1879.

§ 3.

Geschichtliches.

b) Die Entstehung des RFG.

Erst die Schöpfung des Bürgerlichen Gesetzbuches für das Deutsche Reich gab die Möglichkeit und Veranlassung, die (von den Gerichten geübte) fr. G. in weiterem Umfange reichsrechtlich zu regeln. Zuständig hierfür war die Reichsgesetzgebung auf Grund des Art. 4 Ziff. 13 der Reichsverfassung, da die fr. G. unter das „gerichtliche Verfahren" fällt. Immerhin erschien die Frage nicht unzweifelhaft. In den maßgebenden Kreisen ging man davon aus, daß das Reich jedenfalls die fr. G. insoweit ordnen dürfe, wie dies zur einheitlichen Durchführung des „bürgerlichen Rechtes" (Art. 4 Ziff. 13 der Reichsverfassung) erforderlich sei. An diese Schranke hielt man sich um so lieber, als man Eingriffe in das mit der fr. G. eng zusammenhängende öffentliche Recht, besonders in die Behördenorganisation der Bundesstaaten möglichst zu vermeiden trachtete. Immerhin zeigt die Entwickelungsgeschichte des RFG. eine entschiedene Tendenz zu Gunsten der Rechtseinheit.

Den Ausgangspunkt des RFG. bildet ein von Planck in seiner Eigenschaft als Mitglied der ersten Kommission zur Berathung des Entwurfs zum BGB. und Redaktor des Familienrechts verfaßter Entwurf eines Reichsgesetzes „über das Verfahren in Vormundschaftssachen und sonstigen das Familienrecht betreffenden Angelegenheiten", welcher im Jahre 1881 der Kommission vorgelegt wurde. Man wandte gegen ihn ein, daß zwar die in ihm enthaltene, umfassende Regelung der allgemeinen Verfahrensgrundsätze[1]) zu weit gehe, daß aber andererseits zweckmäßiger Weise auch die anderen Extrajudicialsachen, namentlich die Nachlaßsachen in den

---

[1]) Der erste Planck'sche Entwurf übertraf in dieser Hinsicht das RFG. bedeutend, er ordnete z. B. auch die gerichtliche Zwangsgewalt und die Kostentragung.

Entwurf einzubeziehen seien.[1]) Unter Berücksichtigung dieser beiden Einwendungen wurde der Entwurf darauf von Planck umgearbeitet und als Entwurf eines Reichsgesetzes „betreffend Angelegenheiten der nichtstreitigen Rechtspflege" im Jahre 1888 von neuem der Kommission unterbreitet.[2]) Er kam jedoch nicht mehr zur Berathung, da die Kommission bis zum 31. März 1889, dem vom Bundesrath für ihre Arbeiten gesetzten Endtermine, mit dem BGB. und anderen Nebengesetzen desselben beschäftigt war.

Die sogenannte „zweite Kommission", welche an sich nur zur zweiten Lesung der Entwürfe zum BGB. und EG. z. BGB. berufen war, faßte noch vor Eintritt in die Berathung des BGB. folgenden Beschluß:

> „Die Kommission erachtet es für nothwendig, daß die Angelegenheiten der fr. G. durch ein Reichsgesetz soweit geregelt werden, als zur einheitlichen Durchführung des BGB. erforderlich ist",

schied auch, wenngleich leider nicht konsequent,[3]) manche zur fr. G. gehörige Vorschriften aus dem Entwurf aus und verwies sie in das durch den angeführten Beschluß geforderte Gesetz. Der Bundesrath war mit dem Vorgehen der Kommission einverstanden und fügte dem Art. 1 EG z. BGB. die Bestimmung ein, daß das BGB. u. a. gleichzeitig mit einem Gesetze über die Angelegenheiten der fr. G. in Kraft treten solle. Hierauf wurde im Reichsjustizamt der Entwurf eines RFG. ausgearbeitet, welches jetzt zur Grundlage für sämmtliche den Gerichten reichsrechtlich übertragenen, nichtstreitigen Angelegenheiten bestimmt wurde. Die

---

[1]) Vgl. den Bericht des Präsidenten der Kommission, Pape, bei Alexander-Katz, Erläuternde Bemerkungen zum Entwurf des BGB. S. 14 ff.

[2]) Die beiden Entwürfe Plancks sind gedruckt, aber nicht im Buchhandel erschienen. Namentlich der erste Entwurf ist mit einer ausführlichen Begründung versehen.

[3]) z. B. sind die der fr. G. angehörigen Vorschriften über Güterrechtsregister (§§ 1558 ff. BGB.), Testamente (§§ 2231 ff. BGB.), Erbschein (§§ 2353 ff. BGB.) im Entwurf des BGB. und schließlich im BGB. selbst stehen geblieben.

hierin liegende Erweiterung des sachlichen Herrschaftsgebietes war vornehmlich durch die Revision des Handelsgesetzbuches veranlaßt, bei welcher sich das Bedürfniß nach einer Ergänzung der materiellen handelsrechtlichen Vorschriften durch solche der fr. G. (vgl. jetzt §§ 125 ff RFG.) ergeben hatte.[1] Der im Reichsjustizamt fertiggestellte Entwurf wurde zunächst dem Bundesrath,[2] dann von diesem nach Vornahme einiger Abänderungen am 26. November 1897 nebst einer „erläuternden Denkschrift" dem Reichstage vorgelegt.[3] Dieser nahm den Entwurf, ohne an ihm erhebliche Neuerungen anzubringen, in der Sitzung vom 10. März 1898 zugleich mit einer Resolution an, in der die Regierung ersucht wurde, auch eine einheitliche Regelung des Kostenwesens in der fr. G. sowie des Notariatswesens herbeizuführen. Nachdem der Bundesrath seine Sanktion ertheilt hatte, wurde das Gesetz unter dem 17. Mai 1898 vom Kaiser vollzogen.

Veröffentlicht ist das Gesetz zweimal, RGBl. 1898, 189 ff., 771 ff. Die zweite, vom Reichskanzler auf Grund des Gesetzes vom 17. Mai 1898, RGBl. S. 342, vorgenommene Veröffentlichung war dadurch nothwendig geworden, daß die Paragraphenbezeichnungen einiger im RFG. in Bezug genommener Gesetze, namentlich der CPO., nach der ersten Veröffentlichung des RFG. geändert wurden.

Demnächst wurden in den einzelnen Bundesstaaten die zur Ausführung des RFG. erforderlichen Bestimmungen erlassen, meist auch zugleich der durch das RFG. nicht berührte Theil der von den Gerichten ausgeübten nichtstreitigen

---

1) Denkschrift zum Entwurf des HGB. S. 3, Denkschrift zum Entwurf des RFG. S. 71.

2) Der Entwurf in der ihm vom Reichsjustizamt gegebenen Fassung ist im Reichsanzeiger, Jahrgang 1897, Nr. 246 erste Beilage abgedruckt.

3) Kritisch besprochen wurde der Entwurf von Rausnitz (Veröffentlichungen des Berliner Anwaltsvereins 1898 Heft 7); Schultze-Görlitz, Monatsschrift für Handelsrecht und Bankwesen Bd. 7, 3 ff; Weißler, DJZ. 1897, 460 ff., vor allem aber von Jastrow, Archiv für bürgerl. Recht Bd 13, 313 ff.

Rechtspflege sowie das Notariatswesen neu geregelt. So namentlich Preußen in dem „Gesetz über die freiwillige Gerichtsbarkeit" (PrFG.) vom 21. September 1899, neben welchem jedoch die einschlägigen Vorschriften des AG. z. GVG. vom 24. April 1878 theilweise in Kraft geblieben sind.

Das PrFG. schließt sich in der Stoffanordnung und manchen äußeren Einzelheiten, z. B. der Eintheilung in „Abschnitte", dem RFG. an; dagegen zerfällt ersteres in Paragraphen, letzteres in „Artikel" — entsprechend dem gleichen äußeren Unterschiede zwischen BGB. und AG. z. BGB.

Von den Ausführungsgesetzen anderer Bundesstaaten kommen hauptsächlich in Betracht:

a) für Bayern: Ausführungsgesetz zum BGB. vom 9. Juni 1899 Art. 129 ff.; Notariatsgesetz vom 9. Juni 1899 (beide in der Beilage zu Nr. 28 des Gesetz- und Verordnungsblattes vom 12. Juni 1899, S. 1 bezw. 137);

b) für Württemberg: Ausführungsgesetz zum BGB. und dessen Nebengesetzen vom 28. Juli 1899 (Regierungsblatt S. 423);

c) für Sachsen: Verordnung zur Ausführung einiger mit dem BGB. zusammenhängender Reichsgesetze vom 24. Juli 1899 (Gesetz- und Verordnungsblatt S. 217); Verordnung zur Ausführung der gesetzlichen Bestimmungen über die Angelegenheiten der fr. G. und des Hinterlegungswesens vom 25. Juli 1899 (S. 246);

d) für Baden: Gesetz, die fr. G. und das Notariat betreffend (Rechtspolizeigesetz) vom 17. Juni 1899 (Gesetz- und Verordnungsblatt S. 249); Verordnung, die Ausführung des BGB. und damit zusammenhängender Gesetze betreffend vom 11. November 1899 (S. 521); Rechtspolizeiordnung vom 23. November 1899 (S. 665);

e) für Hessen: Gesetz, die Ausführung des RFG. betreffend, vom 18. Juli 1899 (Regierungsblatt S. 287); Gesetz, das Notariat betreffend vom 15. März 1899 (S. 47);

f) für Elsaß-Lothringen: Gesetz betr. die Ausführung des RFG. vom 6. November 1899 (Gesetzblatt S. 117).[1]

---

[1]) Die einschlägigen Gesetze der anderen Staaten siehe bei Schultze-Görlitz, Kommentar zum RFG. S. 385 ff.

§ 4.

Der Kreis der Darstellung. Die Rechtsquellen und ihr gegenseitiges Verhältniß.

I. Der Kreis der Darstellung. Das RFG. und PrFG. kommen darin überein, daß sie sich nur mit denjenigen Angelegenheiten der fr. G. befassen, welche den Gerichten (oder Notaren) zugewiesen sind. Die gleiche Beschränkung legt sich die nachfolgende Darstellung auf, und zwar nicht nur im Hinblick auf das Vorbild der positiven Gesetzgebung, sondern auch aus inneren Gründen. Denn für die anderen an der nichtstreitigen Rechtspflege betheiligten Behörden und Beamten, wie die Konsuln, das Patentamt, die Hinterlegungsstellen u. s. w. gelten Grundsätze, welche von den für die Gerichte maßgebenden weit abweichen und daher einer systematischen Verarbeitung mit diesen nicht zugänglich sind.

Auch das Grundbuchwesen bleibt grundsätzlich außerhalb des Kreises der Darstellung, obwohl in Preußen die Verrichtungen der Grundbuchämter den Amtsgerichten übertragen worden sind (Art. 1 AG z. GBO.) und die allgemeinen Vorschriften mindestens des PrFG. eine subsidiäre Geltung für das Grundbuchrecht beanspruchen (Art. 1 PrFG.); denn es nimmt geschichtlich, dogmatisch und praktisch eine durchaus selbstständige Stellung gegenüber der übrigen fr. G. ein, ähnlich wie etwa das Handelsrecht im Verhältniß zu dem anderen Privatrecht.

Ferner ist von einer ausführlicheren Darstellung der nichtstreitigen Militärgerichtsbarkeit abgesehen, da deren reichsrechtliche Neuregelung unmittelbar bevorsteht.

II. Daß das Gewohnheitsrecht eine Rechtsquelle auch für die fr. G. darstellt, kann nicht bezweifelt werden (vgl. Art. 2 EG. z. BGB., § 185 RFG.). Die gemeinrechtliche fr. G. beruhte zum großen Theile auf gewohnheitsrechtlichen Bildungen.

III. Verhältniß von Reichs- und Landesrecht.[1]) Das RFG. stellt sich, wie uns bereits seine Entstehungsgeschichte gezeigt hat, nur die Aufgabe, die fr. G. soweit zu regeln, wie es zur einheitlichen Durchführung des Reichsprivatrechts erforderlich ist. Es trägt also keinen kodifikatorischen Charakter wie das BGB., das HGB. oder die CPO., grundsätzlich sind vielmehr die einzelnen Staaten für die Gesetzgebung auf dem Gebiete der nichtstreitigen Rechtspflege zuständig geblieben. Hieraus ergiebt sich im einzelnen Folgendes:

1. Materien, welche in dem RFG. nicht geordnet werden, z. B. die gerichtliche Hinterlegung und Taxation, sind der Landesgesetzgebung völlig überlassen; auch die allgemeinen Bestimmungen des RFG. finden hier nur dann Anwendung, wenn das Landrecht auf dieselben Bezug nimmt.

2. Das Landesrecht kann Vorschriften nicht nur zur Ausführung, sondern auch zur Ergänzung des RFG. treffen (§ 200 Abs. 1 RFG.), vgl. z. B. PrFG. Art. 9—17. Ja selbst der partikularen Abänderung ist das Reichsrecht unter gewissen Voraussetzungen zugänglich, nämlich

a) soweit es sich um Rechtsgebiete handelt, die auf Grund der Art. 59 ff. EG. z. BGB. der Landesgesetzgebung (oder gewissen Hausverfassungen, Art. 57, 58 EG. z. BGB.) vorbehalten sind, § 189 RFG.

So kann z. B. die Landesgesetzgebung die Verrichtungen des Nachlaßgerichtes beim Tode eines Bauern, dessen Gut dem Anerbenrecht untersteht (Art. 64 EG. z. BGB.), abweichend von den §§ 72 ff. RFG. regeln und für die gerichtliche oder notarielle Beurkundung von Rechtsgeschäften, die dem Fideikommißrechte (Art. 59 EG. z. BGB.), dem Bergrecht (Art. 67 EG. z. BGB.) u. dgl. angehören, die Formvorschriften der §§ 168 ff. RFG. durch andere ersetzen.

---

[1]) Gräsel in den Blättern für Rechtspflege in Thüringen, NF. 26, 1 ff.; Aron in ZfCP. 27, 310 ff.

b) Mehrfach werden Abänderungen des Reichsrechts durch dieses selbst den Landesgesetzen gestattet.

So können letztere namentlich die den Vormundschafts- und Nachlaßgerichten obliegenden Verrichtungen im Gegensatz zu den §§ 35, 72 RFG. anderen als gerichtlichen Behörden übertragen (Art. 147 EG. z. BGB.). Vgl. ferner Art. 141—143, 148, 149 EG. z. BGB., §§ 190—193 RFG.

Thatsächlich kommt jedoch dem RFG. eine größere Bedeutung zu, als es nach dem Gesagten scheinen könnte, denn fast alle größeren Bundesstaaten und namentlich Preußen haben die allgemeinen Vorschriften des Reichsgesetzes im Wesentlichen auf die den Gerichten durch Landesgesetz zugewiesenen Angelegenheiten ausgedehnt (Art. 1 PrFG.),[1] auch hat Preußen von den Vorbehalten nur bescheidenen Gebrauch gemacht. Andererseits haben die partikularen Ausführungsgesetze zum RFG., darunter auch das PrFG., ihre eigenen zur Ergänzung des RFG. bestimmten allgemeinen Vorschriften durchweg auch auf die den Gerichten durch Landesgesetz übertragenen Angelegenheiten der fr. G. erstreckt. Hieraus ergiebt sich, daß die reichs- und landesrechtlichen Angelegenheiten der fr. G. — wie wir die den Gerichten durch Reichs- bezw. Landesgesetz übertragenen hier und im Folgenden kurz nennen wollen — im Wesentlichen nach gleichen Grundsätzen zu behandeln sind.

Der Hauptunterschied liegt darin, daß die Aufgabe, die Rechtseinheit zu wahren, dem Reichsgericht nur für die reichsrechtlichen Angelegenheiten der fr. G. obliegt (unten S. 70). Weitere Unterschiede S. 32, 37, 62. Ueber die Streitfrage, ob die Zuständigkeit der Gerichte zur Beurkundung von Rechtsgeschäften auf Reichs- oder Landesrecht beruht, vgl. unten § 46 Ziff. IV.

IV. Die zur nichtstreitigen Rechtspflege gehörigen Vorschriften anderer Reichsgesetze, z. B. des Genossen-

[1]) Vgl. ferner für Bayern Art. 129 des Bayrischen EG. z. BGB., für Sachsen § 4 der Verordn. v. 24. Juli 1899, für Baden § 33 des Rechtspolizeigesetzes, für Hessen Art. 3 des AG. z. RFG., für Elsaß-Lothringen § 1 des AG. z. RFG.

schafts=,[1]) des Geschmacksmuster=[2]) und des Börsengesetzes[3]) werden durch das RFG. nicht berührt, § 185 RFG., Art. 32 EG. z. BGB. Die dem RFG. und PrFG. zu entnehmenden allgemeinen Verfahrensgrundsätze greifen hier nur insoweit Platz, als das betreffende Reichsgesetz nicht ein anderes bestimmt.

V Die örtliche und zeitliche Kollision der Rechtsnormen ist in der fr. G. im allgemeinen ebenso wie im Civilprozeß[4]) zu behandeln. Einerseits hat — überhaupt wie in jedem Verfahrensrecht — der deutsche Richter bei Handlungen der fr G., auch wenn dieselben einen Ausländer betreffen, das deutsche formelle Recht zur Anwendung zu bringen,[5]) und andererseits ergreift eine neu in Kraft tretende Rechtsnorm der fr. G. grundsätzlich auch bereits früher anhängig gewordene Angelegenheiten.

Die letztgenannte Regel erleidet mehrere Ausnahmen von denen eine näherer Erwähnung bedarf. Nach Art. 213 Satz 1 EG. z. BGB. bleiben für die erbrechtlichen Verhältnisse, wenn der Erblasser vor dem 1. Januar 1900 gestorben ist, die bisherigen, also die landesgesetzlichen Bestimmungen maßgebend. Der hierin liegende, an sich nur das materielle Recht betreffende Vorbehalt zu Gunsten des Landesrechts ist durch § 189 RFG. (siehe auch Art. 139 Abs. 1 PrFG.) auf das Gebiet der fr. G. ausgedehnt worden. Hiernach bleiben die älteren partikularen Vorschriften auch des formellen Nachlaßrechtes maßgebend, wenn der Erblasser vor dem 1. Januar 1900 gestorben ist.[6]) Z. B. kann des=

[1]) Unten § 39. [2]) Unten § 44 Ziff. I.

[3]) Unten § 44 Ziff. II.

[4]) Wach, Handbuch des Civilprozesses I, 219 ff., Planck, Lehrbuch des Deutschen Civilprozeßrechtes I, 18 ff.

[5]) Einige Sonderbestimmungen für Ausländer bezw. im Auslande wohnende Deutsche in den §§ 36, 45, 47, 66, 73 RFG., Art. 23 EG. z. BGB.

[6]) Vgl. Mot. des EG. z. BGB. S. 306, Begr. S. 90; ebenso die Praxis, siehe Centralblatt für fr. G. 1900, 142 f., 153 und Entscheidungen des RG. in der Juristischen Wochenschrift (Beilage) 1900, 9, des KG. bei Rausnitz, Kommentar zum RFG. S. 357, des OLG. Rostock in „Entscheidungen der Oberlandesgerichte" 1900, 33.

halb dem testamentarischen Erben eines solchen Erblassers ein Erbschein nicht ertheilt werden, da letzterer nach den früheren Gesetzen nur für Intestaterben bestimmt war.[1]) Bezüglich des erbschaftlichen Liquidationsverfahrens ist entsprechendes durch Art. 213 Satz 2 EG. z. BGB. ausdrücklich bestimmt.

Ueber einige weitere Ausnahmen vgl. Art. 140 u. 141 PrFG. Beurkundungen erfolgen immer nach dem neuen Recht, Art. 139 Abs. 3 PrFG.

§ 5.

Litteratur.[2])

I. **Litteraturberichte** von Kleinfeller in der ZfCP., alljährlich seit 1898, fortlaufende Uebersichten auch in dem Centralblatt für fr. G. und Notariat.

II. Aelteres Recht.[3])

A) Gemeines Recht.

Daniel Nettelbladt, Versuch einer Anleitung zu der ganzen praktischen Rechtsgelahrtheit. Halle, 3. Aufl. 1784.[4]) J. Claproth, theoretisch-praktische Rechtswissenschaft von freiwilligen Gerichtshandlungen, Göttingen 1789. W. H. Puchta, — der Vater des berühmten Pandektisten —, Handbuch des gerichtlichen Verfahrens in nichtstreitigen bürgerlichen Rechtssachen, Erlangen, 1. Aufl. 1821, 2. Aufl. 1831 (ein Werk von dauerndem Werth). Julius Merkel, Das Notariat und die willkürliche Gerichtsbarkeit nach gemeinem deutschen und königlich sächsischem Recht, Leipzig 1860.

B) Preußisches Recht.

Jastrow, Die Allgemeine Gerichtsordnung für die preußischen Staaten, Berlin 1891.

---

[1]) Unten S. 137.

[2]) Das Notariat hat eine eigene Litteratur, unten § 55.

[3]) Vom älteren Recht sind nur die allerwichtigsten Schriften angegeben.

[4]) Hier auch genauere Angaben über die ältere Litteratur.

III. Ausgaben des RFG. und PrFG.

A) Das RFG. hat eine überaus reiche Kommentarlitteratur gezeitigt. Kommentare sind erschienen von: Dorner, Karlsruhe 1898, Wellstein — Berichterstatter der Reichstagskommission — Berlin 1898, Weißler, Berlin 1900, Rausnitz, Berlin 1900, Schultze-Görlitz, Berlin 1900, Fuchs, Leipzig 1900, Birkenbihl, Berlin 1900, Josef, Freiburg 1900, dazu Textausgaben mit theilweise recht ausführlichen Anmerkungen von Dittrich, Dronke, Ebert und Dudek, Haidlen, Keidel, Kurtz, Schneider. Eine erläuternde Textausgabe des RFG., PrFG. und der anderen einschlägigen Gesetzesbestimmungen des Reichs und Preußens in einem Bändchen bietet Jastrow, Freiwillige Gerichtsbarkeit, Berlin 1900.

B) Das PrFG. ist kommentirt von Wellstein (Berlin 1900) und mit Anmerkungen herausgegeben von Kurtz und, wie zu A erwähnt, von Jastrow. Außerdem ist das PrFG. in den Kommentaren von Birkenbihl, Josef und Fuchs zum RFG., theilweise auch in Jastrow's Formularbuch (unten zu V) ausführlich behandelt. Ein größerer Spezialkommentar von Schultze-Görlitz und Oberneck steht in Aussicht.

Einen Kommentar zum badischen Rechtspolizeigesetz hat Dorner (Karlsruhe 1900) geliefert.

IV. Systematische Darstellungen unserer Lehre sind bislang nicht erschienen. Einen ganz kurzen Abriß giebt Monich, Das gesammte gerichtliche Verfahren streitiger und freiwilliger Gerichtsbarkeit, 1900, S. 185 ff.

V. Die **Gesetzgebungsmaterialien** zum RFG. und PrFG. — leider nur soweit sie den Parlamenten vorgelegen haben, insbesondere also mit Ausschluß der Planck'schen Entwürfe — sind in je einem Bande bei Carl Heymann (Berlin 1898, 1899), die zum RFG. außerdem in Hahns Gesammten Materialien zu den Reichsjustizgesetzen Bd. 7, die zum PrFG. in Stegemann's Materialien zu den preußischen Ausführungsgesetzen zum BGB. und seinen Nebengesetzen (Berlin 1900) erschienen. Von größter Bedeutung ist namentlich die Begründung zum Entwurf des PrFG.

VI. Eine für unser Rechtsgebiet besonders bedeutungsvolle Erscheinung bilden die **Formularbücher**, deren Ahnenreihe sich bekanntlich bis in die Zeit des fränkischen Königsreiches (Formulae Marculfi!) zurückverfolgen läßt. Zu nennen sind: Weißler-Hilse (Formulare für Rechtshandlungen der fr. G., Berlin 1900), Weizsäcker-Lorenz (Formularbuch für die fr. G. zum Gebrauch der preußischen Gerichte, Berlin 1900) und vor allem Jastrow-Koch's „Formularbuch und Notariatsrecht“, Berlin 1900.

Für das gemeine Recht kommt namentlich die mit zahlreichen Formularen versehene „Anweisung zu vorsichtiger und förmlicher Abfassung rechtlicher Geschäfte“, Leipzig 1783 anonym erschienen (Verfasser v. Trützschler), in Betracht.

VII. Gerichtliche Entscheidungen.

Entscheidungen in Angelegenheiten der fr. G. und des Grundbuchrechts, herausgegeben vom Reichsjustizamt, seit 1900.

Jahrbuch für Entscheidungen des Kammergerichts in Sachen der fr. G., in Kosten-, Stempel- und Strafsachen, herausgegeben von Johow, seit 1880, neue Folge seit 1900.

Rechtsprechung der Oberlandesgerichte in Civilsachen, Leipzig, herausgegeben von Mugdan und Falkmann, seit 1900.

VIII. Zeitschriften.

Centralblatt für fr. G. und Notariat, Leipzig, herausgegeben von Lobe, seit 1900.

Zeitschrift für deutschen Civilprozeß und (seit 1899) das Verfahren in Angelegenheiten der fr. G., Berlin, herausgegeben von Schultzenstein und Vierhaus.

Vorwiegend partikularrechtlichen Charakter tragen die „Zeitschrift für das Notariat und die freiwillige Rechtspflege der Gerichte in Bayern“, München, Neue Folge, seit 1900, herausgegeben von Weber und die „Zeitschrift für die fr. G. und die Gemeindeverwaltung in Württemberg“, Stuttgart, herausgegeben von v Boscher und Mayer, seit 1859.

Allgemeiner Theil.[1]

Erstes Kapitel.

Das Gericht.

§ 6.

Gerichtsbehörden und Richteramt.

Die Grundsätze des Gerichtsverfassungsgesetzes über Gericht und Richteramt gelten an sich nur für die ordentliche streitige Gerichtsbarkeit und deren Ausübung, § 2 EG. z. GVG. Aber eben den auf Grund und nach Maßgabe des Gerichtsverfassungsgesetzes gebildeten Gerichtsbehörden ist auch die nichtstreitige Rechtspflege (soweit sie überhaupt in den Händen der Gerichte liegt) übertragen. An der rechtlichen Organisation und den Eigenschaften des Gerichts und Richteramtes wird durch diese Uebertragung nichts geändert. Hieraus folgt namentlich, daß die Vorschriften des Gerichtsverfassungsgesetzes (§§ 1—9) über die Unabhängigkeit, Vorbildung und Unversetzlichkeit der Richter auch auf die Richter anzuwenden sind, welche ausschließlich oder theilweise Geschäfte der fr. G. besorgen.[2]) Daß die Berathung und

---

[1]) Es ist im Folgenden grundsätzlich davon abgesehen, zu jeder einzelnen Frage die — ja leicht zu ermittelnde — Stellungnahme der verschiedenen Kommentatoren des RFG. namentlich aufzuführen.

[2]) Vgl. Jastrow, ZfCP. 25, 516ff. Ausdrücklich wird die Anwendbarkeit der Vorschriften des GVG. in § 1 der sächs. VO. vom 24. Juli 1899 und § 1 des badischen Rechtspolizeigesetzes ausgesprochen, vgl. auch für Preußen § 35 VO. vom 2. Jan. 1849 (GS. S. 1).

Abstimmung der Kollegien auch in nichtstreitigen Sachen nach den Bestimmungen des Gerichtsverfassungsgesetzes erfolgen muß, ist im Gesetz ausdrücklich gesagt (§§ 8 RFG., 90 AG. z. GVG.).

Von dem Vorbehalt des § 10 GVG., wonach Personen ohne richterliche Vorbildung (insbesondere Referendare oder Rechtspraktikanten) nach Maßgabe der Landesgesetze mit der zeitweiligen Wahrnehmung richterlicher Geschäfte betraut werden können, wird praktisch vorwiegend in Angelegenheiten der fr. G. (und in Rechtshülfesachen) Gebrauch gemacht. Zur Beurkundung von letztwilligen Verfügungen und Eheverträgen sind Referendare in Preußen nicht befähigt, § 2 AG. z. GVG.

Im einzelnen liegt die nichtstreitige Rechtspflege denselben Gerichtsbehörden ob, welche in bürgerlichen Rechtsstreitigkeiten zu entscheiden haben, also den Amtsgerichten, den Civil- und Handelskammern der Landgerichte und den Civilsenaten der Oberlandesgerichte,[1]) des obersten Landesgerichtes (in Bayern) und des Reichsgerichtes; auch Plenarentscheidungen können vorkommen, §§ 30 Abs. 2 RFG., 137 GVG., 10 EG. z. GVG. Eine Besonderheit der fr. G. besteht darin, daß hier mehrfach auch der Justizminister als richterliche Behörde auftritt; insbesondere beschließt er in Preußen über Beschwerden gegen erstinstanzliche Entscheidungen der Oberlandesgerichte.

Mehrfach, z. B. in Bayern und Sachsen, steht dem Justizminister auch die sonst dem Vormundschaftsrichter gebührende Volljährigkeitserklärung zu.[2])

In den Gesetzen, im Rechtsleben und in der Litteratur wird nun häufig wie vom „Prozeßgericht", „Konkursgericht", „Vollstreckungsgericht" so auf dem Gebiete der fr. G. vom

---

[1]) In Preußen und Bayern ist die Zuständigkeit der Oberlandesgerichte in Sachen der fr. G. jedoch fast gänzlich durch die des Kammergerichts bezw. des Obersten Landesgerichtes verdrängt, vgl. unten S. 62, 69.

[2]) Art. 147 EG. z. BGB., § 196 RFG., Art. 2 bayr. AG. z. BGB., § 14 der sächsischen VO. vom 24. Juli 1899.

„Vormundschaftsgericht", „Nachlaßgericht", „Grundbuchamt" und „Registergericht"[1]) gesprochen. Hierunter sind jedoch — soweit die Vormundschafts-, Nachlaß-, Grundbuch- und Registersachen überhaupt den ordentlichen Gerichten überwiesen sind[2]) — nicht etwa selbstständige Gerichtsbehörden, sondern lediglich bestimmte in sich abgeschlossene richterliche Thätigkeitskreise (Dezernate) zu verstehen, von denen denn auch an kleineren Amtsgerichten mehrere oder selbst alle zugleich in der Hand desselben Dezernenten liegen. Immerhin beruht jene Terminologie insofern auf einer wichtigen sachlichen Unterscheidung, als der Richter, je nachdem er als Prozeßrichter, Vormundschaftsrichter, Nachlaßrichter u. s. w. handelt, sehr verschiedene Grundsätze zur Anwendung zu bringen hat.

Eine scharfe Unterscheidung in dieser Hinsicht fehlte noch der AGO., weshalb hier z. B. im Erbesauseinandersetzungsverfahren (unten § 36) Bestandtheile der streitigen und der nichtstreitigen Gerichtsbarkeit durcheinandergewürfelt sind. Nur für Vormundschaftssachen kannte die AGO. besondere „Pupillenkollegien", welche Abtheilungen der Landesjustizkollegien bildeten. Allgemein wurde die Trennung der streitigen und fr. G. erst durch die preußische Justizreorganisation von 1849 (VO. vom 2. Jan. 1849) herbeigeführt, welche als Grundlage der Gerichtsverfassung „Kreisgerichte" mit zwei Abtheilungen, die eine für die streitige und die andere für die nichtstreitige Rechtspflege, schuf.

Im Verhältniß zu den anderen Gerichtsbehörden nimmt der Richter der fr. G. eine durchaus selbstständige Stellung ein, insbesondere ist er an Entscheidungen des Civilprozeßrichters nicht gebunden. Ist z. B. die Anfechtung eines Generalversammlungsbeschlusses (§§ 271 ff. HGB.) vom

---

[1]) Unten §§ 27 33, 39. Aehnlich spricht man von Lehnshof, Fideikommißbehörde, Hinterlegungsstelle, unten §§ 49, 52.

[2]) Ueber die besonderen Vormundschafts- und Nachlaßbehörden einiger Staaten vgl. unten §§ 27, 33, auch die Grundbücher werden nicht durchweg — z. B. nicht überall in Württemberg, unten § 56 a. E. — von den Gerichten geführt.

Prozeßrichter zurückgewiesen worden, so kann der Handelsregisterrichter gleichwohl den Beschluß im Register als nichtig löschen (§ 144 Abs. 2 RFG.), wenn dies nach seiner Ansicht geboten erscheint (man setze namentlich den Fall, daß die Anfechtung nur durch Versäumnißurtheil zurückgewiesen worden ist).

Der Prozeßrichter kann auch nicht, etwa im Wege der einstweiligen Verfügung, den Richter der fr G. zur Vornahme einer Handlung, z. B. einer Registereintragung, anweisen.[1]) Insofern jedoch das prozeßrichterliche Erkenntniß nicht, wie gewöhnlich, deklaratorisch, sondern rechtsbegründend oder -zerstörend wirkt (z. B. wenn es dem Theilhaber einer offenen Handelsgesellschaft die Befugniß zur Geschäftsführung entzieht, § 117 HGB.), bindet sie auch den Richter der fr. G. (z. B. muß der Registerrichter in dem angeführten Beispiel die Entziehung auf Antrag der obsiegenden Gesellschafter — § 16 Abs 1 HGB — ohne weitere Nachprüfung in das Register eintragen). Ist weiter Jemand zur Abgabe einer Willenserklärung (z. B. einer Eintragungsbewilligung oder eines Antrages) rechtskräftig verurtheilt, so hat auch der Richter der fr. G. die Erklärung als abgegeben zu erachten, § 894 CPO.[2])

Die ordentlichen Gerichte werden in manchen Gebietstheilen Preußens für einzelne Angelegenheiten von untergeordneter Bedeutung, insbesondere für Siegelungen und gewisse andere Nachlaßsachen, freiwillige Versteigerungen, Aufnahmen von Inventaren und Taxen, ersetzt oder unterstützt durch sogenannte „besondere Gerichte" (Dorfgerichte, Ortsgerichte) oder Gemeindebeamte (Ortsvorsteher, Bürgermeister u. s. w.), Art. 104ff. PrFG. Dergleichen Unterbehörden sind keine Gerichte in technischem Sinne, auch wenn sie sich als solche bezeichnen; sie sind dem Amtsgerichte ihres

[1]) KG. 4, 36ff., siehe auch LG. Dresden im Centralblatt für fr. G. 1900, 120.

[2]) Vgl. ferner § 16 Abs. 2 HGB.

Bezirkes untergeordnet, welches ihre Anordnungen auf Antrag wie von Amtswegen außer Kraft setzen kann; sie haben Aufträge des Amtsgerichts auszuführen u. s. w. Die Befugniß der Landesgesetzgebung, die genannten Unterbehörden mit der Erledigung von Nachlaßsachen zu betrauen, folgt aus Art. 147 EG. z. BGB.; im übrigen sind ihnen nur solche Angelegenheiten zugewiesen, für welche eine reichsrechtliche Zuständigkeit der Gerichte nicht begründet ist.

Die wichtigsten der fraglichen Unterbehörden sind die „Dorfgerichte" im früheren Geltungsbereiche des ALR. Die Geschichte der Dorfgerichte, welche unter den verschiedensten Bezeichnungen und zwar in ganz Deutschland auftreten (z. B. „Burdinge", „Hofmarkgerichte", „Zendereigerichte" „Bauersprachen") geht bis tief in das Mittelalter zurück.[1]) Zu ihrer Zuständigkeit gehörte die niedere Straf- und Civilgerichtsbarkeit (in ersterer Hinsicht hatten sie namentlich in Feld- und Waldrügesachen zu entscheiden, eine Befugniß, die ihnen theilweise lange verblieben ist), daneben wurden auch Akte der fr. G., insbesondere die Auflassungen von Grundstücken der Dorfgemarkung, vor dem Dorfgerichte vollzogen. Die streitige Gerichtsbarkeit der Dorfgerichte verlor mit dem Eindringen des römisch-kanonischen Rechts und Prozesses ihren Halt und wurde allmählich von den Patrimonialgerichten aufgesogen. Dementsprechend erscheinen die Dorfgerichte im ALR. und der AGO. nur noch als die Organe einer untergeordneten fr. G.,[2]) vgl. besonders § 8 AGO. II, 2. Diese Zuständigkeit ist ihnen denn auch geblieben.[3])

---

[1]) Vgl. v. Maurer, Geschichte der deutschen Dorfverfassung II, 115 ff., Riedel, Beiträge zur Kunde des deutschen Rechts, S. 96 ff., Bornhak, Geschichte des preußischen Verwaltungsrechtes Bd. I 9 ff., 119 f.

[2]) Starcke Beiträge zur Kenntniß der bestehenden Gerichtsverfassung I, 414.

[3]) Ueber die Einzelheiten vgl. Allg. Verf. des JM. vom 20. Dez. 1899, JMBl. S. 806. Wegen der „Ortsgerichte" vgl. Kgl. VO. vom 20. Dez. 1899 (GS. S. 640), Allg. Verf. des JM. vom 28. Dez. 1899 (JMBl. S. 889).

§ 7.

Der Gerichtsschreiber.

Der Gerichtsschreiber ist in erster Linie ein Gehülfe des Richters, daneben ist er in beschränktem Umfange ein selbstständiges Organ der Rechtspflege.

I. Der Richter ist in allen Fällen berechtigt, zu einer Amtshandlung einen Gerichtsschreiber hinzuzuziehen, wenn dies im Interesse einer sachgemäßen Erledigung des Geschäftes liegt, Art. 2 Abs. 2 PrFG. Verpflichtet zur Zuziehung eines Gerichtsschreibers ist der Richter nur ausnahmsweise, z. B. sind bei der Aufnahme eines gerichtlichen Testaments ein Gerichtsschreiber oder zwei Zeugen zuzuziehen, § 2233 BGB.

Zu Zeugenvernehmungen braucht der Richter in Angelegenheiten der fr. G. einen Gerichtsschreiber nicht hinzuzuziehen, obwohl § 15 RFG. (vgl. auch Art. 1 PrFG.) bestimmt, daß die Vorschriften der CPO. „über den Zeugenbeweis" entsprechende Anwendung finden sollen. Denn daß der Gerichtsschreiber für Zeugenvernehmungen im Civilprozeß eine nothwendige Urkundsperson ist, beruht nicht auf den Vorschriften der CPO. „über die Zeugenvernehmung", sondern auf denen über die „mündliche Verhandlung", §§ 163, 165 CPO.[1])

II. Ausnahmsweise können die Gerichtsschreiber auch selbstständig Handlungen der fr. G. vornehmen, z. B. Beurkundungen behufs Sicherstellung der Zeit, zu welcher eine Privaturkunde ausgestellt ist, Art. 36 PrFG.[2]) Weiter können sie Wechselproteste und Inventare aufnehmen, sie können siegeln und entsiegeln; sie sollen sich aber solchen Geschäften nur auf Anordnung des Richters unterziehen, § 70 AG. z. GVG., Art. 38 PrFG.

---

[1]) Ebenso Begr. S. 8.

[2]) Vgl. unten § 48 Ziff. II d.

§ 8.

Ausschließung von Gerichtspersonen.

Das römische Recht hatte die Ausschließung eines Magistrats in Angelegenheiten der fr. G. nicht zugelassen,[1]) in dem gemeinen sowie den Partikularrechten brachte man dagegen meist die einschlägigen Normen des Civilprozesses zur analogen Anwendung.[2]) Das geltende Recht hat einen Mittelweg eingeschlagen. Grundsätzlich stellte man sich auf den Boden des gemeinen Rechts, ging aber im übrigen von der nicht einwandsfreien Auffassung aus, „daß für das Gebiet der fr. G. kein Bedürfniß bestehe, die Ablehnung eines Richters zuzulassen, und daß auch die Gründe, aus welchen der Richter kraft des Gesetzes von der Ausübung des Richteramtes ausgeschlossen sei, thunlichst zu beschränken seien".[3])

Kraft Gesetzes ausgeschlossen ist der Richter gemäß § 6 RFG., Art. 1 PrFG. in eigener Sache, in Sachen seiner Ehefrau, bestimmter nahen Verwandten und solcher Personen, für die er als Vertreter bestellt oder als gesetzlicher Vertreter aufzutreten berechtigt ist.[4]) Die anderen Ausschließungsgründe des Civilprozesses sind nicht übernommen; namentlich kann ein Richter in nicht streitigen Sachen an der Beschlußfassung über ein Rechtsmittel mitwirken, welches gegen eine von ihm selbst in früherer Instanz gefällte Entscheidung gerichtet ist.

Vor allem aber ist es den Betheiligten im Gebiete der fr. G. nicht gestattet, einen Richter wegen Besorgniß der Befangenheit abzulehnen. Doch ist der Richter befugt, sich selbst auszuschließen, wenn er sich befangen fühlt, und zwar ohne daß er dazu — wie im Civil- und Strafprozeß (§ 48 CPO.,

---

[1]) Weißler, Kommentar zum RFG S. 1.

[2]) Merkel a. a. O. S. 35; Denkschr. S. 33.

[3]) Denkschr. S. 33; dagegen Rausnitz, Der Entwurf eines RFG. S. 11 ff.; Jastrow, Archiv für bürgerliches Recht 13, 321 Anm. 7.

[4]) Auch Vereinsvorstände gehören hierher, OLG. Augsburg in „Rechtsprechung der OLG." 1900, 115.

30 StPO.) — einer Dispensation durch das Kollegium, dem er angehört, oder durch das vorgeordnete Gericht bedarf.

Nur in Grundbuchsachen, und auch hier allein für die Beschwerdeinstanz, finden die Vorschriften der CPO. über die Ausschließung und Ablehnung der Gerichtspersonen entsprechende Anwendung, § 81 Abs. 2 GBO. In besonderer Weise ist endlich die Frage für den Fall der Beurkundung von Rechtsgeschäften geregelt, vgl. unten § 47 Ziff. II a.

Handlungen eines kraft Gesetzes ausgeschlossenen Richters sind im Prozeß nichtig. Nicht so in der fr. G. Hier zieht sich durch die Gesetzgebung der Grundsatz, daß der Kreis der Nichtigkeitsgründe nach Möglichkeit zu beschränken ist;[1]) denn, wie ohne weiteres ersichtlich ist, kann die Nichtigkeit z. B. einer registermäßigen Eintragung, einer Volljährigkeitserklärung und anderer Handlungen der fr. G. nicht nur den zunächst Betheiligten, sondern auch den Fernerstehenden die empfindlichsten Schädigungen zufügen. Ein Verstoß gegen die Vorschriften über die Ausschließung des Richters führt daher nicht die Unwirksamkeit der richterlichen Handlung herbei, § 7 PrFG., Art. 1 PrFG., eine Ausnahme besteht nur für die Beurkundung eines Rechtsgeschäftes.[2])

Die im Vorstehenden entwickelten Regeln gelten auch für den Gerichtsschreiber, Art. 2 Abs. 1 PrFG.

§ 9.

Zuständigkeit.

I. Welcher Richter der fr. G. im einzelnen Falle als erste Instanz sachlich zuständig ist, bestimmt sich nicht nach allgemeinen Grundsätzen — insbesondere nicht wie im Civilprozeß nach dem Werthe des Gegenstandes —, sondern ist für eine jede Angelegenheit durch besondere Rechtsregel festgesetzt. Doch liegt all diesen Sonderregeln ein deutlich erkennbares Prinzip zu Grunde; im allgemeinen sind nämlich

[1]) Denkschr. S 33. [2]) Unten § 47 Ziff. II a.

die Amtsgerichte für die Handhabung der nichtstreitigen Rechtspflege in erster Instanz zuständig, nur ausnahmsweise sind es die Oberlandesgerichte und ganz vereinzelt hie und da die Landgerichte, nämlich in Fällen, in denen es sich um Ueberbleibsel der privilegirten (eximirten) Gerichtsstände des früheren Rechts handelt, d. h. in Fideikommiß-, Lehns- und Familienstiftungssachen sowie in nicht streitigen Rechtsangelegenheiten gewisser standesherrlichen und anderer hochadligen Häuser (namentlich auch der 1866 entthronten Herrscherfamilien).

Wegen der Lehns-, Fideikommiß- und Familienstiftungssachen vgl. unten § 49. Bezüglich des Gerichtsstandes der standesherrlichen Häuser ist immer noch in erster Linie § 19 der in Ausführung des Art. XIV der Bundesakte vom 8. Juni 1815 und der preuß. KO. vom 21. Juni 1815 (GS. S. 105) erlassenen Instruktion vom 30. Mai 1820 (GS. S. 81) maßgebend, § 27 AG. z. GVG., § 189 RFG., Art. 136 PrFG., siehe dazu unten S. 93, 115.[1]) Für die Königliche Familie ist das Hausministerium die in Angelegenheiten der fr. G. zuständige Behörde.[2]) Ueber einige ganz besondere Fälle erstinstanzlicher Zuständigkeit von Kollegialgerichten vgl. §§ 64, 143 RFG. (§§ 27, 42 dieses Leitfadens), Art. 133 PrFG.

Handlungen eines sachlich unzuständigen Gerichtes sind unwirksam.[3])

II. Auf die Frage, welches Gericht örtlich zuständig ist, läßt sich in der fr. G. nicht allgemein, sondern nur nach den für die einzelne Angelegenheit aufgestellten Regeln

[1]) Näheres bei Turnau, Die Justizverfassung in Preußen, 1880, I, 201 ff.; eine Aufzählung der einschlägigen Gesetzesbestimmungen auch bei Jastrow, fr. G., zu § 27 AG. z. GVG. Wegen der 1866 entthronten Herrscherfamilien vgl. Art. 137 PrFG.

[2]) Art. III Ges. vom 26. April 1851, Schulze, Die Hausgesetze der regierenden deutschen Fürstenhäuser, III, 614.

[3]) Vgl. § 32 RFG., Art. 151 Satz 2 EG. z. BGB.

antworten. Es wird dieserhalb auf den „besonderen Theil" des Leitfadens verwiesen.[1])

Vereinbarungen oder testamentarische Bestimmungen der Betheiligten über den Gerichtsstand (Prorogationen) sind im allgemeinen unzulässig,[2]) da sie mit der hier maßgebenden Offizialmaxime (unten § 14) nicht verträglich wären. Wo freilich Zuständigkeitsnormen nicht bestehen, sondern jedes Gericht zuständig ist, wie für Urkundsaufnahmen (unten § 46 Ziff. IV), ist auch eine Prorogation, der dann immer nur eine rein privatrechtliche Bedeutung zukommt, denkbar. Ausdrücklich zugelassen ist sie im Falle des § 164 RFG. (Feststellung des Werths oder Zustands einer Sache.)[3])

Für die Erledigung von Zweifeln und Streitigkeiten über die Zuständigkeitsfrage ist im Gesetz besondere Vorsorge getroffen.

Unter mehreren örtlich zuständigen Gerichten gebührt demjenigen der Vorzug, welches zuerst in der Sache thätig geworden ist (Präventionsprinzip) § 4 RFG., Art. 1 PrFG. Entsteht unter mehreren Gerichten Streit oder Ungewißheit darüber, welches von ihnen zuständig ist, so entscheidet das gemeinschaftliche obere Gericht, § 5 Abs. 1 Satz 1 RFG., § 20 AG. z. GVG., also das Landgericht, wenn die fraglichen Amtsgerichte in demselben Landgerichtsbezirk, das Oberlandesgericht, wenn sie zwar nicht in demselben Landgerichts-, aber doch in dem gleichen Oberlandesgerichtsbezirk, das Reichsgericht, wenn sie in verschiedenen Oberlandesgerichtsbezirken liegen. Gehören jedoch in letzterem Falle[4]) die Ober-

---

[1]) Ueber eine für exterritoriale oder im Ausland als Beamte angestellte Deutsche geltende Regel allgemeiner Natur vgl. § 3 RFG., 1 PrFG.

[2]) Vgl. KG. 3, 42.

[3]) Vgl. unten S. 57.

[4]) Vgl. hierzu die auf den gleichartigen Fall des § 46 RFG. bezüglichen Entscheidungen des KG. im JMBl. 1900, 87 und des Obersten Landesgerichtes im Centralblatt für fr. G. 1900, 20.

landesgerichte demselben Bundesstaate (Preußen, Bayern) an, so tritt in Bayern das Oberste Landesgericht und in Preußen — je nachdem es sich um reichsrechtliche oder um landesrechtliche Angelegenheiten der fr. G. handelt — das Kammergericht bezw. der Justizminister an die Stelle des Reichsgerichts, § 199 RFG., Art. 7 PrFG., § 20 AG. z. GVG., § 42 Abs. 3 bayr. AG. z. GVG., Art. 167 Ziff. XII bayr. AG. z. BGB.

Dem Falle des Streits oder der Ungewißheit über die Zuständigkeit steht der weitere gleich, daß beim forum rei sitae das maßgebende Grundstück in mehrere Gerichtsbezirke hineinreicht und deshalb ein „gemeinschaftlicher Gerichtsstand" zu bestellen ist.[1])

Ist ein Gericht an der Ausübung des Richteramtes rechtlich oder thatsächlich verhindert, so ist durch das im Instanzenzuge zunächst vorgeordnete Gericht, regelmäßig also durch das Landgericht, ein anderes für zuständig zu erklären, §§ 5 Abs. 1 Satz 2 RFG., 20 Abs. 2 AG. z. GVG.

Fehlt ein vorgeordnetes Gericht, was nur bei den zur Zuständigkeit der Oberlandesgerichte gehörenden landesrechtlichen Sachen möglich ist, so entscheidet der Justizminister, § 20 Abs. 2 AG z. GVG.

Zuständigkeitsbestimmungen, welche durch ein vorgeordnetes Gericht erfolgen, sind immer unanfechtbar, § 5 Abs. 2 RFG., 20 Abs. 3 AG. z. GVG.

Ein Verstoß gegen die Regeln über die örtliche Zuständigkeit beeinträchtigt die Wirksamkeit der richterlichen Handlung nicht (§ 7 RFG., Art. 1 PrFG.). Dieser schon im römischen Recht nachweisbare[2]) Satz findet seine innere Begründung in der bereits oben hervorgehobenen Nothwendigkeit, in der fr. G. die Nichtigkeitsgründe nach Möglichkeit zu beschränken. Z. B. erlangt also ein Verein trotz § 55 BGB. auch dann

---

[1]) §§ 20 AG z. GVG., Art. 2 AG. z. GBO., Ges vom 10. Juli 1883 (GS. S 111) § 2 Abs. 2, vom 24. April 1884 (GS. S. 121) § 2 Abs. 2.

[2]) Weißler, Kommentar zum RFG. S. 1.

die Rechtsfähigkeit, wenn er in das Register eines Gerichts eingetragen wird, in dessen Bezirk er nicht seinen Sitz hat.

Von der örtlichen Unzuständigkeit ist wohl der Fall zu unterscheiden, daß ein Beamter außerhalb seines Amtsbezirks eine Amtshandlung vornimmt. Eine solche Amtshandlung ist im allgemeinen unwirksam, da die Beamteneigenschaft nur innerhalb der Grenzen des Amtsbezirks besteht. Thatsächlich hat jedoch dieser Grundsatz für die von den Gerichten (und Notaren) ausgeübte fr. G. kaum irgend welche Bedeutung.

Zunächst darf ein Gericht, wenn Gefahr im Verzuge liegt, Amtshandlungen, die sonst im Wege des Rechtshülfeersuchens zu erledigen gewesen wären, auch außerhalb seines Bezirkes vornehmen, §§ 2 RFG., 167 GVG., 87 AG. z. GVG. Vor allem aber sind gemäß Art. 39 PrFG.[1]) Beurkundungen (eines Richters, Notars, Gerichtsschreibers, Gerichtsvollziehers) nicht deshalb ungültig, weil der beurkundende Beamte sie außerhalb der Grenzen seines Bezirkes vorgenommen hat.[2]) Z. B. ist ein von einem Berliner Amtsrichter in Charlottenburg aufgenommenes gerichtliches Testament vollwirksam.

Die Bestimmung des Art. 39 PrFG. ist theoretisch dahin aufzufassen, daß für das Urkundswesen die ganze Monarchie den eigentlichen Amtsbezirk des betr. Beamten darstellt und das Verbot der Ueberschreitung seines engeren (uneigentlichen) Amtsbezirkes nur die Bedeutung einer an ihn gerichteten Instruktion hat (so schon § 10 AGO. II, 2). Als „Ergänzung" des Reichsrechtes im Sinne des § 200 Abs. 2 RFG. kann Art. 39 PrFG. nicht angesehen werden; wo eine gleichartige landesrechtliche Vorschrift fehlt, führt die Ueberschreitung des Amtsbezirkes daher zur Nichtigkeit der Urkundsaufnahme.[3])

---

[1]) Ebenso Art. 6 Abs. 5 bayr. Not.-Ges.; abw. besonders § 57 Ziff. 3 bad. Rechtspolizeiges.

[2]) Ebenso § 43 der sächs. VO. vom 24. Juli 1899. Vgl. hinsichtlich der Standesbeamten § 1319 BGB.

[3]) Abw. Dronke, DJZ. 1900, 130. Ueber § 200 Abs. 2 RFG. unten § 47 Ziff. I.

§ 10.

Formen des Geschäftsverkehrs, insbesondere Gerichtssprache.

I. Anträge und Erklärungen betheiligter Privatpersonen können zum Protokolle des Gerichtsschreibers des für die materielle Behandlung der betr. Sache zuständigen Gerichtes sowie außerdem jedes beliebigen Amtsgerichtes erfolgen, § 11 RFG.

In landesrechtlichen Sachen müssen die Gerichtsschreiber nur „Gesuche" zu Protokoll nehmen, § 71 AG. z. GVG. Vielfach sind für Anträge, namentlich für Anmeldungen zu öffentlichen Registern und Büchern, besondere Formvorschriften getroffen, vgl. z. B. § 12 HGB.

II. Zum Theil vollzieht sich der gerichtliche Geschäftsverkehr in der Form der persönlichen Verhandlung des Richters mit der Partei.[1]) In der Verhandlung übt der Richter die Sitzungspolizei nach den Vorschriften des Gerichtsverfassungsgesetzes, § 8 RFG., § 88 AG. z. GVG.

Das Recht der Sitzungspolizei giebt dem Richter nicht die Befugniß, Ordnungsstrafen wegen Ungebührlichkeiten, die nicht gelegentlich der Verhandlung, sondern in einer Eingabe begangen sind, zu verhängen.[2])

Die Gerichtssprache ist die deutsche, § 8 RFG, Art. 1 PrFG., § 186 GVG. Wegen der Zuziehung eines Dolmetschers finden die für den Civil- und Strafprozeß geltenden Vorschriften des Gerichtsverfassungsgesetzes (§§ 187 ff.) mit folgenden Abweichungen Anwendung:

1. In streitigen Sachen entscheidet das Ermessen des Gerichts, ob ein Betheiligter der deutschen Sprache mächtig ist und es deshalb der Zuziehung eines Dolmetschers bedarf. Dieser Grundsatz gilt an sich auch in der fr. G., z. B. in Vormundschaftssachen, ist aber insofern durchbrochen, als bei der

---

[1]) Ueber die Frage, ob es einer mündlichen Verhandlung bedarf, vgl. unten S. 47.

[2]) KG. 14, 484, daselbst auch weitere Litteratur.

Beurkundung von Rechtsgeschäften schon dann mittelst Dolmetschers verhandelt werden soll, wenn ein Betheiligter auch nur erklärt, der deutschen Sprache nicht mächtig zu sein, § 179 Abs. 1 RFG.; für die Beurkundung von Testamenten und Erbverträgen ist das Gleiche durch die §§ 2244, 2276 BGB. vorgeschrieben.

§ 179 RFG. hat insofern eine politische Spitze, als er in den polnisch redenden Landestheilen den Urkundsbeamten zwingt, auf Verlangen der Partei einen Dolmetscher zuzuziehen, auch wenn die Partei nach der Ueberzeugung des Beamten des Deutschen sehr wohl mächtig ist. Die jetzige Fassung des § 179 ist deshalb nur gegen den entschiedenen Widerspruch der Regierungen im Reichstage durchgedrungen und hätte beinahe das ganze Gesetz zum Scheitern gebracht. Allein sie ist politisch kaum bedenklich, weil es sich hier regelmäßig um Fälle handelt, in denen die Parteien den Urkundsbeamten freiwillig angehen und durch eine chikanös herbeigeführte Zuziehung eines Dolmetschers sich selbst unnütze Kosten aufladen würden, vgl. § 55 des preuß. GKG.

Versehentlich hat der Reichstag bei der Abänderung des § 179 Abs. 1 RFG. den mit diesem zusammenhängenden § 179 Abs. 3 RFG. in der Fassung des Gesetzentwurfes stehen lassen. Nach Abs. 3 muß der Urkundsbeamte im Protokolle feststellen, daß der betr. Betheiligte der deutschen Sprache nicht mächtig sei. Diese Feststellung — ohne welche die unter Zuziehung des Dolmetschers aufgenommene Urkunde nichtig sein würde — soll nun der Urkundsbeamte nach Eccius[1]) nur auf Grund eigener Ueberzeugung von der Sprachunkenntniß der Partei treffen dürfen, womit der Reichstagsbeschluß eliminirt ist. Allein nachdem § 179 Abs. 1 einmal die erwähnte Abänderung erfahren hat, kann Abs. 3 nur in dem Sinne verstanden werden, daß die in ihm erwähnte Feststellung lediglich auf Grund der Erklärung der Partei, sie verstehe nicht deutsch, getroffen werden muß. Die An-

[1]) In Gruchot's Beiträgen 43, 298 und 537, in der Juristischen Monatsschrift für Posen, West- und Ostpreußen 1899, 21.

sicht der Gegner haftet am buchstäblichen Sinne des Wortes und widerspricht dem offenbaren Willen des Gesetzgebers.[1])

2. Die Zuziehung des Dolmetschers darf in streitigen Sachen nur, wenn die Gesammtheit der Betheiligten, in nichtstreitigen schon, wenn nur der Richter der fremden Sprache mächtig ist, unterbleiben, § 187 Abs. 2 GVG., § 9 RFG., Art. 1 PrFG. Ferner ist ein Verzicht der Betheiligten auf die Vereidigung des Dolmetschers nur in nichtstreitigen Angelegenheiten zulässig, § 9 RFG, Art. 1 PrFG.

3. Für die Ausschließung eines Dolmetschers gelten in fr. G. die Vorschriften über die Ausschließung eines Richters, § 9 Satz 2 RFG., Art. 1 PrFG., während im Prozeß der Dolmetscher wie ein Sachverständiger ausgeschlossen und abgelehnt werden kann, § 193 GVG.

Von der Mitwirkung bei einer Urkundsaufnahme ist der Dolmetscher in denselben Fällen und mit der gleichen Wirkung wie ein Urkundszeuge ausgeschlossen, § 180 RFG.

III. Die auf eine einzelne Rechtsangelegenheit bezüglichen Schriftstücke werden in chronologischer Reihenfolge zu sogen. Gerichtsakten vereinigt.[2]) Die Einsicht der Gerichtsakten kann nach dem pflichtgemäßen Ermessen des Gerichts jedem insoweit gestattet werden, als er ein berechtigtes Interesse glaubhaft macht. Das Gleiche gilt von der Ertheilung

---

[1]) So die bei weitem überwiegende Meinung, z. B. Fuchs, Schultze-Görlitz, Weißler und besonders eingehend Rausnitz (S. 575) in ihren Kommentaren zum RFG., vgl. auch Jastrow, Formularbuch und Notariatsrecht I, 68, Landsberg in der Juristischen Monatsschrift für Posen u. s. w. 1899, 1, Dubek, DJZ. 1899, 152; Zeitschrift der Breslauer Anwaltskammer 1899, 11; abw. Dronke, Josef und Birkenbihl zu § 179 RFG., Aron, ZfCP. 1900, 324.

[2]) Vgl. Geschäftsordnungen für die Gerichtsschreibereien der Amtsgerichte (JMBl. S. 397) vom 26. Nov. 1899, §§ 7 ff., der Landgerichte vom 27. Nov. 1899 (JMBl. S. 475) §§ 7 ff., der Oberlandesgerichte vom 29. Nov. 1899 (JMBl. S. 565) §§ 7 ff.

einer Abschrift; letztere ist auf Verlangen zu beglaubigen, § 34 RFG., Art. 1 PrFG.

Durch die Fassung des Gesetzes („kann") ist ein Recht des Interessenten auf Akteneinsicht u. s. w. verneint. Infolgedessen findet gegen die Verweigerung der Akteneinsicht keine Beschwerde statt, da diese nur bei Beeinträchtigung eines Rechtes gegeben ist, § 20 RFG. Doch wird vielfach durch besondere Bestimmung gewissen Interessenten ein Recht auf Akteneinsicht gewährt, vgl. z. B. § 11 GBO. (Grundbuch), § 36 der Allg. Verf. des JM. vom 20. Nov. 1899, JMBl. S. 349 (Grundakten), Art. 49 PrFG. (Protokolle). Manche Register, z. B. das Handelsregister (§ 9 HGB.), das Vereinsregister (§ 79 BGB), das Güterrechtsregister (§ 1563 BGB.), das Börsenregister (§ 56 des Börsengesetzes vom 22. Juni 1896) sind öffentlich, d. h. ihre Einsicht steht jedem frei. Endlich ist unter den Voraussetzungen des § 810 BGB. ein Recht auf Akteneinsicht vorhanden.[1])

§ 11.

Rechtshülfe.

Die deutschen Gerichte sind einander in reichsrechtlichen, die preußischen Gerichte in preußischrechtlichen Angelegenheiten der fr. G. zur Rechtshülfe verpflichtet, § 2 RFG., § 87 AG. z. GVG. Eine darüber hinausgehende Pflicht aller deutschen Gerichte, sich auch in landesrechtlichen Sachen der nichtstreitigen Rechtspflege — namentlich Zwangserziehungssachen können hier in Betracht kommen — Rechtshülfe zu gewähren, läßt sich nicht begründen; wohl aber ist insoweit ein (unverbindliches) Herkommen unter den deutschen Gerichten als bestehend zu erachten.

Man streitet darüber, ob die deutschen Gerichte einander auf Grund des § 2 RFG. auch dann zur Rechtshülfe verpflichtet

---

[1]) Abw. KG., Neue Folge 1 (A) 7, theilweise auch Schultzenstein, ZfCP. 25, 248 ff. Eine nähere Begründung der obigen Sätze hat der Verf. in der Zeitschrift „Das Recht" 1900, 303 gegeben.

sind, wenn eine in Ausführung oder Ergänzung des Reichsrechts erlassene partikulare Vorschrift (§ 200 RFG.) durchgesetzt werden soll, wenn es sich z. B. um die Vollstreckung einer vom Richter in einer reichsrechtlichen Angelegenheit der fr. G. erlassenen Verfügung (vgl. Art. 15 ff. PrFG., § 22 dieses Leitfadens), u. A. auch einer Kostenentscheidung (Art. 9 ff. PrFG., § 24 dieses Leitfadens) handelt. M. E. ist die Frage zu bejahen, weil die Vollstreckung nur einen Theil der betr. reichsrechtlichen nichtstreitigen „Angelegenheit" (§ 1 RFG.) bildet, innerhalb deren sich die deutschen Gerichte Rechtshülfe leisten müssen.[1]) Nur wenn nach dem Rechte des Bundesstaates, zu dem das ersuchte Gericht gehört, die verlangte Amtshandlung unzulässig ist (wenn z. B. ein preußischer Richter einen württembergischen um Anwendung unmittelbarer Gewalt gegen eine Person ersucht, vgl. § 22 dieses Leitfadens), ist die Gewährung der Rechtshülfe abzulehnen, §§ 2 RFG., 159 Abs. 2 GVG. Ferner erscheint in der fr. G. die in der streitigen Rechtspflege auf Grund des § 161 GVG. statthafte unmittelbare (d. h. ohne Vermittelung der fremden Gerichte) erfolgende Inanspruchnahme der Vollstreckungsbeamten anderer Bundesstaaten trotz § 2 RFG. unzulässig, da das RFG., welches für die fr. G. als „Prozeßordnung" im Sinne des § 161 GVG. anzusehen ist, über die Vollstreckung nichts bestimmt.

Für die Einzelheiten des Rechtshülfeverfahrens sind die §§ 158 ff. GVG. maßgebend, § 2 RFG., 87 AG. z. GVG.[2])

In Preußen müssen auch die Gerichte und Verwaltungsbehörden einander Rechtshülfe (man sagt hier technisch „Beistand") leisten.[3]) Kraft des § 169 GVG. (vgl. § 2 RFG.)

---

[1]) Vgl. besonders den Kommentar von Schultze-Görlitz zum RFG. S. 12, 13.

[2]) Ueber Rechtshülfe im Auslande vgl. die Kommentare zu § 3 RFG. Von Wichtigkeit ist namentlich das Abkommen zur Regelung von Fragen des internationalen Privatrechts vom 14. Nov. 1896, RGBl. S. 285.

[3]) VO. vom 2. Jan. 1849 (GS. S. 1) § 38; [daneben noch VO. vom 26. Juni 1867 (GS. S. 1073) § 36; VO. vom 26. Juni 1867 (GS. S. 1085) § 29; VO. vom 26. Juni 1867 (GS. S. 1094) § 28.].

sind infolgedessen die preußischen Verwaltungsbehörden verpflichtet, ihre Akten auch außerpreußischen deutschen Gerichten auf Ersuchen mitzutheilen.

Ueber eine Beschwerde einer nicht gerichtlichen Behörde wegen einer vom Gericht verweigerten Beistandsleistung entscheidet das Oberlandesgericht endgültig, § 87 Abs. 2 AG. z. GVG.; lehnt umgekehrt eine nicht gerichtliche Behörde die Beistandsleistung ab, so kann nur der Aufsichtsweg beschritten werden.

Zweites Kapitel.

Die Partei.

§ 12.

Partei- und Prozeßfähigkeit.

Das Verfahren der fr. G. ist, wie wir noch im § 14 näher sehen werden, nicht kontradiktorischer Natur; es giebt hier keinen Kläger und Beklagten. Gleichwohl kann die fr. G. des Parteibegriffs nicht entrathen; z. B. kann nur eine Partei Gewährung des Armenrechts beanspruchen (§ 25), nur sie darf zur Kostenerstattung verurtheilt werden (§ 24), sie kann nicht als Zeuge, Sachverständiger oder Dolmetscher auftreten u. s. w.

Die Definition des Parteibegriffes ist, da die formelle Struktur des Verfahrens keinen Anhalt für sie ergiebt, dem materiellen Sachverhältniß zu entnehmen. Partei ist für ein einzelnes Verfahren derjenige, dessen Recht oder Pflicht den Gegenstand des Verfahrens bildet.

Die Gesetze über die fr. G. verwerthen den Ausdruck „Partei" nicht, sondern sagen dafür „Betheiligter",[1] ohne freilich die technische Bedeutung des Wortes immer festzuhalten.

---

[1] Vgl. z. B. §§ 3, 6 Ziff. 4, 13, 41, 86, 127, 132, 158, 168 RFG., Art. 9, 10, 14, 21, 28, 30, 34, 38, 40, 41, 55, 66 PrFG.

Beispielsweise sind im Sinne des § 9 Satz 1 RFG. zu den „betheiligten Personen" auch die Zeugen, Sachverständigen u. s. w. zu rechnen. Für die Beurkundung von Rechtsgeschäften stellt das Gesetz selbst eine Definition des Begriffs auf; hier ist Betheiligter Derjenige, „dessen Erklärung beurkundet werden soll", § 168 Satz 2 RFG.

Wir werden uns in der Regel statt des farblosen Ausdrucks „Betheiligter" meist der Bezeichnung „Partei" bedienen, da diese das Wesentliche des Begriffes besser hervorhebt.

Die Fähigkeit, Partei zu sein (Parteifähigkeit), kommt nur dem Rechtsfähigen zu, dem nicht rechtsfähigen Verein (§ 54 BGB.) nur insofern, wie es zur Durchführung seiner civilprozessualen passiven Parteifähigkeit (§§ 50 Abs. 2, 735 CPO., 213 KO.) erforderlich ist; z. B. müssen die Gerichte als Hinterlegungsstellen[1]) von dem Verein Beträge entgegennehmen, durch deren Hinterlegung der Verein die Zwangsvollstreckung aus einem gegen ihn ergangenen Urtheil abwenden will.

Die Fähigkeit, vor Gericht rechtswirksam zu handeln (Prozeßfähigkeit), hat grundsätzlich nur der unbeschränkt Geschäftsfähige, da die Vornahme einer prozessualen Rechtshandlung im Grunde das materielle Recht mit berührt.[2]) So kann im allgemeinen nur der unbeschränkt Geschäftsfähige wirksam einen Antrag zu einem öffentlichen Register stellen, Beschwerde einlegen u. s. w.; andere Personen können nur durch ihren gesetzlichen Vertreter handeln. Dieser Satz erleidet jedoch mehrere Ausnahmen, die theils im Gesetz geradezu ausgesprochen sind, theils sich aus seinem inneren Zusammenhange ergeben. Insbesondere sind Mündel und Kinder unter elterlicher Gewalt, wenn sie das vierzehnte Lebensjahr überschritten haben, zur selbständigen Ausübung des Beschwerderechtes gegenüber gewissen Ent-

[1]) Unten § 52.

[2]) Dazu Jastrow, ZfCP. 25, 530; Aron ebenda 27, 339; unhaltbar Dorner S. 82, welcher die Regelung der Prozeßfähigkeit für die fr. G. der Landesgesetzgebung überlassen will.

scheidungen des Vormundschaftsgerichtes befugt, § 59 RFG.; aus den §§ 2229 Abs. 2, 2231, 2247 BGB. ist zu folgern, daß das Gericht dem selbstständigen Antrage eines mindestens 16 Jahre alten Minderjährigen auf Aufnahme eines gerichtlichen Testamentes willfahren muß;[1]) einer geschiedenen minderjährigen Ehefrau kann das Beschwerderecht gegen vormundschaftsrichterliche Verfügungen, welche in ihr Recht der Fürsorge für die Person des Kindes eingreifen (§ 1635 BGB.) oder ihren Verkehr mit dem Kinde regeln (§ 1636 BGB.), nicht versagt werden,[2]) da das Fürsorgerecht naturgemäß nicht durch ihren gesetzlichen Vertreter ausgeübt wird, sondern an die Person der Mutter geknüpft ist.

Die Leistung des Offenbarungseides in den Fällen der §§ 259, 260, 2006, 2028, 2057 BGB. — unten § 54 Ziff. I — liegt dem gesetzlichen Vertreter ob, da er selbst die Angaben machen muß, deren Richtigkeit durch den Offenbarungseid erhärtet werden soll. Dagegen steht m. E. grundsätzlich nichts im Wege, einen nicht unbeschränkt Geschäftsfähigen zu einer eidesstattlichen Versicherung zuzulassen;[3]) eine Disposition über Privatrechte ist in solcher Versicherung nicht zu finden. Ob die nicht unbeschränkt geschäftsfähige Person bei wissentlicher Abgabe einer falschen eidesstattlichen Versicherung strafbar ist, muß nach allgemeinen strafrechtlichen Grundsätzen — §§ 55 ff. StrGB. — entschieden werden.

Selbstverständlich ist, daß das Gericht, soweit es von Amtswegen einschreitet (z. B. in Vormundschafts- und Zwangserziehungssachen), aus Erklärungen jeder beliebigen Person, selbst eines Kindes, sofern sie nur thatsächliches Gewicht haben, die Veranlassung zu einem Vorgehen entnehmen kann. Solche Erklärungen tragen jedoch nicht den Charakter von Rechtshandlungen.

---

[1]) In solchem Falle ist der Minderjährige dem Staate auch als Kostenschuldner verhaftet, § 1 GKG.

[2]) Das letzte Beispiel nach Jastrow a. a. O.

[3]) Abw. Jastrow a. a. O

§ 13.

Bevollmächtigte und Beistände der Parteien.

Die Parteien können ihre Verhandlungen mit dem Gericht durch Bevollmächtigte führen und sich durch sie in Terminen vertreten lassen. Die Bevollmächtigung ist auf Verlangen einer Partei oder auf Anordnung des Gerichtes — in gewissen landesrechtlichen Angelegenheiten, insbesondere in Grundbuchsachen (§ 29 GBO.) auch ohne dies — durch eine öffentlich beglaubigte Vollmacht nachzuweisen.

Notare gelten auch ohne Vollmacht kraft Gesetzes als ermächtigt, im Namen einer Partei eine Eintragung im Handels-, Genossenschafts-, Vereins-, Güterrechts-, Schiffsregister und Grundbuch zu beantragen, wenn sie die zu der Eintragung erforderliche Erklärung beurkundet oder beglaubigt haben, §§ 129, 147 Abs. 1, 159, 161, 100 RFG., 15 GBO., vgl. auch §§ 29 Abs. 1 Satz 3, 124 RFG., ähnlich in Bezug auf das Standesregister § 71 RFG.

Doch verlangt das Gesetz in einzelnen Fällen, z. B. beim Austritt aus einer Kirchen- oder Synagogengemeinde,[1]) das persönliche Erscheinen des Betheiligten, außerdem kann das Gericht in allen ihm geeignet erscheinenden Fällen das persönliche Erscheinen anordnen, § 13 Satz 2 RFG.

Ein Zwang zum persönlichen Erscheinen findet in der fr. G. zwar nicht auf Grund des Reichsrechts (Ausnahmen §§ 1837, 1915, 1693 BGB.), aber doch auf Grund der landesrechtlichen Vollstreckungsnormen[2]) statt, soweit das Gericht es für die ihm von Amtswegen obliegenden Ermittelungen für erforderlich erachtet.[3])

Anwaltszwang besteht in Angelegenheiten der fr. G. auch für das Verfahren vor den Kollegialgerichten nicht; nur muß, wenn die weitere Beschwerde mittelst einer Beschwerdeschrift

[1]) Ges. vom 14. Mai 1873 § 1; Ges. vom 28. Juli 1876 § 2.
[2]) Unten § 22.
[3]) Begr. S. 16.

eingelegt wird, letztere von einem Rechtsanwalt unterzeichnet sein (unten S. 71).

Im Falle der Kostenerstattung sind die durch die Zuziehung eines Rechtsanwalts entstandenen Kosten nicht allgemein wie im Civilprozeß (§ 91 CPO.), sondern „nur insoweit zu erstatten, als die Zuziehung nach dem Ermessen des Gerichts zur zweckentsprechenden Rechtsverfolgung oder Rechtsvertheidigung nothwendig war", Art. 9 Abs. 2 PrFG.

Zu unterscheiden von dem Bevollmächtigten ist der Beistand, welcher nicht für die Partei, sondern neben ihr auftritt. Die Parteien können in allen Fällen mit Beiständen erscheinen, § 13 Satz 1 RFG., Art. 1 PrFG. Das Hauptbeispiel des „Beistandes" ist der Ehemann in Angelegenheiten seiner Ehefrau.

Die Befugniß, Personen, denen die Fähigkeit zum geeigneten Vortrage mangelt, und Bevollmächtigte und Beistände, welche das mündliche Verhandeln vor Gericht geschäftsmäßig betreiben, zurückzuweisen, ist dem Richter der fr. G. im Gegensatz zum Civilprozeß- und Verwaltungsrichter (§ 157 CPO., § 73 ALVG.) nicht beigelegt, folgt auch nicht etwa, wie von einigen angenommen wird,[1]) aus der Natur der Sache, wie schon die Sonderbestimmungen der §§ 157 CPO., 73 ALVG. zeigen.

Andererseits erstreckt sich in Preußen die ausdrückliche Zulassung der sogen. Prozeßagenten[2]) nicht auf die Angelegenheiten der fr. G.

---

[1]) Schultze-Görlitz, Kommentar zum RFG. S. 38; Dorner, Kommentar zum RFG. S. 79 bezüglich der mangelnden Fähigkeit zum geeigneten Vortrage.

[2]) Allg. Verf. des JM. vom 25. Sept. 1899, JMBl. S. 272.

Drittes Kapitel.

Das Verfahren.

Abschnitt I.

Allgemeines.

§ 14.

Hauptgrundsätze des Verfahrens.

I. Für ein gerichtliches Verfahren kann entweder die Offizial- oder die Dispositionsmaxime[1]) maßgebend sein. Nach der Offizialmaxime hat das Gericht von Amtswegen vorzugehen und insbesondere das zur Feststellung des Sachverhaltes Erforderliche zu veranlassen; sie findet Anwendung bei vorwiegendem öffentlichen Interesse und dient der Erforschung der materiellen Wahrheit. Die Dispositionsmaxime legt dagegen die Verfügung (Disposition) über das dem Gericht zu unterbreitende thatsächliche Material in die Hände der Parteien; sie greift bei vorwiegend privatem Interesse Platz und führt zur Ermittelung einer formellen (relativen) Wahrheit. Von der Offizialmaxime ist bekanntlich der Strafprozeß, von der Dispositionsmaxime der Civilprozeß beherrscht, eine Mischung beider Prinzipien findet sich im Verwaltungsstreitverfahren.

Bei der inneren Verschiedenheit der Angelegenheiten, die formell dem Verfahren der fr. G. unterstellt sind, läßt sich nicht allgemein sagen, ob sie nach der Offizial- oder der Dispositionsmaxime zu behandeln sind. Es kommt vielmehr auf die Natur jeder einzelnen Angelegenheit an. So herrscht im Vormundschaftswesen und in Personenstandssachen die Offizialmaxime, im Urkundwesen und bei der freiwilligen Versteigerung die Dispositionsmaxime; mehrfach, z. B. bei der Führung des Handelregisters, greifen beide Prinzipien ineinander; doch überwiegt die Offizialmaxime. Die Vorschrift des § 12 RFG.: „Das Gericht hat von Amtswegen die zur Feststellung der Thatsachen erforderlichen Ermittelungen zu veranstalten und die geeignet erscheinenden Beweise aufzunehmen" gilt nach alledem nur, sofern sich aus den besonderen gesetzlichen Regeln über die in Frage kommende Angelegenheit nicht ein anderes ergiebt (vgl. § 1 RFG.: „soweit nicht ein anderes bestimmt ist").

Einen richtigeren Weg als das RFG. hat der preußische Gesetzgeber eingeschlagen, indem er von dem Erlasse einer allgemeinen Vorschrift nach der Art des § 12 RFG abgesehen hat. Eine sachliche Verschiedenheit zwischen Reichs- und preußischem Recht besteht gleichwohl in dieser Hinsicht nicht [1])

Statt Dispositionsmaxime sagt man wohl auch „Verhandlungsmaxime" Vielfach wird jedoch beiden Ausdrücken ein verschiedener Sinn beigelegt und mit „Dispositionsprinzip" nur die Verfügungsfreiheit der Parteien über die materielle res in iudicium deducta bezeichnet, von „Verhandlungsmaxime" dagegen gesprochen, wenn die Verfügung über Bestandtheile des formellen Verfahrens, insbesondere die Stoffsammlung in die Hände der Parteien gelegt ist.[2]) Für die fr. G. ist die Unterscheidung wenig fruchtbar, da hier die Dispositionsmaxime (im materiellen Sinn) und die Verhandlungsmaxime regelmäßig vereint auftreten. (Ein besonders lehrreiches Beispiel bietet in dieser Beziehung die freiwillige Versteigerung, unten § 50).

II. Dem Verfahren der fr G. ist eine weitgehende Formlosigkeit eigen. Es zeigt in dieser Beziehung Aehnlichkeit mit dem staatsanwaltschaftlichen Vorverfahren in Strafsachen (§§ 156 ff. StrPO.) und dem verwaltungsrechtlichen Beschlußverfahren (§§ 115 ff. ALVG.). Insbesondere ist es auch dann, wenn eine Streitsache, z. B. eine der dem Vormundschaftsrichter überwiesenen Streitigkeiten unter Ehegatten[3]) vorliegt, nicht kontradiktorisch, d. h. es bedarf nicht eines

---

[1]) Vgl. Begr. S. 7

[2]) Vgl. Heinze in Goltdammers Archiv für Strafrecht 24, 265 ff; Birkmeyer, ZfCP. 3, 155 ff., 375 ff.; Schmidt, Lehrbuch des deutschen Civilprozeßrechtes S. 339

[3]) Unten S. 92.

(mündlichen oder schriftlichen) Erklärungsaustausches der Betheiligten, an den die richterliche Entscheidung anzuknüpfen hätte; ein Betheiligter hat regelmäßig nicht einmal den Anspruch, vor dem Erlaß der ihn betreffenden Entscheidung von dem Richter auch nur gehört zu werden (Nichtanerkennung des Satzes: audiatur et altera pars). Ferner besteht für die mündlichen Verhandlungen des Gerichts kein Protokollirungszwang; nothwendig werdende Ermittelungen können in formlosester Weise, z. B. durch Erkundigungen bei Privatpersonen erfolgen,[1]) der Richter kann eine von ihm erlassene Verfügung, wenn er sie nachträglich für ungerechtfertigt erachtet, jederzeit abändern[2]) u. s. w.

Die Formlosigkeit des Verfahrens findet ihre innere Begründung einerseits darin, daß ein Theil der ihm unterliegenden Angelegenheiten sachlich mehr oder minder in das Gebiet der Verwaltung fällt, und daher eine weitgehende Bewegungsfreiheit des mit der Bearbeitung derartiger Angelegenheiten betrauten Beamten im großen und ganzen nur als sachdienlich anzusehen ist. Andererseits hängt jedoch der Mangel allgemeiner Verfahrensvorschriften, den das RFG. aufweist, damit zusammen, daß die ausgeprägte innere Verschiedenheit der zur fr. G. gehörigen Materien einer einheitlichen Regelung im Wege stand. Die für manche Angelegenheiten sachlich unzweifelhaft gebotene strengere Ordnung des Verfahrens ist daher für dieselben mehrfach durch Sondervorschriften herbeigeführt, vgl. z. B. unten § 30 über die Zwangserziehung und § 41 über das handelsrechtliche Ordnungsstrafverfahren.

Freilich bestehen erhebliche Bedenken, ob der Kreis jener Sondervorschriften weit genug gezogen ist.[3]) Insbesondere ist der Vormundschaftsrichter in den oft folgenschweren Fällen, in denen er über eheliche oder elterliche Verhältnisse zu entscheiden hat, an keinerlei formelle Schranken gebunden.

---

[1]) Unten S. 56.

[2]) Genaueres unten S. 50 ff.

[3]) Weißler, Kommentar zum RFG. S. 16.

III. Die durch das GVG., die CPO. und die StrPO. für Civil- und Strafsachen aufgestellten Grundsätze der **Mündlichkeit** und **Oeffentlichkeit** sind auf die fr. G. nicht erstreckt worden. Sie ergeben sich hier aber auch nicht etwa aus der Struktur des Verfahrens von selbst. Im Gegentheil folgt die Nichtanerkennung des Mündlichkeitsprinzips schon aus der zu II dargelegten Formlosigkeit des Verfahrens, welche den Betheiligten ja sogar den Anspruch auf rechtliches Gehör benimmt. Die Nichtöffentlichkeit des Verfahrens aber ergiebt sich daraus, daß ein Recht des einzelnen auf Zulassung zu mündlichen Verhandlungen einer Behörde nur da gegeben ist, wo besondere gesetzliche Vorschriften es gewährleisten,[1] und findet seine innere Rechtfertigung in der diskreten Natur vieler Angelegenheiten, die vor dem Richter der fr. G., insbesondere dem Vormundschafts- und Nachlaßrichter, zur Sprache kommen.

IV. Aus dem bisher Ausgeführten geht bereits hervor, daß und weshalb die Vorschriften der CPO. auf das Verfahren der fr. G. grundsätzlich nicht übertragen worden sind. Doch ist ausnahmsweise für einzelne Fragen das Gegentheil bestimmt, insbesondere finden die Regeln der CPO. über das Armenrecht (§ 14 RFG.), über den Zeugen- und Sachverständigenbeweis (§ 15 RFG.), über die Zwangsvollstreckung aus Kostenfestsetzungsbeschlüssen (Art. 14 PrFG.), über die Anhaltung zur Leistung des Offenbarungseides bei Nichtherausgabe einer Sache oder Person (Art. 17 Abs. 2 PrFG.) in nichtstreitigen Sachen „**entsprechende Anwendung**". Darin, daß die Anwendung in den genannten Fällen nur eine „entsprechende", nicht eine unmittelbare ist, liegt, daß die betreffenden Vorschriften der CPO. bei ihrer Herübernahme in das Gebiet der fr. G. grundsätzlich vom Boden der letzteren, nicht von dem des Civilprozesses aus zu interpretiren sind. Sprechen z. B. jene Paragraphen von der **Beschwerde** oder der **sofortigen Beschwerde**, so ist dies bei entsprechender Anwendung auf die Rechtsmittel

[1] Vgl. Reichstagskommissionsbericht zum RFG. S. 1335.

der fr. G. (nicht die gleichnamigen des Civilprozesses) zu beziehen, für das „Zwischenurtheil“ des § 387 CPO. (vgl. § 15 RFG.) ist der Verfügungsbegriff (§ 15 dieses Leitfadens) einzusetzen u. s. w.[1])

§ 15.

Verfügungen.

Verfügungen sind gerichtliche Anordnungen rechtlicher (und zwar materiell- wie prozeßrechtlicher) Natur.[2]) Die Gesetze verwerthen mehrere Bezeichnungen für denselben Begriff, nämlich außer „Verfügung“ die Worte „Entscheidung“,[3]) „Anordnung“,[4]) „Beschluß“,[5]) auch der im § 7 RFG. gebrauchte Ausdruck „gerichtliche Handlung“ kann in keinem anderen Sinne verstanden werden.

Zwar könnte man zu den „Handlungen“ noch die Urkundsaufnahme rechnen, allein auf letztere paßt § 7 RFG. inhaltlich in keiner Weise (vgl. unten §§ 46 Ziff. IV, 47 Ziff. II b). Die bloße Entgegennahme einer Erklärung ist, weil lediglich passiver Natur, nicht „Handlung“.

Nicht zu den Verfügungen im technischen Sinne (abweichend allerdings der Sprachgebrauch der Praxis) gehören Anordnungen rein thatsächlicher Natur, z. B. die Einforderung von Akten, die bloße Aeußerung von Bedenken gegen eine vom Vormund vorgelegte Jahresrechnung[6]) u. s. w. Eintragungen in öffentliche Register sind richterliche Verfügungen; denn wenn sie auch formell vom Gerichtsschreiber zu „bewirken“ sind,[7]) so gehen sie doch sachlich vom Richter aus.

---

[1]) Jastrow, Fr. G. S. 13 ff.; Aron, ZfCP. 27, 333.

[2]) So nach Rausnitz, Kommentar zum RFG. S. 43. Vgl. ferner Rausnitz, ZfCP. 25, 185; Schultzenstein ebenda 25, 202, LG. Dresden ebenda 27, 185.

[3]) Vgl. z. B. §§ 24—30, 59 Abs. 1, 166 RFG.

[4]) Vgl. z. B. §§ 13, 33 RFG.

[5]) Vgl. z. B. §§ 67, 68, 84 RFG.

[6]) KG. Bd. 7 S. 7.

[7]) Vgl. die auf die einzelnen Register (§§ 40, 44, 45 des Leitfadens) bezüglichen Justizministerialverfügungen, z. B. die vom 7. Nov. 1899 (JMBl. S. 313) § 6 (Handelsregister).

Eine wichtige **Unterart** der Verfügungen bilden die **Genehmigung** und die **Bestätigung** privater Rechtsgeschäfte. Bei der Bestätigung (z. B. der einer Annahme an Kindesstatt, § 1741 BGB., oder der einer Erbesauseinandersetzung, § 93 RFG.) ist nur die formelle Richtigkeit, bei der Genehmigung (z. B. der vormundschaftsrichterlichen in den Fällen der §§ 1821 ff. BGB.) ist auch die materielle Seite des Geschäfts (die Zweckmäßigkeit) einer Prüfung zu unterwerfen.

Nicht immer wurden Genehmigung und Bestätigung scharf geschieden. Insbesondere erstreckte sich die sog. „Hypothekenbestätigung" des älteren Rechts auch auf die materielle Ordnungsmäßigkeit der Hypothekenbestellung.[1]) Ausnahmsweise wird der Ausdruck formell gebraucht in den auf die Familienstiftung bezüglichen Art. 1 und 2 AG. z. BGB.[2])

Eine **Form** der gerichtlichen Verfügungen ist nicht vorgeschrieben, dieselben können z. B. auch im Wege der mündlichen Mittheilung erlassen werden; immerhin ist die schriftliche Abfassung als die Regel anzusehen, doch bedarf es auch dann nicht nothwendig der richterlichen Unterschrift.[3]) Entscheidungen der Beschwerdeinstanz müssen „mit Gründen versehen werden", § 25 RFG., Art. 6 PrFG.,[4]) woraus sich die Nothwendigkeit einer schriftlichen Abfassung von selbst ergiebt.

Die Mittheilung der Gründe ist durch Anordnung der Justizverwaltung für solche richterlichen Bescheide vorgeschrieben worden, durch welche Gesuche um Eintragung in öffentliche Register zurückgewiesen werden.[5])

---

[1]) Vgl. z. B. **Puchta**, Handbuch des gerichtl. Verfahrens II, § 265 f. Ueber Bestätigung nach älterem preußischen Rechte vgl. **Jastrow**, Allg. Gerichtsordnung S. 102, Anm. 68.

[2]) Vgl. unten § 49 Ziff. III. [3]) KG 3, 8.

[4]) Vgl. auch GBO. § 77.

[5]) Vgl. Bekanntmachung des Reichskanzlers vom 9. Okt. 1896 (JMBl. S. 327) § 6, Allg. Verf. des JM. vom 6. Nov. 1899 (JMBl. S. 299) Art. 4, vom 7. Nov. 1899 (JMBl. 313) § 4, vom 8. Nov. 1899 (JMBl. 334) Art. 1, vom 11. Dez. 1899 (JMBl. 753) § 7.

Die Urschriften (Originale) der gerichtlichen Verfügungen bleiben regelmäßig bei den Gerichtsakten; die Betheiligten erhalten **Ausfertigungen** oder **Abschriften**. Ueber die Begriffe „Ausfertigung“ und „Abschrift“ Näheres unten § 46 Ziff. II.

Wirksamkeit erlangen die Verfügungen mit der Bekanntmachung an denjenigen, für welchen sie ihrem Inhalte nach bestimmt sind. Diese Vorschrift des § 16 Abs. 1 RFG. ist nicht ausnahmslos, insbesondere werden gewisse Verfügungen erst mit der Rechtskraft,[1] Eintragungen in öffentliche Register dagegen sofort wirksam.[2] Ebendeshalb hat Art. 1 PrFG. den § 16 RFG. nur mit der ausdrücklichen Beschränkung übernommen „soweit nicht entgegenstehende Vorschriften gegeben sind“

Die **Bekanntmachung** der Verfügungen erfolgt in der fr. G. von Amtswegen, und zwar gewöhnlich nicht durch förmliche Zustellung, sondern mittelst einfachen Briefes oder sonst durch Behändigung ohne Beurkundung.[3] Gegenüber einem Anwesenden ist die mündliche Verkündung zu Protokoll, neben der auf Verlangen eine Abschrift der Verfügung zu ertheilen ist, ausreichend Art, Zeit und Ort der Bekanntmachung sind in den Akten zu vermerken. Beginnt mit letzterer jedoch der Lauf einer Frist (so insbesondere bei Verfügungen, die der sofortigen Beschwerde — unten § 20 — unterliegen), so ist sie, falls die Verfügung dem Betheiligten nicht mündlich zu Protokoll verkündet worden ist, nach den Regeln der CPO. (§§ 208 ff.) über die Zustellungen von Amtswegen zu bewirken. Für Zustellungen im Auslande kann die Landesjustizverwaltung eine einfachere Art der Beurkundung als die in der CPO. vorgeschriebene bestimmen, was jedoch in Preußen bislang nicht geschehen ist, § 16 Abs. 2 und 3 RFG., Art. 1 PrFG.

Erachtet das Gericht eine von ihm erlassene Verfügung nachträglich für ungerechtfertigt, so ist es befugt, sie zu **ändern**, und zwar sowohl von Amtswegen (abweichend

[1] Vgl. unten S. 68.
[2] Siehe ferner §§ 51, 52 RFG.
[3] Allg. Verf. des JM. vom 10. Dez. 1899 (JMBl. S. 728) § 2.

§ 571 CPO.) wie auf eingelegte Beschwerde (§ 18 RFG). Doch erleidet dieser Satz tiefgreifende Ausnahmen:

a) Soweit Verfügungen (insbesondere Eintragungen in öffentliche Register) nur auf Antrag erlassen werden können und der Antrag zurückgewiesen worden ist, kann das Gericht die zurückweisende Verfügung von Amtswegen nicht mehr ändern, d. h. es darf dem zurückgewiesenen Antrage nachträglich nicht mehr stattgeben, denn derselbe ist durch die Zurückweisung erledigt. Die Aenderung kann daher hier nur auf Antrag erfolgen, § 18 Abs. 1 RFG.

b) Zur Abänderung einer Verfügung, die der sofortigen Beschwerde (unten § 20) unterliegt, ist das Gericht überhaupt nicht befugt, § 18 Abs. 2 RFG. Es handelt sich hier um besonders wichtige Fälle, die im Interesse der Rechtssicherheit einer alsbaldigen endgültigen Entscheidung bedürfen.

c) Eine vormundschaftsrichterliche Verfügung, durch welche die Genehmigung zu einem Rechtsgeschäfte ertheilt oder verweigert wird, ist insoweit unabänderlich, als die Genehmigung oder Verweigerung einem Dritten gegenüber wirksam geworden ist, §§ 55, 62 RFG.[1])

d) Auf Eintragungen in das Grundbuch und öffentliche Register findet § 18 RFG. meist keine Anwendung. Inwiefern hier Löschungen von Amtswegen statthaft sind, ist gewöhnlich durch Sonderregeln bestimmt.[2])

Mit Rücksicht auf diese zahlreichen Ausnahmen[3]) ist die Bestimmung des § 18 RFG. in das PrFG. nicht übernommen.[4]) Sachlich ist sie gleichwohl im Zweifel auch auf landesrechtliche Materien in Anwendung zu bringen, da keine Veranlassung vorliegt, auf diesem Gebiete den Gerichten die Abänderungsbefugniß grundsätzlich zu versagen.

---

[1]) Ueber einige analoge landesrechtliche Fälle Begr. S. 7.

[2]) Siehe besonders unten § 42.

[3]) Die obige Aufzählung läßt einige weniger wichtige Ausnahmen beiseite. Vgl. z. B. § 67 Abs. 3 RFG., auch unten S. 70 (weitere Beschwerde).

[4]) Begr. S. 7.

Ist die Abänderung statthaft, so fragt sich weiter, ob ihr rückwirkende Kraft zukommt.[1]) Das Gesetz besagt nichts hierüber. Das Recht, einer Verfügung rückwirkende Kraft beizulegen, ist daher an sich dem Richter zuzugestehen, doch ist es nicht schrankenlos. Die Aufhebung einer Verfügung nämlich, durch die Jemand die Fähigkeit oder Befugniß zur Vornahme eines Rechtsgeschäfts oder zur Entgegennahme einer Willenserklärung erlangt (zu solchen Verfügungen gehören z. B. die Bestellung eines Vormunds, Pflegers, Liquidators und die Volljährigkeitserklärung) hat auf die Wirksamkeit derjenigen Geschäfte keinen Einfluß, welche zwischen Erlaß und Aufhebung der Verfügung vorgenommen worden sind, § 32 RFG., Art. 1 PrFG. Ueberhaupt folgt aus allgemeinen Grundsätzen, daß wohlerworbene Rechte Dritter durch die Abänderung nicht berührt werden können.

Hierauf beruht im Grunde auch § 55 RFG. (oben unter c), nur daß sich der Gesetzgeber hier nicht damit begnügt hat, die Nichtrückwirkung der Abänderung auszusprechen, sondern letztere überhaupt für unzulässig erklärt hat.

Verschieden von der im Vorstehenden allein behandelten formellen Abänderung einer von Anfang an ungerechtfertigten Verfügung ist der wegen veränderter Sachlage erfolgende Erlaß einer neuen Verfügung, die sich mit dem Inhalt der alten Verfügung in Widerspruch setzt.[2]) Der Erlaß einer solchen neuen Verfügung ist auch dann zulässig, wenn die alte einer Abänderung aus § 18 RFG. nicht unterliegt. So kann z. B. der Vormundschaftsrichter einen entlassenen Vormund — obschon die Entlassung, weil der sofortigen Beschwerde unterworfen (§ 60 Ziff. 3 RFG.), unabänderlich ist — möglicherweise später wieder anstellen, selbstverständlich können die unabänderlichen Eintragungen in öffentliche Register unter den gesetzlichen Voraussetzungen durch Löschungen, welche sich gleichfalls als neue richterliche Verfügungen darstellen, materiell beseitigt werden u. s. w.[3])

---

[1]) Aron, ZfCP. 27, 328.

[2]) Reichstags-Kommissionsbericht zum RFG. S. 1341.

[3]) Ein weiteres Beispiel siehe unten S. 67.

§ 16.

Unterbrechung des Verfahrens; Fristen.

I. Ueber die Unterbrechung und Aussetzung des Verfahrens wird in den Gesetzen über die fr. G. nichts bestimmt; nur für gewisse Angelegenheiten, insbesondere Handelsregistersachen, ist nach dem Vorbilde des § 148 CPO. vorgeschrieben, daß das Registergericht, wenn eine von ihm zu erlassende Verfügung von der Beurtheilung eines streitigen Rechtsverhältnisses abhängig ist, die Verfügung aussetzen kann, bis über das Verhältniß im Wege des Rechtsstreits entschieden ist, § 127 RFG. Außerdem ergiebt sich für die nach der Offizialmaxime zu bearbeitenden Sachen ohne weiteres, daß das Gericht ein Verfahren zeitweilig aussetzen kann, wenn dies im Interesse einer sachgemäßen Erledigung des Geschäftes liegt.

Die Gerichtsferien sind auf das Verfahren der fr. G. ohne Einfluß, doch kann die Bearbeitung von Vormundschafts-, Nachlaß-, Fideikommiß-, Lehns- und Stiftungssachen nach dem Ermessen des Richters während der Ferien unterbleiben, soweit das Bedürfniß einer Beschleunigung nicht vorhanden ist, §§ 10 RFG., 91 Abs. 1 AG. z. GVG.

II. Für die Berechnung der Fristen in nichtstreitigen Sachen gelten die Vorschriften der §§ 186 ff. BGB. (§ 17 RFG., Art. 1 PrFG.) Doch besteht eine Abweichung. In der fr. G. endigen ebenso wie im Civilprozeß (§ 222 Abs. 2 CPO.) solche Fristen, deren Ende an sich auf einen Sonntag oder allgemeinen Feiertag fällt, stets erst mit dem Ablaufe des nächstfolgenden Werktages, § 17 RFG., Art. 1 PrFG., — eine Regel, die im materiellen Recht nur gilt, wenn innerhalb der Frist eine Willenserklärung abzugeben oder eine Leistung zu bewirken ist, § 193 BGB.

Gegen die Versäumung einer Frist findet die Wiedereinsetzung in den früheren Stand nur statt, wenn es sich um die Frist zur Einlegung der sofortigen Beschwerde (§ 22 RFG.) oder des Einspruchs (§ 137 RFG.) oder um die Frist zur Stellung des Antrages auf Anberaumung eines neuen Termines im Auseinandersetzungsverfahren (§§ 91, 92 RFG.) handelt. Die Wiedereinsetzung ist zulässig, wenn glaubhaft gemacht wird, daß die Versäumung der Frist nicht auf einem Verschulden des Betheiligten oder seines Vertreters beruht. Das auf die gemeinrechtliche vis maior zurückgehende Erforderniß einer Verhinderung „durch Naturereignisse und andere unabwendbare Zufälle" (§§ 44 StPO., 233 CPO., 112 ALVG.) ist hier also (ebenso wie im verwaltungsrechtlichen „Beschlußverfahren", § 52 Abs. 2 ALVG.) aufgegeben. Der Antrag auf die Wiedereinsetzung muß binnen zwei Wochen nach Beseitigung des Hindernisses und binnen eines Jahres nach Ablauf der versäumten Frist gestellt werden.

Von den Sonderfällen der §§ 22, 92, 137 RFG. abgesehen, ist eine formelle Wiedereinsetzung in den früheren Stand unzulässig.[1]) Doch ist der Richter der fr. G. bei seiner freien Stellung meist in der Lage, nachtheilige Folgen einer Frist geeignetenfalls nicht eintreten zu lassen oder durch Abänderung der etwa bereits getroffenen Verfügung wieder rückgängig zu machen.

Als Nothfristen können die Beschwerde- und Einspruchsfrist sachlich angesehen werden, doch bedienen sich die Gesetze der fr. G. dieser Bezeichnung nicht.

§ 17.

Beweisverfahren.

I. Vor dem Inkrafttreten des geltenden Rechtes gehörte das Beweisrecht, wenigstens in Preußen, nächst dem Vollstreckungswesen (unten § 22) zu den wundesten Punkten der nichtstreitigen Rechtspflege. Das Gesetz bot dem Richter (abgesehen von einigen Sonderbestimmungen, wie dem § 3 des Zwangserziehungsgesetzes vom 13. März 1878) keine sichere Handhabe, sich das für die Fällung seiner Entscheidungen noth-

[1]) U. a. in den Fällen der §§ 141 Abs. 1, 142 Abs. 2, 144 Abs. 3, 147 Abs. 4, 153 Abs. 4 RFG.

wendige Beweismaterial zu verschaffen. Eine Aenderung dieses Zustandes erschien um so nothwendiger, als durch das neue Recht der Kreis der dem Richter der fr G., insbesondere dem Vormundschaftsrichter, zustehenden Befugnisse beträchtlich erweitert worden ist. Im § 12 RFG. ist daher jetzt allgemein bestimmt, daß das Gericht die zur Feststellung der Thatsachen erforderlichen Ermittelungen zu veranstalten und die geeignet erscheinenden Beweise aufzunehmen hat. Die Beweiserhebung darf sich aber immer nur auf erhebliche Thatsachen richten, d. h. auf solche, deren Feststellung der Richter bedarf, um eine innerhalb seiner Zuständigkeit liegende Entscheidung fällen zu können. Da z. B. nicht dem Vormundschaftsrichter, sondern dem Prozeßrichter die Aufgabe gebührt, über die Berechtigung von angeblichen Erb- oder Alimentenansprüchen des Mündels zu befinden, darf der Vormundschaftsrichter in dieser Hinsicht keine Ermittelungen anstellen; ebensowenig darf der mit einer Erbesauseinandersetzung befaßte Nachlaßrichter, da er die Auseinandersetzung nur zu vermitteln und zu beurkunden hat (unten § 36), Zeugen über den Verbleib von Nachlaßgegenständen vernehmen; die bezüglichen Feststellungen zu treffen, ist vielmehr Sache der Betheiligten. Die reine Urkundsaufnahme vollends läßt, wie ohne weiteres ersichtlich ist, einem Beweisverfahren überhaupt keinen Raum; für die Beurkundung etwa nöthige Unterlagen sind von den Betheiligten selbst zu beschaffen, widrigenfalls die Beurkundung abzulehnen ist.

Aus dem Gesagten ergiebt sich der oben S 45 bereits unter einem anderen Gesichtspunkte erwähnte und in § 1 RFG. durch die Worte „soweit nicht ein anderes bestimmt ist" positiv begründete Satz, daß § 12 RFG. nur dann Anwendung finden kann, wenn die Natur der betr. Angelegenheit dem nicht entgegensteht; insofern ist aber — nach der Absicht des preußischen Gesetzgebers — seine Anwendung auch auf den preußischrechtlichen Gebieten der fr. G. geboten.

Das Ermittelungs- und Beweisverfahren ist nun nach § 12 RFG. durchweg von der Offizialmaxime beherrscht und in freiester Weise gestaltet. Dem Gericht ist die Wahl der Mittel, aus denen es sich seine Ueberzeugung bilden will, völlig überlassen; es kann z. B. Ergebnisse polizeilicher Nachforschungen für seine Entscheidung verwerthen, Erklärungen der Betheiligten erfordern, formlose (schriftliche oder mündliche) Erkundigungen bei Behörden sowie auch bei privaten „Auskunftspersonen" einziehen u. s. w. Letzteres ist für gewisse Fälle sogar gesetzlich vorgeschrieben, z. B. sind vor der Volljährigkeitserklärung eines Mündels thunlichst Verwandte desselben zu hören.[1] Der Grundsatz der freien Beweiswürdigung ist unbeschränkt durchgeführt, es giebt also keine „Beweisregeln"; insbesondere finden die Vorschriften der CPO. über den Schiedseid und über die Beweiskraft von Urkunden keine Anwendung. Daß der Begriff der Beweislast der fr. G. fremd ist, folgt schon aus dem Mangel formeller Parteistellungen in diesem Verfahren (oben S. 39).

II. Strengere Vorschriften gelten jedoch für den Zeugen- und Sachverständigen-Beweis.

Es scheint der Terminologie des Gesetzes (§§ 12, 15 RFG.) zu entsprechen, von „Beweis" nur da zu reden, wo es sich um die Vernehmung von Zeugen und Sachverständigen handelt, im übrigen aber den Ausdruck „Ermittelung" zu gebrauchen.

Gemäß § 15 RFG. finden nämlich die Vorschriften der Civilprozeßordnung über den Zeugenbeweis, über den Beweis durch Sachverständige und über das Verfahren bei der Abnahme von Eiden in der nichtstreitigen Rechtspflege entsprechende Anwendung. Nur in einem, freilich sehr wichtigen Punkte ist eine Abweichung von den Regeln des Civilprozesses statuirt: die Beeidigung eines Zeugen oder Sachverständigen ist in Angelegenheiten der fr. G. nicht obligatorisch, sondern dem Ermessen des Gerichts überlassen, vorausgesetzt natürlich, daß der Zeuge oder Sachverständige überhaupt eidesfähig ist, § 15 Abs. 1 Satz 2 RFG., Art. 1 PrFG.

---

[1]) § 1847 BGB.

Für gewisse landesrechtliche Angelegenheiten ist jedoch die Vereidigung der Zeugen und Sachverständigen zwingend vorgeschrieben, so bei der Aufnahme gerichtlicher Taxen.[1])

Nach dem Vorgange Dorners[2]) halten manche es für zulässig, auch in einer nichtstreitigen Sache einer Partei einen richterlichen Eid aufzuerlegen. Allein eine solche Befugniß ist dem Richter weder durch das positive Gesetz gewährt, noch folgt sie aus allgemeinen Grundsätzen. Nur behufs der Glaubhaftmachung einer thatsächlichen Behauptung kann ein Betheiligter nach der ausdrücklichen Vorschrift des § 15 Abs. 2 RFG. (Art. 1 PrFG.) wie im Civilprozeß (§ 294 CPO.) zur Versicherung an Eidesstatt zugelassen werden.

§ 18.

Beweishandlungen außerhalb eines anhängigen Verfahrens.[3])

Mehrfach gewährt das bürgerliche Recht die Befugniß, den Zustand oder den Werth einer Sache durch Sachverständige feststellen zu lassen. Diese Feststellung erfolgt durch den Richter der fr. G. (Amtsgericht); örtlich zuständig ist das Gericht, in dessen Bezirk sich die Sache befindet, doch können die Betheiligten hier durch ausdrückliche Vereinbarung die Zuständigkeit eines anderen Gerichts begründen. Bei dem Verfahren, gegen dessen Eröffnung ein Rechtsmittel nicht stattfindet, ist der Gegner des die Feststellung Beantragenden thunlichst zu hören, § 164 RFG.

Hierhin gehört z. B. der Fall, daß der Empfänger eines Frachtgutes die Feststellung einer bei der Annahme des Gutes

---

[1]) § 4 AGO. II 6, vgl. auch § 13 Ziff. V der Landgüterordnung für die Provinz Brandenburg vom 10. Juli 1883, § 16 Abs. 3 der Landgüterordnung für die Provinz Schleswig-Holstein vom 2. April 1886.

[2]) Kommentar zum RFG. S. 92.

[3]) Systematisch gehören die Ausführungen dieses Paragraphen in den „Besonderen Theil", doch waren sie aus Gründen der Darstellung an die Lehre vom Beweisverfahren anzuschließen.

äußerlich nicht erkennbaren Beschädigung oder Minderung desselben verlangt, § 438 Abs. 3 HGB. Andere Beispiele gewähren die §§ 1034, 1067, 1372, 1439, 1528, 1550, 2122 BGB., 464, 608, 609 HGB. Zweifelhaft ist, ob § 194 auch auf die landesrechtlichen Vorschriften, welche die gerichtliche Ermittelung des Zustandes oder Werthes einer Sache gestatten (vgl. z. B. § 35 des preuß. Enteignungsgesetzes vom 11. Juni 1874) wenigstens soweit zu beziehen ist, als der Inhalt jener Vorschriften dem nicht entgegensteht. Nach der Entstehungsgeschichte und Tendenz des Gesetzes, welches lediglich eine Ergänzung des Reichsprivatrechts bilden will, ist anzunehmen, daß § 194 nur für die reichsrechtlichen Fälle gelten soll.[1]) Die Frage hat übrigens für Preußen keine erhebliche praktische Bedeutung; Werthfeststellungen (Taxationen) erfolgen hier regelmäßig nach den eingehenden Vorschriften des sechsten Titels des zweiten Theiles der AGO., unten § 51.

In Preußen kann aber auch, wenn die Voraussetzungen des § 194 RFG. nicht vorliegen, das Amtsgericht zur Vereidigung eines Sachverständigen schreiten. Erforderlich ist nur, daß alle bei der betreffenden Angelegenheit betheiligten Personen einschließlich des Sachverständigen darauf antragen — weshalb hier ein Zwang gegen letzteren unzulässig ist[2]) — und daß die Beeidigung dem Gericht angemessen erscheint, Art. 34 Abs. 2 PrFG.

Diese aus dem hannoverschen Rechte übernommene,[2]) dem älteren preußischen Rechte dagegen unbekannte Vorschrift ist sehr zweckmäßig. Denn die Erlangung eines eidlichen Gutachtens kann in den verschiedensten Fällen für die Betheiligten von höchstem Werthe sein, z. B. wenn es sich um den Ankauf eines Bergwerks, dessen voraussichtliche Ergiebigkeit, oder den eines alten Gemäldes, dessen Echtheit geprüft werden soll, handelt.

Endlich können sowohl vor den Amtsgerichten wie den Notaren allgemein eidliche und eidesstattliche Erklärungen abgegeben werden

---

[1]) Abw. Denkschr. S. 84.
[2]) Begr. S. 31.

a) zur Erlangung eines Erbscheins, § 2356 BGB., vgl. unten S 138,

b) zur Wahrung von Rechten im Auslande, Art. 34 Abs. 1 PrFG.[1])

Namentlich das englische Recht verlangt für die Herbeiführung gewisser im summarischen Verfahren zu erlassenden Entscheidungen sogenannte „Affidavits", d. h. eidliche bekräftigte schriftliche Angaben des Antragstellers.[2]) Die von dem Gericht oder Notar aufgenommene Urkunde muß für den Auslandsverkehr in der vorgeschriebenen Weise durch die zuständige Behörde legalisirt werden, vgl. unten § 46 Ziff. II.

Die in diesem Paragraphen aufgeführten Fälle haben das Gemeinsame, daß sie Beweishandlungen betreffen und juristisch nicht Theile eines anderen Verfahrens, sondern formell Selbstzweck sind. Sie zeigen eine entfernte Aehnlichkeit mit der civilprozessualen Sicherung des Beweises (§§ 485 ff. CPO.), welche begrifflich die Anhängigkeit des Hauptverfahrens gleichfalls nicht voraussetzt (§ 486 Abs. 3 CPO.). Doch ist die Sicherung des Beweises in ihrer regelmäßigen Gestaltung von einem prozessualen Erforderniß, nämlich dem drohenden Verlust des Beweismittels (§ 485 CPO.) abhängig und vor allem stets ihrer ganzen Anlage nach auf spätere Verwerthung in dem Rechtsstreit gerichtet. Dies gilt von den oben erwähnten Beweishandlungen nicht, wenngleich sie thatsächlich hinterher sehr wohl in Prozessen benutzt werden können.

In diesem Zusammenhange mag auch die den Amtsgerichten (neben den Organen des Handelsstandes) obliegende Vereidigung der Handelsmäkler (Art. 13 AG. z. BGB.) erwähnt werden. Ueber die sonstige allgemeine Vereidigung von Sachverständigen vgl. oben S. 4.

---

[1]) Ebenso z. B. § 38 der sächs. VO. vom 24. Juli 1899, vgl. ferner bayr. Notariatsgesetz Art. 3 Abs. 2, elsaß-lothr. AG. z. RFG. § 42; Hessen AG. z. RFG. Art. 2 Ziff. 6 läßt die eidliche Vernehmung von Zeugen und Sachverständigen durch das Gericht allgemein bei „berechtigtem Interesse" zu.

[2]) Begr. S. 30; Wellstein, Kommentar zum PrFG. S. 85.

Abschnitt II.
Das Beschwerdeverfahren.
§ 19.
Die Beschwerde im allgemeinen.

I. Gegen die Verfügungen des Gerichtes erster Instanz findet wie schon nach dem früheren Rechte[1]) das Rechtsmittel der Beschwerde statt (§ 19 RFG., Art. 4 PrFG.), welches sich im wesentlichen als eine Nachbildung der civilprozessualen Beschwerde darstellt.

In manchen Fällen ist die Beschwerde ausgeschlossen, z. B. gegenüber einem Beschluß, durch den eine Annahme an Kindesstatt bestätigt wird, § 68 Abs. 1 RFG., vgl. ferner §§ 5 Abs. 2, 46 Abs. 2, 47 Abs. 2, 76 Abs. 1 RFG. u. s. w. Doch ist der Satz des Grundbuchrechtes, daß Eintragungen der Beschwerde nicht unterliegen (§ 71 Abs. 2 GBO.), in die fr. G. nicht übernommen.

Vereinzelt findet in der fr. G. die Beschwerde nach den Vorschriften der CPO. statt, vgl. §§ 60, 71, 73 BGB., 80 GenG. (Beschwerde gegen Zurückweisung eines Antrags auf registermäßige Eintragung eines Vereins oder einer Satzungsänderung und gegen gerichtliche Entziehung der Rechtsfähigkeit eines Vereins bezw. Auflösung einer Genossenschaft), § 25 GebOrdn. für Notare vom 25. Juni 1895/6. Okt. 1899 (Beschwerde gegen gerichtliche Festsetzung von Notariatsgebühren und -Auslagen), §§ 27 ff. preuß. GKG. (Beschwerde gegen gewisse kostenrechtliche Entscheidungen des Gerichtes, insbesondere Werthfestsetzungen), Art. 22 des preuß. Ges. vom 27. Sept. 1899 in Verbindung mit § 22 GebOrd. für Gerichtsvollzieher vom 24. Juni 1878/20. Mai 1898 (Beschwerde gegen gerichtliche Entscheidungen über Erinnerungen gegen Ansätze von Gebühren oder Auslagen eines Gerichtsvollziehers). Abgesehen von den beiden letztgenannten Fällen ist die Beschwerde eine „sofortige". Die innerlich nicht berechtigte Heranziehung der CPO.

---

[1]) Für Preußen vgl. § 40 AG. z. GVG., über die „Extrajudicialappellation" des gemeinen Rechtes, Wetzell, System des ordentlichen Civilprozesses, 3. Aufl. 1878, § 58; Puchta a. a. O. I, §§ 130 ff.

erklärt sich daraus, daß bei der Redaktion der erwähnten Paragraphen des BGB. und GenG. das RFG. auch noch nicht im Entwurf hergestellt war; in den anderen (kostenrechtlichen) Fällen hat man es bei der durch das ältere Recht bereits vorgeschriebenen Anwendbarkeit der CPO. belassen, weil auf diese eigenartig beschaffenen Materien auch die Regeln des RFG. nur mit Abweichungen hätten erstreckt werden können.

Berechtigt zur Einlegung der Beschwerde ist jeder, dessen Recht auch nur mittelbar[1]) durch die Verfügung beeinträchtigt ist, § 20 RFG., Art. 6 PrFG. Zu den Voraussetzungen der Beschwerde gehört also nicht, daß die angefochtene Verfügung sich gegen den Beschwerdeführer richtet. Andererseits giebt die Beeinträchtigung eines bloßen Interesses keinen Beschwerdegrund ab. Soweit eine Verfügung nur auf Antrag erlassen werden kann und der Antrag zurückgewiesen ist, steht die Beschwerde, da sie im materiellen Erfolge dem Antrage gleichkommt, nur dem Antragsteller zu, § 20 Abs. 2 RFG., Art. 6 PrFG.

Für einzelne Angelegenheiten, insbesondere für Vormundschaftssachen (vgl. unten § 29) ist jedoch der Kreis der beschwerdeberechtigten Personen erweitert.

In dem älteren preußischen Rechte war die Legitimation zur Beschwerde nicht geregelt. Dies führte zu Schwierigkeiten insbesondere auf dem Gebiete des Vormundschaftsrechtes, da auch die Vormundschaftsordnung vom 5. Juli 1875 in dieser Beziehung nichts bestimmte. Das Kammergericht forderte, ohne jedoch zu einer festen Stellungnahme zu gelangen, ein „rechtliches" oder „sachliches" Interesse des Beschwerdeführers.[2]) Im gemeinen Recht stand man dagegen von jeher auf dem prinzipiellen Standpunkte des jetzigen Rechts.

---

[1]) Vgl. Schultzenstein in der ZfCP. 25, 217.

[2]) Vgl. die bei Birkenbihl, Kommentar zum RFG., S. 82 aufgeführten Kammergerichtsentscheidungen, besonders KG. 14, 454; ferner Reichstagskommissionsbericht zum RFG. S. 1342; Schultzenstein ZfCP. 25, 193.

Eingelegt wird die Beschwerde entweder bei dem Gericht, dessen Verfügung angefochten wird, oder bei dem Beschwerdegericht, und zwar ist sowohl Erklärung zum Protokoll des Gerichtsschreibers wie Einreichung einer Beschwerdeschrift statthaft, § 21 RFG., Art. 6 PrFG.; der Namensunterschrift des Beschwerdeführers bedarf es nicht nothwendig, weshalb z. B. telegraphische Einlegung zulässig ist.[1]) Die Beschwerde ist wie im Civilprozeß grundsätzlich an keine Frist gebunden und kann auf neue Thatsachen sowie Beweise gestützt werden, § 23 RFG., Art. 6 PrFG.

Beschwerdegericht gegen erstinstanzliche Entscheidungen des Amtsgerichtes ist das Landgericht, und zwar regelmäßig die Civilkammer, in Handelssachen[2]) jedoch die Handelskammer (§§ 19 Abs. 2, 30 RFG., Art. 6 Abs. 3 PrFG.), gegen solche des Oberlandesgerichts (nur in preußisch-rechtlichen Sachen) der Justizminister, Art. 6 Abs. 2 PrFG.

In Bayern und Hessen, wo die Civilsenate der Oberlandesgerichte gleichfalls in Fideikommiß- und ähnlichen Angelegenheiten die erste Instanz bilden, geht die Beschwerde nicht an den Justizminister, sondern an das Oberste Landesgericht bezw. das Plenum des Oberlandesgerichts; die gleiche Regelung wie Preußen hat Sachsen gewählt.[3])

Für die Entscheidung über Beschwerden gegen die nur vereinzelt möglichen erstinstanzlichen Beschlüsse der Landgerichte sind im allgemeinen die Oberlandesgerichte, in reichsrechtlichen Angelegenheiten (§§ 64, 143 Abs. 2 RFG.) jedoch, soweit Preußen und Bayern in Betracht kommen, das Kammergericht bezw. das Bayrische Oberste Landesgericht zuständig, Art. 6 Abs. 2 PrFG., § 167 Ziff. XII bayr. AG. z. BGB., § 199 Abs. 2 RFG.

---

1) Schultzenstein, ZfCP. 27, 514 ff.

2) Unten S. 140.

3) Bayr. AG. z. GVG. Art. 42 Abs. 3, Becher, Das rechtsrheinisch-bayrische Landescivilrecht und Landescivilprozeßrecht, S. 478 f., Hess. AG. z. RFG. Art. 8, Sächs. VO. vom 24. Juli 1899 § 15 Abs. 2.

Die erste Instanz kann, wie wir gesehen haben (S. 50), der Beschwerde auch selbst abhelfen — letztere hat also keine „Devolutivwirkung" (übereinstimmend § 571 CPO.), — aber nur bis die Sache an das Beschwerdegericht abgegeben ist.[1]) Auch die aufschiebende Wirkung ist der Beschwerde (ebenso wie im Civilprozeß § 572 CPO.) grundsätzlich versagt. Nur für den Fall, daß die Beschwerde (als einfache oder sofortige) sich gegen eine Straffestsetzung richtet,[2]) und für gewisse Entscheidungen in Zwangserziehungssachen ist das Gegentheil bestimmt. § 24 Abs. 1 RFG., Art. 6 PrFG., vgl. auch §§ 4 Abs. 4 und 13 Abs. 3 des Fürsorgeerziehungsgesetzes vom 2. Juli 1900, doch kann in allen Fällen das Gericht, dessen Verfügung angefochten wird, deren Vollziehung aussetzen, und dem Beschwerdegerichte ist die ganz allgemeine Befugniß eingeräumt, vor seiner Entscheidung sachdienliche „einstweilige Anordnungen" zu erlassen, § 24 Abs. 2 und 3 RFG., Art. 6 PrFG.

Unter den einstweiligen Anordnungen hebt das Gesetz selbst die Aussetzung des Vollzuges der angegriffenen Verfügung heraus. In Betracht könnten weiter z. B. kommen Eintragungen eines der Sachlage entsprechenden Vermerks in die Spalte „Bemerkungen" des Vereins-, Handels- oder Genossenschaftsregisters, vorläufige Einziehung einer vormundschaftlichen Bestallung, Verbot der Aushändigung eines Erbscheins u. s. w. Bezüglich des Grundbuchs und Schiffsregisters vgl. §§ 76 GBO., 123 RFG.

Für das Verfahren vor dem Beschwerdegerichte gelten die in dem ersten Abschnitte dieses Kapitels entwickelten allgemeinen Grundsätze; insbesondere kann — und wird regelmäßig — von einer mündlichen Verhandlung mit den Betheiligten abgesehen werden; nur muß das Beschwerdegericht seine (End-) Entscheidung immer mit Gründen versehen, § 25 RFG., Art. 6 PrFG., da dieselbe nur aus Rechts-

---

[1]) OLG. Hamburg in DJZ. 1900, 304.

[2]) Auch die im § 572 CPO. bestimmten Ausnahmen beziehen sich größtentheils auf Straffestsetzungen.

gründen angefochten werden kann (unten § 21) und daher die rechtliche Auffassung des Gerichtshofes erkennbar machen muß.

Hält das Beschwerdegericht das Rechtsmittel für begründet, so kann es die etwa erforderlichen Anordnungen selbst treffen oder der ersten Instanz übertragen,[1] aber auch — namentlich beim Vorhandensein prozessualer Mängel — die Sache zu anderweiter Verhandlung und Entscheidung in die erste Instanz zurückverweisen.

Der Satz, daß wohlerworbene Rechte Dritter durch die Abänderung einer Verfügung nicht beeinträchtigt werden können (oben S. 52), gilt natürlich aus inneren Gründen ebenso für die Beschwerde-, wie für die erste Instanz, ist aber für erstere in Bezug auf preußisch-rechtliche Sachen durch Art. 4 Satz 3 PrFG. ausdrücklich ausgesprochen.

Aus dem gleichen Gesichtspunkte heraus ist der von der relativen Unabänderlichkeit einer vormundschaftlichen Genehmigung handelnde § 55 RFG. (oben S. 51) auch als maßgebend für das Beschwerdegericht erklärt worden, § 62 RFG.; § 32 RFG. (oben S. 52) ist von vorn herein auch auf die Aufhebung durch die Beschwerdeinstanz zu beziehen.

Ein Gegenstück zu dem Schutze der auf Grund einer abgeänderten Verfügung entstandenen Privatrechte giebt § 61 RFG.[2]) Nach diesem sind, wenn die Anordnung einer vorläufigen Vormundschaft über einen Volljährigen auf die eingelegte (sofortige) Beschwerde wieder aufgehoben wird (wozu nur das Beschwerdegericht befugt ist), die von und gegenüber dem Volljährigen während der Dauer der vorläufigen Vormundschaft vorgenommenen Rechtsgeschäfte als wirksam zu erachten, obwohl grundsätzlich eine unter vorläufiger Vormundschaft stehende Person in der Geschäftsfähigkeit beschränkt ist (§ 114 BGB.). Außerdem sind aber auch in solchem Falle gemäß § 32 RFG. die von dem vorläufig bestellten Vormund für den Mündel eingegangenen Rechtsgeschäfte gültig.

---

[1]) Denkschr. S. 40.

[2]) Nach dem Vorbilde des § 115 BGB.

Die Beschwerde in Grundbuchsachen hat in den §§ 71 ff. GBO. ihre selbstständige Regelung gefunden. Doch werden daselbst die einschlägigen Bestimmungen des RFG. im wesentlichen nur wiederholt oder vielmehr, da die GBO. das ältere Gesetz ist, vorweggenommen. Das Recht der GBO. unterscheidet sich von dem des RFG hauptsächlich dadurch, daß nach ersterem die Beschwerde gegen Eintragungen unzulässig ist.[1])

Bestritten ist, ob die auf die Beschwerde bezüglichen Vorschriften des RFG. im Grundbuchwesen subsidiäre Anwendung zu finden haben.[2]) Die Frage ist von Bedeutung namentlich für die im § 20 RFG geregelte Legitimation zur Beschwerde. Sie ist für Preußen jedenfalls auf Grund des Art 6 Abs 1 PrFG. zu bejahen, da hier das Grundbuchwesen zu den den Gerichten durch Landesgesetz übertragenen Angelegenheiten der fr. G gehört, Art 1 AG z. GBO., vgl. auch oben S. 14

II. Die Beschwerde (und die „weitere Beschwerde" § 21) sind die einzigen Rechtsmittel in technischem Sinne, welche in der fr G vorkommen. Nicht zu den Rechtsmitteln gehören insbesondere der Einspruch im handelsrechtlichen Ordnungsstrafverfahren,[3]) die Anrufung des Amtsgerichtes gegen Anordnungen des Dorfgerichtes, Ortsgerichtes u. dgl. (§ 195 RFG., Art. 106, 111, 118, 122 PrFG.) sowie gegen solche des Kommunalverbandes (§ 13 des Fürsorgeerziehungsgesetzes vom 2. Juli 1900) und die Anrufung des Landgerichts gegen die Weigerung eines Notars, von einer Urkunde eine Ausfertigung oder Abschrift zu ertheilen oder die Einsicht der Urschrift zu gestatten (Art. 51 Abs. 2 PrFG.).

Noch weniger als Rechtsmittel sind diese Rechtsbehelfe Unterarten der Beschwerde. Daher sind die gerichtlichen Entscheidungen,

---

[1]) Vgl. S 60

[2]) Hierüber außer den Kommentaren zum RFG. Böhm, Das materielle und formelle Reichsgrundbuchrecht S 530 Anm. 19, Aron, ZfCP 27, 317

[3]) Vgl. unten § 41

welche sich auf Anordnungen der Dorfgerichte u. s. w. oder Weigerungen des Notars (Art. 51 PrFG.) beziehen, solche erster Instanz (wichtig namentlich für die Anwendung des Art. 4 PrFG.).[1])

Nicht ausgeschlossen ist jedoch, daß im Sinne von konkreten Vollmachten, Verfügungen u. s. w. der Ausdruck „Rechtsmittel" auch die unter II. genannten Rechtsbehelfe mitumfassen soll; entscheidend ist hier die Willensauslegung, für welche im Zweifel der Sprachgebrauch des Gesetzes maßgebend ist.

III. Von der (materiellen) Beschwerde zu unterscheiden ist ferner die sogenannte „Aufsichtsbeschwerde", d. h. die Anrufung der dem Richter vorgeordneten Justizbehörde (Landgerichtspräsident, Oberlandesgerichtspräsident, Justizminister), vgl. oben S. 5. Sie ist der geeignete Weg insbesondere um einer Verschleppung der Geschäfte oder einer ungebührlichen Behandlung von Privatpersonen durch den Richter entgegenzutreten; denn die Aufsichtsbehörden sind berechtigt und verpflichtet, die ordnungswidrige Ausführung eines richterlichen Amtsgeschäftes zu rügen und zu dessen rechtzeitiger und sachgemäßer Erledigung zu ermahnen.[2])

IV. Ein Wiederaufnahmeverfahren nach Art der civilprozessualen Restitutions- und Nichtigkeitsklage, wie es noch in dem § 61 des ersten Planck'schen Entwurfes vorgesehen war,[3]) ist der fr. G. fremd, aber auch entbehrlich, da dann, wenn sich Restitutions- oder Nichtigkeitsgründe ergeben, eine neue Verfügung erlassen werden kann, durch welche die ältere Verfügung wenn auch nicht formell „abgeändert", so doch der Sache nach neutralisirt wird.[4])

---

[1]) Nur Wellstein (S. 105) ist bezüglich des Art. 51 Abs. 2 PrFG. anderer Ansicht, dagegen namentlich KommBer. des Abgeordn.-Hauses S. 42.

[2]) §§ 78 AG. z. GVG., 23 Ges. vom 9. April 1879 betr. Abänderung der Disziplinargesetze.

[3]) Oben S. 10. Die Wiederaufnahme des Verfahrens nach § 6 des Fürsorgeerziehungsgesetzes vom 2. Juli 1900 — S. 105 — gehört nicht hierher.

[4]) Vgl. oben S. 52.

Erweist sich z. B. eine Urkunde, auf die hin das Standesregister berichtigt worden ist, als gefälscht, so ist zwar eine Abänderung des ursprünglichen Berichtigungsbeschlusses nicht statthaft — vgl. §§ 18 Abs. 2, 70 RFG. —, wohl aber kann durch neuen Beschluß die wiederholte Berichtigung des Registers angeordnet werden.

§ 20.

Sofortige Beschwerde.

Für bestimmte Angelegenheiten, „in denen das Interesse der Betheiligten verlangt, daß das Rechtsverhältniß möglichst bald eine feste Grundlage erhalte" [1]) (z. B. für die Volljährigkeitserklärung § 56 RFG., die Anordnung einer Berichtigung des Standesregisters § 70 RFG., die Bestätigung einer Erbesauseinandersetzung § 96 RFG., die Zurückweisung des Widerspruchs gegen eine von Amtswegen vorzunehmende Löschung im Handelsregister § 141 Abs. 3 RFG.) ist die schon dem älteren Recht, zumal der CPO. und der KO., wohlbekannte sofortige Beschwerde und die auf dieser beruhende Rechtskraft gerichtlicher Entscheidungen eingeführt.

Die sofortige Beschwerde unterscheidet sich von der einfachen dadurch, daß die Einlegung der ersteren an eine zweiwöchentliche Frist geknüpft und zugleich dem erstinstanzlichen Gericht die Befugniß zur Abänderung der Verfügung versagt ist (Devolutivwirkung!) §§ 22, 18 Abs. 2 RFG., Art. 6 PrFG. Die Frist beginnt mit dem Zeitpunkt, in welchem die Verfügung dem Beschwerdeführer bekannt gemacht worden ist; [2]) ist sie ungenutzt abgelaufen oder ist die Beschwerde durch Zurücknahme oder Zurückweisung erledigt, so beschreitet die Verfügung den Weg der Rechtskraft, über deren Eintritt der Gerichtsschreiber erster Instanz ein Zeugniß zu ertheilen hat § 31 RFG., Art. 1 PrFG. Sind mehrere Personen vorhanden, denen die Verfügung bekannt zu machen ist, so tritt

[1]) Denkschr. S. 39.
[2]) Eine Ausnahme in § 77 Abs. 3 RFG.

richtiger Ansicht nach die Rechtskraft erst dann ein, wenn die Verfügung von keiner Seite mehr angefochten werden kann.[1])

Wirksam werden auch die der sofortigen Beschwerde unterliegenden Entscheidungen grundsätzlich schon mit der Bekanntmachung.[2]) Nur einige gesetzlich besonders hervorgehobene Anordnungen von großer Tragweite, namentlich die Volljährigkeitserklärung, die Anordnung der Berichtigung des Standesregisters und die Zurückweisung eines „Widerspruchs" (gegen die von Amtswegen herbeizuführende Löschung eines Eintrags im Handelsregister, unten § 42) erlangen Wirksamkeit erst mit dem Eintritte der Rechtskraft. Das Gleiche gilt allgemein von den Entscheidungen über die sofortige Beschwerde, § 26 RFG., Art. 6 PrFG., unten S. 72.

Daß es der mit der Rechtskraft eingetretenen formellen Unabänderlichkeit der Verfügung nicht entgegensteht, die materielle Wirkung derselben durch eine spätere Verfügung wegen veränderter Umstände zu beseitigen, ergiebt sich aus dem früher[3]) Ausgeführten.

Eine allgemeine Regel darüber, wann die sofortige Beschwerde stattfindet, läßt sich nicht aufstellen.

Einzelne Vorschriften des älteren preußischen Rechts (z. B. § 16 der Landgüterordnung für den Reg.-Bez. Kassel vom 1. Juli 1887) kennen eine Beschwerde, welche von der einfachen Beschwerde allein darin abweicht, daß ihre Einlegung an eine Frist gebunden ist. In diesen Fällen findet jetzt stets die sofortige Beschwerde nach den Regeln des RFG. (insbesondere auch mit der zweiwöchentlichen Beschwerdefrist) statt, Art. 5 PrFG. Mehrfach findet in der fr. G. die sofortige Beschwerde gemäß der CPO. statt, vgl. oben S. 60.

§ 21.

Weitere Beschwerde.

Gegen die Entscheidungen des Beschwerdegerichts ist die weitere Beschwerde zulässig. Dieses nach dem Vorbild der

[1]) Denkschr. S. 40. [2]) Oben S. 50.

[3]) Vgl. oben S. 52.

prozessualen Revision gestaltete Rechtsmittel der fr. G. findet sich schon in verschiedenen, insbesondere in den preußischen und bayerischen Ausführungsgesetzen zu den Reichsjustizgesetzen,[1]) jetzt auch in der Reichsgrundbuchordnung (§§ 78 ff.).

Im allgemeinen gelten die im § 19 dargelegten Rechtssätze auch für die weitere Beschwerde, so z. B. was die Legitimation zur Beschwerde anlangt. Besonderheiten bestehen in folgenden Punkten:

a) Die Voraussetzungen der weiteren Beschwerde sind nachstehende:

1. Erste Instanz muß ein Amtsgericht sein (Art. 6 Abs. 4 PrFG., §§ 64 Satz 2, 143 Abs. 2 Satz 2 RFG.).
2. Die angefochtene Verfügung muß auf einer Verletzung des Gesetzes beruhen. Ob dies der Fall ist, bestimmt sich nach den betreffenden Vorschriften der CPO. (§§ 550, 551, 563), § 27 Satz 2 RFG., Art. 6 PrFG. Die Verletzung des Gesetzes an sich ist kein Grund für die weitere Beschwerde (wichtig für Verletzungen bloßer Verfahrensvorschriften).

Nicht zu den Voraussetzungen der weiteren Beschwerde in Angelegenheiten der fr. G. gehören ein neuer selbstständiger Beschwerdegrund, eine Beschwerdesumme[2]) und eine besondere Revisibilität der verletzten Rechtsnorm. Ebensowenig besteht eine Beschwerdefrist.

b) Zuständig zur Entscheidung über die weitere Beschwerde sind grundsätzlich die Oberlandesgerichte, § 28 RFG., in Preußen jedoch das Kammergericht und in Bayern das Oberste Landesgericht, PrFG. Art. 7, bayr. AG. z. BGB. § 167 Ziff. XII. Diese beiden Staaten haben damit von einer den Staaten mit mehreren Oberlandesgerichten durch § 199 RFG. ertheilten Ermächtigung Gebrauch gemacht.

---

[1]) § 52 preuß. AG. z. GVG., Art. 62 bayr. AG. z. CPO. Die Bezeichnung „weitere Beschwerde" stammt aus der CPO. (§ 568, früher 531).

[2]) Eine Ausnahme bildet die weitere Beschwerde gegen eine Kostenfestsetzung, Art. 11 Abs. 2 PrFG.

Die Beschlußfassung über die weitere Beschwerde dem Reichsgericht zu übertragen, war schon deshalb nicht angängig gewesen, weil das Reichsgericht bekanntlich ohnehin überlastet ist. Um nun die Rechtseinheit im Reichsgebiet zu wahren, hat man nach dem Vorgange des § 79 GBO. einen eigenartigen Mittelweg eingeschlagen. Will nämlich der zur Entscheidung über die weitere Beschwerde zuständige Gerichtshof bei der Auslegung einer reichsgesetzlichen Vorschrift der fr. G. von einer über dieselbe Frage auf eine weitere Beschwerde bereits ergangenen Entscheidung eines anderen Gerichts oder von einer Reichsgerichtsentscheidung abweichen, so hat es die weitere Beschwerde unter Begründung seiner Rechtsauffassung dem Reichsgerichte vorzulegen, welches dann seinerseits in der Sache selbst entscheidet, § 28 RFG.

Diese Bestimmung setzt praktisch voraus, daß die Gerichte und das Publikum in die Lage versetzt werden, von allen einschlägigen Entscheidungen der obersten Gerichte rechtzeitige und zuverlässige Kenntniß zu erhalten. Infolgedessen werden die Entscheidungen vom Reichsjustizamt gesammelt und veröffentlicht.[1])

Umgekehrt kann das Kammergericht, wenn nach seiner Auffassung im einzelnen Falle die Entscheidung von der Auslegung eines im Kammergerichtsbezirke nicht geltenden Gesetzes, z. B. eines provinziellen Höfe- oder Anerbenrechtsgesetzes, abhängt, die Beschlußfassung über die weitere Beschwerde an das Oberlandesgericht abgeben, in dessen Bezirk das Landgericht liegt, dessen Entscheidung angefochten wird, Art. 7 PrFG.[2])

Der „Vorlegungsbeschluß" (im Falle des § 28 RFG.) und der „Ueberweisungsbeschluß" (im Falle des Art. 7 PrFG.) sind dem Beschwerdeführer bekannt zu machen, § 28 Abs. 2 Satz 2 RFG., Art. 7 Satz 3 PrFG.

Die Land- und Amtsgerichte sind **nicht** befugt, der weiteren Beschwerde abzuhelfen, § 29 Abs. 3 RFG., Art. 6

---

[1]) Oben S. 20.

[2]) Vgl. für das frühere Recht § 56 AG. z. GVG.

PrFG. Letztere hat also im Gegensatz zu der (nicht sofortigen) Beschwerde gegen erstinstanzliche Entscheidungen Devolutivwirkung.

c) Eingelegt werden kann die weitere Beschwerde bei allen drei Gerichten des Instanzenzuges (Amtsgericht, Landgericht und letztinstanzlichem Gericht), und zwar entweder zu Protokoll des Gerichtsschreibers oder durch Einreichung einer Beschwerdeschrift Letztere muß wie die strafprozessuale Revisionsschrift (§ 385 Abs. 2 StPO.) von einem Rechtsanwalt unterzeichnet sein, § 29 Abs. 1 Satz 2 RFG., Art. 6 PrFG. Diese Bestimmung hat den Zweck, auf eine sachgemäße Fassung der weiteren Beschwerde hinzuwirken und einer leichtfertigen Rechtsmitteleinlegung entgegenzutreten.

Eine Behörde sowie ein Notar, der in der betr Angelegenheit bereits erstinstanzlich thätig gewesen ist, kann die weitere Beschwerde selbstständig einlegen, § 29 Abs 1 Satz 3 RFG., Art. 6 PrFG.

d) Das auf die weitere Beschwerde eintretende Verfahren richtet sich im allgemeinen nach den im § 19 für die erste Beschwerde dargelegten Grundsätzen. Eine sehr wichtige Abweichung liegt jedoch darin, daß der Gerichtshof — gerade wie in civil-, straf- und verwaltungsrechtlichen Revisionssachen — an die in der angefochtenen Entscheidung festgestellten Thatsachen gebunden ist.

Eine Ausnahme bilden nur die im § 554 Ziff 2 und 3 CPO. genannten Thatsachen, § 27 RFG., Art. 6 PrFG., § 561 CPO.

e) Soweit eine Verfügung der sofortigen Beschwerde unterliegt,[1]) ist gegen die Entscheidung des Beschwerdegerichtes die sofortige weitere Beschwerde gegeben, § 29 Abs. 2 RFG., Art. 6 PrFG. Auf dieses Rechtsmittel finden sowohl die Regeln der sofortigen wie die der weiteren Beschwerde Anwendung, insbesondere auch die zweiwöchentliche Beschwerdefrist. Die Entscheidung des Beschwerdegerichtes

[1]) Außerdem im Falle des § 22 Abs. 2 RFG

wird hier immer erst mit der Rechtskraft wirksam; bis dahin bleibt also die erstinstanzliche Entscheidung in Kraft.[1]) Dies ist vorgeschrieben, weil in den Fällen, wo die sofortige Beschwerde stattfindet, alles darauf abgestellt werden muß, einen nachtheiligen Wechsel in der Ordnung der in Frage stehenden Rechtsverhältnisse möglichst zu vermeiden[2]) (man denke an die Entlassung eines Vormundes). Doch kann das Beschwerdegericht auch hier die sofortige Wirksamkeit der Entscheidung anordnen, § 26 RFG, Art. 6 PrFG.

Wo die sofortige Beschwerde sich nach den Vorschriften der CPO. richtet, sind diese auch für die sofortige weitere Beschwerde maßgebend. Insbesondere findet letztere in diesen Fällen nur beim Vorliegen eines neuen selbstständigen Beschwerdegrundes statt, § 568 Abs. 2 CPO.[3])

Abschnitt III.

§ 22.

Die Vollstreckung.

I. Gerichtliche Verfügungen, welche ein Gebot oder Verbot enthalten, also nicht, wie Ermächtigungen, Bestätigungen, Genehmigungen, Wiedereinsetzungen in den früheren Stand u. dgl. einen lediglich juristischen Erfolg erstreben, müssen mit Vollstreckbarkeit ausgerüstet werden, wenn anders die Durchführung des richterlichen Willens gesichert sein soll.

Die Vollstreckung der im nichtstreitigen Verfahren ergangenen gerichtlichen Entscheidungen lag vor dem Inkrafttreten des geltenden Rechts sehr im Argen.

Vor Entwickelung der neueren Behördenorganisation wurde die Zwangsgewalt als selbstverständliches Attribut der Obrigkeit angesehen. So soll nach Claproth, Theoretisch-praktische Rechtswissenschaft S. 295, der Vormund „bei Strafe" angehalten

[1]) Sofern nicht die erstinstanzliche Entscheidung überhaupt erst mit der Rechtskraft wirksam wird, vgl. oben S. 68.

[2]) Denkschr. S. 40.

[3]) RG., Neue Folge I (A) 8.

werden können, innerhalb bestimmter Frist die Verwaltungsrechnung zu legen; ein positiv gesetzlicher Anhalt hierfür bestand jedoch nicht, da die im Art. XXXII § 3 der Reichspolizeiordnung von 1577 dem pflichtvergessenen Vormund angedrohte „Strafe gemeiner Rechte“ nicht als Zwangsmittel, sondern als kriminelle Strafe aufzufassen ist § 10 AGO. III, 1 bestimmt zwar, daß die „Landesjustizkollegien ihren auf die Gesetze (und gegenwärtige Ordnung) gegründeten Verfügungen nöthigenfalls durch rechtliche Zwangsmittel Gehorsam und Folge verschaffen“ sollten, hatte aber mangels näherer Bestimmung der „rechtlichen Zwangsmittel“ nur zweifelhaften Werth, bezog sich auch nicht auf die Untergerichte und ist spätestens seit der preußischen Justizreorganisation von 1849 (§§ 22 ff. der VO vom 2 Januar 1849, GS. S. 1) beseitigt.[1]) Demgemäß war dem Richter der fr G im späteren preußischen Rechte richtiger Ansicht nach die Fähigkeit, seine Entscheidungen vollstrecken zu lassen, versagt. Die vereinzelten Versuche der Praxis (vgl. namentlich KG. 18, 49), eine derartige Befugniß aus der Natur der Sache und der vernünftigen Absicht des Gesetzgebers herzuleiten, können schwerlich als geglückt bezeichnet werden. Wer eine ihm günstige Verfügung des Richters der fr G erwirkt hatte, sah sich daher genöthigt, die ihm aus der Verfügung erwachsenen Rechte, falls ihnen nicht freiwillig Genüge gethan wurde, im Prozeßwege durchzusetzen.[2]) Nur gegen Vormünder, Gegenvormünder und Pfleger konnte der Vormundschaftsrichter seit dem Erlaß der preußischen Vormundschaftsordnung vom 5. Juli 1875 (§§ 51, 91 derselben) Ordnungsstrafen als Zwangsmittel verhängen.

Leider hat uns das RFG. eine Neuregelung des Vollstreckungswesens in Angelegenheiten der fr. G. nicht gebracht. Dies erklärt sich aus der engen Begrenzung, welche man von vornherein als maßgebend für den Inhalt des RFG. festgestellt hatte.[3]) Nur einzelne hierher gehörige Bestimmungen finden sich in den Reichsgesetzen verstreut (vgl. insbesondere

[1]) Vgl. Jastrow, Allg. Gerichtsordnung S 164 Anm. 13.
[2]) Vgl. RG 26, 350; KG. 8, 47
[3]) Oben S. 10.

§ 33 RFG. über die Ordnungsstrafe.[1]) Dagegen haben die meisten Bundesstaaten eine umfassende Neuregelung des Vollstreckungswesens der nichtstreitigen Rechtspflege unternommen, vor allem Preußen in den Art. 15--17 PrFG., welche sich sowohl auf die reichsrechtlichen wie auf die landesrechtlichen Angelegenheiten der fr. G. beziehen. Die dem Richter hier beigelegten Befugnisse gehen über die dem Prozeßrichter durch die CPO. gewährten weit hinaus und zeigen eine unverkennbare Aehnlichkeit mit den Zwangsrechten, welche den Polizeibehörden nach den §§ 132ff. ALVG. zustehen.

Die einschlägigen Vorschriften der anderen Landesgesetzgebungen stimmen im Großen und Ganzen sachlich, theilweise sogar wörtlich, mit den preußischen überein, insbesondere ermächtigen sie den Richter größtentheils zur Anwendung unmittelbarer Gewalt (unten S. 76). Die nachstehenden Erörterungen behandeln daher, wenngleich sie sich formell an das preußische Recht anschließen, im wesentlichen allgemeines deutsches Recht.[2]) In Württemberg können seitens der Behörden nur Geldstrafen als Ungehorsamsstrafen verhängt werden.[3])

II. Eine im allgemeinen ebenso selbstverständliche wie im einzelnen Falle oft zweifelhafte Voraussetzung aller Zwangsanwendung besteht darin, daß nicht nur deren formelles Mittel, sondern auch materiell die zu erzwingende Anordnung innerhalb der Zuständigkeit der zwingenden Behörde liegen muß. Z. B. darf der Vormundschaftsrichter nicht den unehelichen Vater seines Mündels zur Alimentenzahlung zwingen, dies kann vielmehr nur auf dem Prozeßwege erreicht werden; im Falle des § 432 BGB., wenn

[1]) Andere Beispiele gewähren die §§ 78, 1788, 1837, 1915 BGB., 14, 37, 319 HGB., 83, 151 RFG.

[2]) Vgl. z. B. für Bayern Art. 130 AG. z. BGB., für Sachsen §§ 10ff. der VO. vom 24. Juli 1899, für Baden §§ 43—46 der VO. vom 11. Nov. 1899, für Hessen Art. 31, 33—36 AG. z. RFG., für Elsaß-Lothringen §§ 9 ff. AG. z. RFG.

[3]) Art. 129 Württemb. AG. z. BGB., Ges. vom 12. Aug. 1879 (RegBl. 153) Art. 5, vom 4. Juli 1898 (RegBl. S. 149) Art. 3.

mehrere eine untheilbare Leistung zu fordern haben, hat der Richter der fr. G. wohl den Verwahrer, an den die geschuldete Sache abzuliefern ist, zu bestellen, kann aber nicht die Ablieferung selbst durchsetzen[1]) u s w.

Da das Grundbuchwesen, wie erwähnt,[2]) namentlich vom Standpunkte des PrFG. aus, zur fr. G gehört, so ist auch der Grundbuchrichter, soweit er ausnahmsweise einem Betheiligten Handlungen oder Unterlassungen aufgeben kann, befugt, Zwang zu üben. (Z. B. muß der Besitzer eines Hypothekenbriefes, wenn bei der Hypothek wegen Unrichtigkeit einer die Hypothek betreffenden Eintragung von Amtswegen ein Widerspruch eingetragen wird, den Brief behufs Vermerkung des Widerspruchs vorlegen, § 62 Abs. 2 GBO ; diese Pflicht ist erzwingbar.[3])

Soweit hiernach ein Zwang überhaupt zulässig ist, wird er von Amtswegen ausgeübt.

Das regelmäßig anzuwendende Zwangsmittel in Angelegenheiten der fr. G. bildet die Ordnungsstrafe. Ist nämlich Jemandem durch eine Verfügung die Verpflichtung auferlegt, eine Handlung vorzunehmen, die ausschließlich von seinem Willen abhängt, oder eine Handlung zu unterlassen oder die Vornahme einer Handlung zu dulden, so kann ihn das Gericht, soweit sich nicht aus den besonderen für die einzelne Angelegenheit bestehenden Vorschriften ein anderes ergiebt, zur Befolgung der ergangenen Anordnungen durch Ordnungsstrafen anhalten, Art. 15 PrFG.

Neben dem für die gesammte fr. G. geltenden Art. 15 PrFG. ist die Zulässigkeit von Ordnungsstrafen für einzelne reichsrechtliche Angelegenheiten noch durch Sonderbestimmungen vorgesehen.[4])

---

[1]) Das letzte Beispiel ist der Begr. S. 17 entnommen. Dort noch weitere Beispiele. Ueber eine interessante Frage (kann der Vormundschaftsrichter den unehelichen Vater zur Herausgabe des Kindes zwingen?) vgl. den Beschluß des LG. Tilsit im Centralblatt für fr G. 1900, 15.

[2]) Oben S. 14. [3]) Begr. S 16.

[4]) Vgl. S. 74 Anm. 1.

Die Ordnungsstrafen dürfen nur in Geld bestehen und im einzelnen Falle den Betrag von dreihundert Mark nicht übersteigen, § 33 RFG., Art. 1, 15 PrFG. Ist die Geldstrafe nicht beizutreiben, so findet eine Verwandlung in eine Haftstrafe nicht statt. Der Festsetzung der Ordnungsstrafe muß eine Androhung vorausgehen, § 33 RFG., Art. 1 PrFG.[1]) Bei der Festsetzung ist der Betheiligte zugleich in die Kosten des Verfahrens zu verurtheilen, Art. 16 Abs. 1 PrFG., § 138 RFG. Die zwangsweise Einziehung der Strafe geschieht im Wege des Verwaltungszwangsverfahrens[2]) und kann nicht in den Nachlaß des Verurtheilten erfolgen, Art. 16 PrFG.

Zu unterscheiden von der im Vorstehenden allein berücksichtigten Ordnungsstrafe mit Zwangszweck ist die in den §§ 179, 180 GVG., — vgl. § 8 RFG., Art. 1 PrFG. — geregelte Ordnungsstrafe wegen Ungebühr.

Das zweite Zwangsmittel der fr. G. ist die Gewaltsanwendung, Art. 17 PrFG., welche auch der CPO., jedoch in beschränkterem Umfange (§§ 892, 758, 759), bekannt ist. Gewalt darf in der fr. G. auf Grund einer besonderen Anordnung des Gerichts gebraucht werden 1. wenn eine Person oder eine Sache weggenommen werden soll; 2. in allen anderen Fällen nur dann, wenn die Anordnung ohne Gewalt nicht durchzuführen ist.

Begr. S. 16/17 führt mehrere Beispiele zulässiger Gewaltsanwendung an. So kann der Widerstand eines Vaters, der sich der nach § 1666 BGB. erforderlichen und angeordneten Ueberführung seines Kindes in eine Erziehungsanstalt widersetzt, oder der eines Erbschaftsbesitzers, der eine amtliche Siegelung oder Inventur des Nachlasses nicht dulden will, gewaltsam gebrochen werden; ein Komplementär kann gewaltsam gezwungen werden, in den Fällen der §§ 166, 338 HGB. —

---

1) Ebenso § 132 Ziff. 2 ALVG. a. E.

2) Für dieses ist jetzt maßgebend die VO. vom 15. Nov. 1899 (GS. S. 545).

§ 157 HGB. gehört nicht, wie Begr S. 16 will, hierher, sondern steht mit § 432 BGB (oben S. 74) auf einer Stufe — seinem Kommanditisten bezw. stillen Gesellschafter Bücher und Papiere vorzulegen u. s. w

Der Anordnung des unmittelbaren Zwanges hat in der Regel eine Androhung vorauszugehen. Weitere formelle Schranken der Gewaltsanwendung sind jedoch weder im allgemeinen noch für einzelne Fälle aufgestellt, nur wenn sie sich gegen eine Militärperson richtet, finden die für die Zwangsvollstreckung gegen Militärpersonen geltenden Regeln, insbesondere die Pflicht der Anzeige an die vorgesetzte Militärbehörde Anwendung, Art. 17 Abs. 1 Satz 4 PrFG., §§ 752, 790 Abs 1 CPO

Ferner dürfen die Gerichtsvollzieher, welche hier als Vollstreckungsbeamte in erster Linie in Betracht kommen (vgl. unten), an Sonn- und Feiertagen und Nachts Amtshandlungen nur mit besonderer richterlicher Erlaubniß vornehmen.[1])

W e l c h e Gewaltsmaßregeln der Richter ergreifen darf, ist eine schwierige Frage. Daß das Vormundschaftsgericht den Vater, der das leibliche Wohl seines Kindes durch beständige Mißhandlungen gefährdet, nicht „zur Abwendung der Gefahr“ (§ 1666 BGB.) in gefänglichen Gewahrsam bringen lassen darf, liegt auf der Hand, da die Festhaltung im Gefängnisse nach dem ganzen Systeme unseres Rechts nur in den a u s d r ü c k l i c h zugelassenen Fällen als Strafe oder Zwangsmittel angewendet werden darf; ob der Richter dem Vater das Züchtigungswerkzeug zeitweilig wegnehmen lassen darf, ist dagegen schon weniger unzweifelhaft.

Ausführendes Organ des Gerichtes (Vollstreckungsbeamter) ist der Gerichtsvollzieher und für einfachere Geschäfte der Gerichtsdiener. Der Vollstreckungsbeamte ist befugt, erforderlichenfalls die Unterstützung der polizeilichen

---

[1]) §§ 7, 8 der Geschäftsanweisung für Gerichtsvollzieher vom 1. Dez. 1899 (JMBl. 627).

Vollzugsbeamten selbstständig nachzusuchen. Dem „Verpflichteten" — dies ist der technische, dem (Zwangsvollstreckungs-) Schuldner der CPO. entsprechende Ausdruck des Gesetzes — fallen die entstandenen Kosten zur Last, Art. 17 Abs. 1 Satz 2 u. 3 PrFG.

Wird eine Person oder Sache, die der Verpflichtete herausgeben soll, nicht vorgefunden, so ist er vom Gericht unter Anwendung der civilprozessualen Regeln zur Leistung des Offenbarungseides anzuhalten, Art. 17 Abs. 2 PrFG.

Auch wo unmittelbare Gewalt gebraucht werden darf, bleibt es immer zulässig, statt ihrer mit Ordnungsstrafen vorzugehen. Z. B. kann das Gericht den Besitzer einer herauszugebenden Sache auch durch Ordnungsstrafen zur Erfüllung seiner Pflicht — natürlich nur soweit letztere überhaupt im nichtstreitigen Verfahren erzwungen werden kann — anhalten. Meist wird es freilich zweckentsprechender sein, ihm die Sache durch den Vollstreckungsbeamten wegnehmen zu lassen.

Höchst zweifelhaft erscheint die Frage, ob auf Grund der Landesgesetze Gewalt auch da gebraucht werden darf, wo bereits reichsgesetzlich dem Richter das Recht zur Verhängung einer Ordnungsstrafe *und zwar nur dieses* zugesprochen ist.[1]) (Vgl. oben S. 74 Anm. 1). Gegenstandslos ist die Frage, soweit sie sich auf solche Handlungen bezieht, welche, wie Anmeldungen zum Handels- und Genossenschaftsregister, ihrer Natur nach überhaupt nur durch Ordnungsstrafen erzwungen werden können. Hiervon abgesehen wird in jedem einzelnen Falle zu untersuchen sein, ob das Reichsrecht, indem es die Verhängung einer Ordnungsstrafe durch eine Sondervorschrift (z. B. § 1837 BGB., § 37 Abs. 1 HGB.) gestattete, die in dieser bestimmten Angelegenheit zulässigen Zwangsmittel *erschöpfend* regeln wollte.[2]) Dies ist m. E. anzunehmen in dem Falle des § 37 Abs. 1 HGB. (Untersagung der

[1]) Dieser Zweifel tauchte schon in der Komm. des AbgH. auf, KommBer. S. 11.

[2]) Abw. *Jastrow*, Fr. G. Anm. 6 zu Art. 17 PrFG.

Führung einer fremden Firma) Hier könnte sich z. B fragen, ob der Registerrichter ein Ladenschild mit der Aufschrift der fremden Firma nöthigenfalls gewaltsam entfernen lassen kann. M. E. ist er hierzu nicht befugt, einerseits weil bei der kodifikatorischen Natur des HGB dessen Vorschriften im Zweifel als erschöpfend angesehen werden müssen und die gegenüber dem RFG statthafte landesgesetzliche Ergänzung (§ 200 RFG) hier nicht zugelassen ist, andererseits auch aus einem geschichtlichen Grunde, da der dem § 37 Abs. 1 HGB. zu Grunde liegende Art. 26 Abs. 2 AHGB. offenbar die auch nur subsidiäre Zulässigkeit unmittelbarer Gewaltsanwendung nicht entfernt im Auge hatte [1]) Sehr zweifelhaft erscheint auch, ob im Falle des vorerwähnten § 1837 BGB. (welcher auf § 51 Abs. 2 der preuß. Vormundschaftsordnung vom 5. Juli 1875 beruht) Art. 17 PrFG. Platz greifen kann. Die Frage dürfte jedenfalls dann zu bejahen sein, wenn man die Gewaltsanwendung gegenüber dem Inhaber der elterlichen Gewalt als statthaft ansieht (vgl. unten S. 99), da es unmöglich in der Absicht des Gesetzes gelegen haben kann, den Vormund besser als den Träger der elterlichen Gewalt zu stellen. Unbedenklich ist weiter der Nachlaßrichter nach Eintritt eines Erbfalles als befugt zu erachten, den Testamentsbesitzer nicht nur durch Ordnungsstrafen zur Herausgabe des Testaments anzuhalten, wie dies § 83 RFG. gestattet, sondern auch ihm das Testament zwangsweise wegnehmen zu lassen. Auf das Nähere kann hier nicht eingegangen werden, die ganze Frage bedarf noch näherer Untersuchung.

Eine Zwangsvollstreckung nach den Regeln der CPO. erfolgt auf dem Gebiete der fr. G. ausnahmsweise aus der rechtskräftig bestätigten Auseinandersetzung [2]) und Dispache, aus Straf- und Kostenfestsetzungs- und -erstattungsbeschlüssen, §§ 98, 158 Abs. 2, 15 RFG. (§§ 380, 390 CPO.), Art. 1, 14 PrFG.

---

[1]) Vgl. Protokolle zum AHGB. S. 42.

[2]) oder der „vorgängigen Vereinbarung“, siehe unten S. 129.

Abschnitt IV.

Die Kosten.

§ 23.

Allgemeines. Kostenzahlungspflicht.

I. In der fr. G. wird ebenso wie im Civilprozeß und Verwaltungsstreitverfahren (theilweise auch im Strafprozeß, insbesondere dem Privatklageverfahren) zwischen Kostenzahlungspflicht und Kostenerstattungspflicht unterschieden. Die Kostenzahlungspflicht besteht gegenüber dem Staate, die Kostenerstattungspflicht gegenüber dem Gegner. Eine dem Staate zahlungspflichtige Person kann im Verhältniß zu dem Gegner erstattungsberechtigt sein; sie kann sich alsdann wegen der Leistungen, die sie auf Grund ihrer Zahlungspflicht an den Staat hat bewirken müssen, außerdem natürlich auch wegen der ihr sonst entstandenen Kosten an dem anderen Theile schadlos halten.

II. Die Kostenzahlungspflicht wird durch die sogenannten Gerichtskostengesetze geregelt. Das deutsche Gerichtskostengesetz vom 18. Juni 1878 ist jedoch trotz vielfacher Wünsche[1]) auf die Angelegenheiten der fr. G. bisher nicht erstreckt worden. Maßgebend sind daher auf diesem Gebiete die Landesgesetze geblieben, in Preußen das Gerichtskostengesetz vom 25. Juni 1895/6. Okt. 1899.

Nach diesem Gesetze ist dem Staate (der Gerichtskasse) zur Zahlung der Kosten derjenige verpflichtet, durch dessen Antrag die Thätigkeit des Gerichts veranlaßt ist, und bei Geschäften, welche von Amtswegen betrieben werden, derjenige, dessen Interesse dabei wahrgenommen wird, § 1 preuß. GKG. Bei jedem Antrage auf Vornahme einer Handlung, mit welcher bare Auslagen verbunden sind (z. B. einer Zeugenvernehmung), ist von dem Antragsteller ein zur Deckung der Kosten hinreichender Vorschuß zu zahlen. Das Gericht kann

---

[1]) Vgl. die Resolution des Reichstags (oben S. 12.).

die Vornahme der Handlung von der Zahlung des Vorschusses abhängig machen, sofern nicht die Verzögerung dem Antragsteller einen unersetzlichen Nachtheil bringen würde, § 6 preuß. GKG.

Die Gebühren, (welche von den „baren Auslagen“ zu unterscheiden sind), sind nach dem Werthe des Gegenstandes abgestuft. Dieser Werth ist von dem Gericht nach freiem Ermessen unter Beachtung der §§ 20—24 preuß. GKG. festzusetzen, § 19 preuß. GKG., gegen die Festsetzung findet die Beschwerde nach den Vorschriften der CPO. statt, § 26 preuß. GKG.

Auch die deutsche Gebührenordnung für Rechtsanwälte vom 7. Juli 1879 bezieht sich nicht auf die fr. G. Maßgebend ist hier in Preußen das Gesetz enthaltend die landesgesetzlichen Vorschriften über die Gebühren der Rechtsanwälte und der Gerichtsvollzieher vom 27 Sept. 1899.

§ 24.

Kostenerstattungspflicht.

I. Eine Pflicht zur Kostenerstattung kann zunächst im bürgerlichen Rechte begründet sein. Hat z. B. die pflichtwidrige Amtsführung eines Vormunds kostspielige vormundschaftsrichterliche Erhebungen über den Stand des Mündelvermögens herbeigeführt, so muß der Vormund dem Mündel die entstandenen Kosten — derentwegen sich der Staat, da die Erhebungen im Interesse des Mündels vorgenommen sind, zunächst an das Mündelvermögen hält (oben S. 80) — nach den allgemeinen Grundsätzen des bürgerlichen Rechtes ersetzen. Außerdem stellen das BGB., HGB. und andere materiellrechtliche Gesetze mehrfach für bestimmte Angelegenheiten besondere Vorschriften über die Kostentragung auf; z. B. treffen in den Fällen der §§ 261, 2028, 2057 BGB. die Kosten der Abnahme des Offenbarungseides denjenigen, der die Eidesleistung verlangt (in Betracht könnten hier u. a. die Kosten einer etwaigen Reise des Schwurpflichtigen zu dem Sitze des

Gerichts u. dgl. kommen).[1] Ein solcher auf dem bürgerlichen Rechte beruhender Anspruch auf Kostenerstattung ist im Wege des Civilprozesses geltend zu machen.

II. Hiervon zu unterscheiden ist die einen Bestandtheil des Hauptverfahrens bildende Kostenerstattung im engeren Sinne, für welche die §§ 91—107 CPO. das Musterbeispiel bilden und welche nach dem Vorgange des ersten Planck'schen Entwurfs[2]) durch die Art. 9—14 PrFG. und ähnlich durch die Ausführungsgesetze der meisten außerpreußischen Bundesstaaten[3]) — man kann daher auch hier von allgemeinem deutschen Recht sprechen — in die nichtstreitige Rechtspflege, der sie bis dahin fremd war, eingeführt worden ist. Diese Kostenerstattung ist eigenartig gestaltet sowohl in Bezug auf ihre Voraussetzungen wie ihre Durchführung.

a) Sind nämlich an einer — reichsrechtlichen oder landesrechtlichen — Angelegenheit der fr. G. mehrere Personen betheiligt, so **kann** das Gericht auf Antrag einen Betheiligten verurtheilen, diejenigen Kosten des Verfahrens ganz oder theilweise zu tragen, welche er durch ein unbegründetes Gesuch, einen unbegründeten Widerspruch oder eine unbegründete Beschwerde, durch vorzeitiges Anrufen des Gerichts, durch eine Versäumung oder — die bisher genannten Fälle setzen ein Verschulden **nicht** voraus — durch grobes Verschulden veranlaßt hat, Art. 9 Abs. 1 PrFG.[4]) Ob ein im materiellen Recht begründeter Erstattungsanspruch vorliegt, ist gleichgültig; soweit er vorhanden ist, wird der Rechtsweg durch Art. 9 PrFG. in keiner Weise verschränkt.

Die Anwendung des Art. 9 PrFG ist — im Gegensatz zu der der §§ 91 ff. CPO. — nur als Ausnahme gedacht, und selbst

---

[1]) Vgl. ferner die §§ 767, 1034, 1035, 1067, 1093, 1372, 1528, 2120, 2121, 2123 BGB, § 254 Abs. 4 HGB.

[2]) Vgl. § 42 desselben.

[3]) Vgl. Bayer AG. z. BGB. Art. 131 ff., Sächsische VO vom 24. Juli 1899 §§ 5 ff., Badisches Rechtspolizeigesetz § 32, Hessisches AG z. RFG Art. 22 ff., Elsaß-Lothringisches AG. z. RFG. §§ 6 ff

[4]) Wegen der Erstattungsfähigkeit von Rechtsanwaltskosten oben S. 43.

wenn die Voraussetzungen des Art. 9 vorliegen, besteht noch kein Recht auf die Kostenerstattung Der Hauptgrundsatz der civilprozessualen Kostenerstattung, daß der „unterliegenden Partei" die Kosten zur Last fallen, ließ sich in die fr G schon deshalb nicht übernehmen, weil das Verfahren hier nicht kontradiktorisch gestaltet ist und daher von einem „Unterliegen" nicht wohl die Rede sein kann.

b) Durchgeführt wird die Kostenerstattung nach dem PrFG. nicht in einem besonderen Prozesse, sondern in dem Rahmen desselben Verfahrens, in welchem die Kosten entstanden sind. Schon die Verurtheilung eines Betheiligten in die Kosten darf nur zugleich mit der Entscheidung über die Hauptsache ausgesprochen werden, Art. 9 PrFG. Können sich die Betheiligten weiterhin über die Höhe der zu erstattenden Kosten nicht einigen, so wird dieselbe durch Beschluß des Gerichtes erster Instanz, (welcher also von der „Verurtheilung in die Kosten" wohl zu unterscheiden ist), festgesetzt, Art. 10 PrFG. Aus dem Kostenfestsetzungsbeschluß findet die Zwangsvollstreckung nach den Vorschriften der CPO. statt, Art. 14 PrFG.

Die Entscheidungen über die Pflicht zur Kostentragung und der Kostenfestsetzungsbeschluß sind — die erstere Entscheidung abweichend von § 99 CPO. — selbständig anfechtbar. Sie unterliegen der einfachen oder der sofortigen Beschwerde, je nachdem gegen die Entscheidung in der Hauptsache das eine oder das andere Rechtsmittel zulässig ist Die selbständige weitere Beschwerde gegen einen Kostenfestsetzungsbeschluß ist wie nach § 568 Abs. 3 CPO. durch eine Beschwerdesumme von 50 Mark bedingt, Art. 11 Abs. 2 PrFG.

Wer aus Art. 9 PrFG. in die Kosten eines Verfahrens verurtheilt worden ist, wird dadurch zugleich dem Staate gegenüber Kostenzahlungsschuldner, § 1 Satz 2 des preuß. GKG.

§ 25.

Armenrecht.

Die Vorschriften der CPO. und der Rechtsanwaltsordnung über das Armenrecht, welche an sich nur für streitige

Sachen gelten, sind durch einen zum Gesetz erhobenen Beschluß der Reichstagskommission auf die fr. G. ausgedehnt worden, § 14 RFG., Art. 1 PrFG. Zur Begründung wurde — und gewiß mit Recht — u. a. ausgeführt, „es sei nicht einzusehen, weshalb einer geschiedenen Frau, welche den Ehescheidungsprozeß im Armenrecht durchgefochten habe, für die sich anschließende Regelung der Verhältnisse, welche, wie die Sorge für die Kinder, der Regelung des Vormundschaftsgerichtes unterstehen [1]), nicht ebenfalls das Armenrecht zutheil werden solle“.[2])

Das Armenrecht kann auch für solche Angelegenheiten gewährt werden, welche keineswegs streitiger Natur sind, z. B. für die Aufnahme von Testamenten, für die Herbeiführung registermäßiger Eintragungen u. s. w. Die vorgeschriebene entsprechende Anwendung der CPO. und der Rechtsanwaltsordnung wird auf derartige Fälle häufig nicht recht passen.

So hat die Voraussetzung der Armenrechtsgewährung, daß die beabsichtigte Rechtsverfolgung nicht [muthwillig oder] aussichtslos erscheinen darf, für die meisten Angelegenheiten der fr. G. überhaupt keine oder doch keine nennenswerthe praktische Bedeutung.

Neben den Vorschriften des § 14 RFG., Art. 1 PrFG. steht die Bestimmung des § 17 preuß. GKG., daß die Gerichtskassenverwaltung, wenn ein Kostenschuldner ein vorschriftsmäßiges Armuthsattest (§ 118 CPO.) beibringt, den Kostenbetrag in der Regel völlig oder theilweise niederschlagen oder stunden soll. Außerdem sind allgemein für Vormundschaften gewisse Vergünstigungen bewilligt; beträgt das Mündelvermögen nicht mehr als 500 Mark, — und dies trifft in der großen Mehrzahl der Fälle zu —, so werden von demselben im wesentlichen überhaupt keine Kosten erhoben, § 10 preuß. GKG.

---

1) Unten S. 92.

2) Reichstags-Kommissionsbericht zum RFG. S. 1338.

Besonderer Theil.

Erstes Kapitel.

Vormundschaftssachen.[1])

§ 26.

Geschichtliches.[2])

Dem älteren römischen Recht war eine Mitwirkung des Staates an den vormundschaftlichen Geschäften (Obervormundschaft) völlig unbekannt. Die auf die zwölf Tafeln gegründete tutela legitima des proximus agnatus und patronus trug nach Art der patria potestas ursprünglich nicht den

---

[1]) Litteratur: Fuchs, Das deutsche Vormundschaftsrecht unter Gegenüberstellung des preußischen, 1899; Weißweiler in der Zeitschrift des rheinpreußischen Amtsrichtervereins 16, 37 ff. und 17, 3 ff.; Schröder-Mugdan, Das deutsche Vormundschaftsrecht, 1900, Elsner v. Gronow, Die Thätigkeit des Vormundschaftsgerichtes in der preußischen Monarchie, 1900; v. Schilgen, Deutsches Vormundschaftsrecht, 1900; Schultetus, Handbuch des Vormundschaftsrechtes, 1900; Schultheiß, Der deutsche Vormundschaftsrichter, 1900; Hesse, Deutsches Vormundschaftsrecht, 1900; Singer, Die Verrichtungen des Vormundschaftsgerichts und des Nachlaßgerichts, 1900 Aus dem älteren Recht: Rüdorff, Das Recht der Vormundschaft, 1833; Zürn, Das preußische Vormundschaftsrecht 1894, und vor allem Dernburg, Das Vormundschaftsrecht der preußischen Monarchie, 3. Aufl. 1886, herausgegeben von Schultzenstein.

[2]) Zu dem Folgenden vgl. Kraut, Die Vormundschaft des deutschen Rechts, 1835, besonders Bd. I, 77ff; Rive, Geschichte der deutschen Vormundschaft (1862—1873); Dernburg und Schultzenstein a. a. O. S. 2ff.

Charakter einer Pflicht, sondern den eines Rechtes, auf dessen Gestaltung und Ausübung dem Staat kein Einfluß zustand.[1]) Die Entwickelung der Obervormundschaft setzt mit der wahrscheinlich im Jahre 443 a. u. c. erlassenen lex Atilia ein. Diese legte dem praetor urbanus die Befugniß bei, mangels eines gesetzlichen oder durch Testament des Gewalthabers bestimmten Vormundes dem Mündel von Staatswegen einen Vormund zu bestellen. Das gleiche Recht erhielten die Provinzialstatthalter (praesides provinciae) für ihre Amtsbezirke durch die leges Julia und Titia.[2]) In der Kaiserzeit gewann die auf staatlicher Bestellung beruhende Vormundschaft (tutela dativa) immer weitere Verbreitung.[3])

Die tutela bezog sich auf die impuberes (Mädchen unter 12, Knaben unter 14 Jahren), soweit sie nicht der patria potestas unterworfen waren, sowie auf die nicht in manu mariti befindlichen erwachsenen Angehörigen des weiblichen Geschlechts und auf Freigelassene. Später als die tutela kam die vorzugsweise für unmündige Minderjährige (minores XXV annis), Geisteskranke (furiosi, dementes) und Verschwender (prodigi) bestimmte cura auf, welche von Anfang an nicht als bloßes Recht, sondern zugleich als Pflicht konstruirt war. Die curatores wurden, (mit einer die furiosi betreffenden Ausnahme),[4]) immer durch den Magistrat bestellt.

Der Keim der Obervormundschaft, welcher in der Befugniß der Magistrate zur Bestellung der tutores und curatores enthalten war, wurde nun durch die Kaisergesetzgebung weiter entwickelt, insbesondere durch die aus dem Jahre 195 n. Chr. Geb. stammende oratio Severi,[5]) welche die Ver-

[1]) Das Gleiche gilt von der tutela testamentaria, welche jedoch wohl jünger ist als die legitima, vgl. Dernburg a. a. O. S. 2; dagegen Karlowa, Römische Rechtsgeschichte II, 272 ff.

[2]) Rüdorff a. a. O. I, 344 ff.

[3]) Vgl. §§ 4 und 5 J. de Atiliano tutore 1, 20.

[4]) Im Anschluß an eine Stelle der 12 Tafeln — bei Bruns, fontes iuris Romani antiqui S. 23 Ziff. 7 — bildete sich eine gesetzliche Vormundschaft über furiosi heraus. Näheres bei Pernice, Labeo I, 234.

[5]) l. 1 D. de rebus eorum 27, 9.

äußerung landwirthschaftlicher Mündelgrundstücke von den Voraussetzungen einer Verschuldung des Mündels und vorgängiger prätorischer Genehmigung abhängig machte. Hieran schloß die weitere Rechtsbildung an, indem die oratio durch die Juristen in extensiver Weise ausgelegt[1]) und die Veräußerung auch von anderen Stücken des Mündelvermögens als von Immobilien — z. B. die von Forderungen — durch die spätere Gesetzgebung an das Erforderniß obrigkeitlicher Genehmigung geknüpft wurde.[2])

In derselben Richtung bewegten sich noch mancherlei andere Vorschriften, insbesondere die Einführung eines gewissen Zwanges gegen die Vormünder zur Inventarisirung und sicheren Hinterlegung des Mündelvermögens[3]) und zur Kautionsleistung (namentlich Bürgenstellung).[4])

Dieser Entwicklungsgang des römischen Vormundschaftsrechtes zeigt viel Aehnlichkeit mit dem des deutschen Vormundschaftsrechtes. Hier hatte ursprünglich der die Grundlage der politischen und wirthschaftlichen Organisation bildende Geschlechtsverband, die Sippe, die Vormundschaft über die zu ihr gehörigen unmündigen Personen selbst geführt.[5]) Aus der Gesammtvormundschaft bildete sich in der Zeit der Volksrechte die Individualvormundschaft auf dem Wege heraus, daß die Sippe ein einzelnes Mitglied mit der Ausübung der Vormundschaft betraute und das der Sippe ursprünglich vorbehaltene Recht der Aufsicht sowie das der Mitwirkung bei besonders wichtigen Angelegenheiten mit der sinkenden Bedeutung des Geschlechtsverbandes allmählich verschwand. Bevor dies eintrat, bestand also, wie man sagen darf, eine Obervormundschaft der Sippe. Die staatliche Obervormundschaft war dagegen dem ältesten

---

[1]) Vgl. besonders Tit. Dig. de rebus eorum 27; 9, z. B. l. 3 § 4 und 5, l. 5, l. 7 § 1 und 2, l. 8.

[2]) l. 22, 25, 27 C. de administr. tutorum 5, 37.

[3]) l. 7 pr. und § 7 D de administr. et periculo tutorum 26, 7.

[4]) l. 3 u. 5 C 2 de tutore vel curatore 5, 42; tit. J. I, 24 de satisdatione tutorum, besonders § 3.

[5]) Brunner, Deutsche Rechtsgeschichte I, 70.

deutschen Recht, ebensowohl wie dem römischen, durchaus fremd. Ihre ersten Spuren, zugleich ein Symptom der erstarkenden Staatsgewalt, treten in der fränkischen Zeit auf; so stehen Wittwen und Waisen, auch gegenüber ihrem eigenen Vormund,[1]) unter dem Schutze des königlichen Friedensbannes, familienlose Personen konnten in die königliche Munt aufgenommen werden und dann vom König aus einen Vormund erhalten. Doch handelte es sich hier nur um ein aushülfsweise wirksames und vereinzeltes Eingreifen der Staatsgewalt.[2]) Eine den heutigen Begriffen mehr entsprechende Obervormundschaft entwickelte sich, wie so viele dem geltenden Rechte angehörige Einrichtungen, erst in den spätmittelalterlichen Stadtrechten. In den Städten wurde vielfach der Rath mit der Beaufsichtigung der Vormünder betraut und die Rechtslage durch Vormundschaftsordnungen gesichert.[3])

Bei der Rezeption wurde zwar das materielle römische Vormundschaftsrecht im wesentlichen nach Deutschland übernommen, doch erhielt die Obervormundschaft, welche sich unterdessen auch außerhalb der Städte entwickelt hatte und zu einem Bestandtheil der Landeshoheit geworden war,[4]) eine neue gemeinrechtliche Grundlage durch die Reichspolizeiordnungen von 1548 (Art. XXXI) und 1577 (Art. XXXII). Hiernach bedarf jeder Vormund einer im Wege eidlicher Verpflichtung zu bewirkenden Bestellung durch die Obrigkeit, er muß Kaution leisten, ein Inventar des Mündelvermögens einreichen und vor allem Jahresrechnung legen. Obrigkeit im Sinne der Polizeiordnungen war die Polizeiobrigkeit; die Uebertragung der obervormundschaftlichen Geschäfte auf die Gerichte ist erst späterhin durch die Partikulargesetzgebung, und zwar keineswegs überall, erfolgt.[5])

---

[1]) Kraut a. a. O. I, 82 ff., Schröder, Deutsche Rechtsgeschichte, 3. Aufl., 1898, S. 323.

[2]) Vgl. hierzu und zu dem vorhergehenden Heusler, Institutionen des deutschen Privatrechts II, 483 ff.

[3]) Stobbe, Handbuch des deutschen Privatrechts IV, 445 f.

[4]) Kraut a. a. O. 1, 84 ff.

[5]) Roth, Bayrisches Civilrecht I, S. 497 Anm. 18.

Auf dem Boden des gemeinen Rechts stehen durchweg die Vormundschaftsordnungen, welche in der Zeit nach der Rezeption von den einzelnen Staaten erlassen wurden, insbesondere auch die „Ordnung von Vormündern und Vormundschaften für die Mark Brandenburg" vom 26. November 1718. Das Gleiche gilt im wesentlichen noch von dem Cocceji'schen „Projekt des Corpus iuris Fridericianum", wo im dritten Buch des ersten Theils (erschienen 1749) das Vormundschaftsrecht behandelt wird.

Doch treten die Spuren des „Polizeistaates" hier und da schon deutlich hervor. So verordnet § 28 des sechsten Titels: „die Obrigkeit muß auch selbst allen Fleiß anwenden, die Gelder (des Mündels) auf Zinsen auszubringen, und zu dem Ende, wenn auch nur 100 Rthlr. vorhanden, das Capital durch die Intelligentz-Zettul à 5 pro 100 ausbieten; zugleich auch solches durch einen Anschlag-Zettul am Rathhaus oder dem Gericht ohnentgeldlich zur Wissenschaft bringen."

Einen völligen Bruch mit den Ueberlieferungen des gemeinen Rechts bedeutet dagegen die Regelung, welche das Vormundschaftswesen im achtzehnten Titel des zweiten Theils des ALR. erfahren hat. Die im römischen und gemeinen Recht grundsätzlich immer festgehaltene Selbständigkeit der Vormünder wurde aufgegeben. Der Staat betrachtet es jetzt als seine Aufgabe, selbst für die schutzbedürftigen Personen zu sorgen (sie unter seine „besondere Aufsicht und Fürsorge" zu nehmen, § 1 ALR. II, 18); die Vormünder sind Bevollmächtigte des Staats (§ 235 l. c.); das Gericht ist befugt und verpflichtet, sie bei der Führung ihres Amtes „zu dirigiren und unter beständiger Aufsicht zu halten" (§ 237); bewegliche Sachen, die das Mündel ererbt hat, sind sofort in gerichtliche Sperre zu nehmen (§ 354), baare Gelder in gerichtlicher Verwahrung zu halten (§ 454).[1])

Die praktische Anwendung solcher Grundsätze führte bald zu Uebelständen, und diese steigerten sich mit dem Fortschritte

---

[1]) Ueber die Generaldepositorien der Gerichte unten S. 208.

der wirthschaftlichen Entwickelung, der eine größere Bewegungsfreiheit der Vormünder im Interesse der Mündel selbst erforderte.[1]) Mißlich war ferner, daß infolge der seit dem Erlasse des ALR. vor sich gegangenen Veränderungen des preußischen Staatsgebietes in letzterem drei verschiedene Vormundschaftsrechte gelten, nämlich das des ALR., das gemeinrechtliche und (in dem größten Theile der Rheinprovinz) das des Code civil.

Der Code civil überträgt im Anschlusse an altes deutsches Recht,[2]) welches sich in den Ländern des „droit contumier" (lokal zersplittertes, vielfach offiziell nicht aufgezeichnetes Recht der nördlichen und westlichen Gebietstheile Frankreichs im Gegensatz zu dem droit écrit, d. i. dem römischen Recht Südfrankreichs) erhalten hatte und durch die Revolutionsgesetzgebung auf ganz Frankreich ausgedehnt worden war, die Führung der obervormundschaftlichen Geschäfte nicht staatlichen Beamten, sondern der Familie, nämlich einem aus Verwandten und Freunden des Mündels zusammengesetzten Kollegium, dem Familienrath, in welchem dem Richter (juge de paix) der Vorsitz gebührt. Die Stellung des Vormunds ist nach dem Code civil im ganzen recht frei; insbesondere bedürfen die durch Gesetz oder Wahl der Mündeleltern berufenen Vormünder keiner obrigkeitlichen Bestallung oder Verpflichtung.[3])

Ein einheitliches Recht für die gesammte preußische Monarchie wurde erst hergestellt durch die Vormundschaftsordnung vom 5. Juli 1875. Auf ihrer Grundlage beruht das geltende, in den §§ 1773—1921 BGB. und 35—64 RFG. enthaltene Vormundschaftsrecht. Abweichungen von prinzipieller Bedeutung, abgesehen von denjenigen, die durch die

[1]) Vgl. dazu die Motive zur preußischen Vormundschaftsordnung, abgedruckt bei Steinitz, Die preußische Vormundschaftsordnung, 1875, S. 6 ff.

[2]) Oben S. 87.

[3]) Vgl. Zachariae v. Lingenthal, Handbuch des französischen Privatrechts III, 564.

Neuordnung des allgemeinen Privatrechts, insbesondere durch die Einführung einer elterlichen Gewalt der ehelichen Mutter, veranlaßt worden sind, bestehen hauptsächlich in folgenden beiden Punkten:

1. Entsprechend dem veränderten Grundzuge, welchen die neueste Gesetzgebung im Verhältniß zu der der siebziger Jahre allgemein aufweist, ist die dem Vormund durch die VO. beigelegte weitgehende Unabhängigkeit durch das BGB. zu Gunsten der obervormundschaftlichen Gewalt beträchtlich eingeschränkt worden.

Vgl. z. B. bezüglich des Erfordernisses der richterlichen Genehmigung zum Abschlusse von Rechtsgeschäften einerseits § 42 VO., andererseits §§ 1821, 1822 BGB. und die jetzt beseitigten Fälle gesetzlicher Vormundschaft des § 12 VO.

2. Nach dem älteren Rechte gehörten nur vereinzelt Angelegenheiten, die sich nicht auf Vormundschaften oder Pflegschaften bezogen, zur Zuständigkeit des Vormundschaftsgerichts.[1]) Das BGB. hat dagegen in weitem Umfange derartige Angelegenheiten, insbesondere Streitigkeiten familienrechtlicher Natur, im Hinblick auf die Schleunigkeit und Nichtöffentlichkeit des vormundschaftsrichterlichen Verfahrens dem letzteren unterstellt. Man kann unter diesen „uneigentlichen" Vormundschaftssachen drei Gruppen unterscheiden:

a) Die Fürsorge für die in der Geschäftsfähigkeit beschränkten oder geschäftsunfähigen Personen, mögen sie unter Vormundschaft oder unter elterlicher Gewalt stehen,

z. B. Volljährigkeitserklärung § 3 BGB., Genehmigung des selbstständigen Gewerbebetriebes § 112 BGB., die Anordnung der Zwangserziehung, vgl. unten § 30, vgl. weiter §§ 1336, 1337, 1484, 1491, 1492, 1595, 1750, 1751, 1770, 2282 BGB., Art. 41 Ziff. II EG. z. BGB., §§ 612, 641 CPO., § 58 Abs. 3 des Börsengesetzes vom 22. Juni 1896; etwas anders liegt § 962 CPO.

---

[1]) Vgl. besonders ALR. II, 2 §§ 72, 87, 90, 91, 99, 102, 112 ff., 170, 179 ff.

b) Die auf Sondervorschriften beruhende Fürsorge für die unter elterlicher Gewalt stehenden Personen,[1])

z. B. die Anordnung erforderlich werdender Maßregeln gegen den Inhaber der elterlichen Gewalt, §§ 1630, 1665 ff., 1670 ff. BGB., die Entgegennahme und nöthigenfalls die Einforderung des nach dem Tode des Vaters oder der Mutter von dem Ueberlebenden einzureichenden Inventars des Kindesvermögens, §§ 1640, 1692 BGB., die Bestellung des Beistands und die Aufsichtsführung über ihn, §§ 1687 ff., die Ertheilung des Auseinandersetzungszeugnisses im Falle der Wiederverheirathung, §§ 1314, 1493, 1669, 1740, 1761 BGB., die Anwendung von Zuchtmitteln gegen das Kind zwecks Unterstützung der elterlichen Erziehung, § 1631 BGB., vgl. weiter §§ 1308, 1612, 1629, 1639, 1642 ff., 1647, 1653, 1662, 1677, 1679, 1685, 1760 BGB.

c) Die Entscheidung gewisser Streitigkeiten unter Ehegatten.

α) auf dem Gebiete des persönlichen Eherechts:

die Aufhebung der Beschränkung oder des Ausschlusses der Schlüsselgewalt § 1357 BGB., die Ermächtigung des Ehemannes zur Kündigung von Dienstverhältnissen u. dgl. seiner Ehefrau § 1358, vor allem die Regelung des Erziehungsrechtes und des Verkehrs der Eltern mit den Kindern im Falle der Ehescheidung §§ 1635, 1636 BGB.

β) auf dem Gebiete des ehelichen Güterrechts:[2])

die Ertheilung der von einem Ehegatten nicht zu erlangenden Zustimmung zu Rechtsgeschäften des anderen Ehegatten, §§ 1379, 1402, 1447, 1451, 1519, 1525, 1549, 1550, ähnlich § 1487 BGB.

Dem Landesrecht steht es frei, auf den ihm überlassenen Gebieten dem Vormundschaftsgericht Verrichtungen zu übertragen.

---

[1]) Frese im sächsischen Archiv für bürgerliches Recht und Prozeß 8, 402 ff.

[2]) Jastrow, ZfCP. 25, 129 ff.

Vgl. außer dem Fürsorgeerziehungsgesetz (S. 104) z. B. noch Art. 2 § 6 AG. z. BGB., Anerbenrechtsgesetz für Renten- und Ansiedelungsgüter vom 8. Juni 1896, § 45 Abs. 6, Westfälisches Anerbenrechtsgesetz vom 2. Juli 1898, § 19 Abs 3

§ 27.

Zuständigkeit.

I. Für die dem Vormundschaftsgerichte obliegenden Verrichtungen sind kraft reichsgesetzlicher Vorschrift (§ 35 RFG.) die **Amtsgerichte** sachlich zuständig.

Nach Art. 147 EG. z. BGB. kann jedoch die Landesgesetzgebung die Befugnisse des Vormundschaftsgerichtes (sowie des Nachlaßgerichtes) ganz oder theilweise anderen Behörden wie den ordentlichen Gerichten übertragen So bildet in Württemberg der „Bezirksnotar" mit vier Waisenrichtern das „ordentliche Vormundschaftsgericht",[1]) in Mecklenburg sind für die Städte die Magistrate, für das Gebiet der Landesklöster die Klosteramtsgerichte, für das der Ritterschaft die Gutsherren (!) — daneben bestehen noch ausgedehnte Exemptionen — die obervormundschaftliche Behörde.[2])

Preußen hat von dem Vorbehalt des Art 147 EG. z. BGB., was das Vormundschaftsrecht anlangt, keinen Gebrauch gemacht; von Bedeutung ist dagegen auch für Preußen der Vorbehalt des § 189 RFG. (dazu Art. 136 PrFG.) Gemäß den hiernach in Kraft gebliebenen hausgesetzlichen Bestimmungen ist der König (eventuell der Regent) Vormund oder, wenn er eine andere Person zum Vormund bestellt, Obervormund der Mitglieder der Königlichen Familie und der fürstlichen Familie Hohenzollern.[3]) Für die Standesherren und die Mitglieder der 1866 entthronten

---

[1]) Vgl unten S. 31, manche Verrichtungen sind allerdings dem Amtsgericht vorbehalten, Art. 52 württemb. AG. z. BGB.

[2]) Ueber die Zulässigkeit dieses Verhaltens der mecklenburgischen Gesetzgebung vgl. einerseits Weißler, DJZ. 1899, 378, andererseits Peck, DJZ. 1899, 419 und Schultze-Görlitz, Kommentar zum RFG. S. 373**).

[3]) Schulze, Hausgesetze der regierenden deutschen Fürstenhäuser, III, 617

Fürstenhäuser sind die Civilsenate der Oberlandesgerichte die Obervormundschaftsbehörde, bezüglich der letztgenannten Fürstenhäuser jedoch nur in dem durch die Hausgesetze bezeichneten Umfange.[1])

An die Stelle des Amtsrichters tritt unter gewissen Voraussetzungen der aus dem französischen Rechte herübergenommene Familienrath. Die bezüglichen Bestimmungen des geltenden Rechts (§§ 1858ff. BGB.) schließen sich eng an die §§ 71ff. der preuß. VormOrdn. an. Der Familienrath wird danach eingesetzt, wenn es der Vater oder die eheliche Mutter des Mündels letztwillig angeordnet hat, außerdem auch nach dem Ermessen des Vormundschaftsgerichtes auf den Antrag eines Mündelverwandten, des Vormunds oder Gegenvormunds. Der Familienrath besteht aus dem Amtsrichter als Vorsitzenden und 2—6 Mitgliedern. Die Leitung der Geschäfte verbleibt in der Hand des Vorsitzenden; derselbe kann auch gegen pflichtwidrig handelnde Mitglieder mit Ordnungsstrafen vorgehen. Die Entlassung eines Mitgliedes wider dessen Willen kann jedoch nur durch das dem Vormundschaftsgericht im Instanzenzuge vorgeordnete Gericht, also durch das Landgericht[2]) ausgesprochen werden, § 1878 Abs. 2 BGB. — die einzige Angelegenheit, in welcher auf Grund des Reichsrechtes das Landgericht die ordentliche[3]) erste Instanz bildet.

II. Die örtliche Zuständigkeit wird in den §§ 36 bis 45 RFG. für die einzelnen vormundschaftsrichterlichen Angelegenheiten durch Sonderregeln festgestellt. Will man letzteren einen allgemeinen Gesichtspunkt entnehmen, so würde derselbe dahin zu bestimmen sein, daß die örtliche Zuständigkeit des Vormundschaftsgerichts durch den inländischen Wohn-

[1]) Siehe oben S 30, besonders Anm. 1.

[2]) Partikularrechtlich durch das Amtsgericht, wenn dieses zu der dem „Vormundschaftsgericht" vorgeordneten Instanz erklärt worden ist, § 194 Abs 2 Satz 2 RFG., so z. B. in Württemberg, württemberg AG. z BGB. Art. 58.

[3]) Im Falle des § 143 RFG. ist die Zuständigkeit des Landgerichts außerordentlicher Natur, unten S. 157

sitz, in dessen Ermangelung durch den inländischen Aufenthaltsort und, wenn auch dieser fehlt, bei Deutschen durch den **letzten inländischen Wohnsitz des Schutzbedürftigen** begründet wird.

So verhält es sich im wesentlichen bei den Vormundschaften im engeren Sinne (§ 36 RFG.), bei den Pflegschaften über Personen, die unter elterlicher Gewalt stehen (§ 37 RFG.) sowie bei denen über Gebrechliche und Abwesende (§§ 38, 39 RFG.), endlich bei solchen Verrichtungen des Vormundschaftsgerichtes, die nicht eine Vormundschaft oder Pflegschaft oder eheliche Verhältnisse (oben S. 92 unter c) betreffen (§§ 43, 45 RFG). Die Vormundschaft über die Findelkinder wird bei dem Gerichte des Ortes geführt, wo das Kind gefunden ist (§ 36 Abs. 3 RFG.), die Pflegschaft über ein sogen. Sammelvermögen bei dem Gerichte des Ortes, an welchem das Vermögen bisher verwaltet wurde, § 42 RFG. In den der Entscheidung des Vormundschaftsrichters unterliegenden Streitigkeiten zwischen Ehegatten ist (entsprechend dem § 606 CPO.) grundsätzlich das Gericht, in dessen Bezirk der Ehemann seinen (inländischen) Wohnsitz oder in Ermangelung desselben seinen Aufenthalt hat, örtlich zuständig, § 45 RFG. Wegen der Einzelheiten wird auf das Gesetz verwiesen.

Alle im Vorstehenden genannten Gerichtsstände sind ausschließlich. Ein konkurrirender Gerichtsstand ist nur in den Fällen vorhanden, wo das Vormundschaftsgericht wegen Verhinderung des Vormunds, Pflegers oder Inhabers der elterlichen Gewalt im Interesse der schutzbedürftigen Person vorläufige Maßregeln zu treffen hat (§§ 1665, 1846 BGB., Art. 23 Abs. 2 EG. z. BGB.). Hier ist neben dem Gericht, bei welchem eine Vormundschaft, Pflegschaft oder Beistandschaft bezüglich des Schutzbedürftigen anhängig ist, zur Vermeidung von Verzögerungen auch das Gericht für zuständig erklärt, in dessen Bezirk das Bedürfniß der Fürsorge hervortritt; doch hat dasselbe dem anderen zuständigen Gerichte von den angeordneten vorläufigen Maßregeln Mittheilung zu machen, §§ 43 Abs. 2, 44 RFG.

Im internationalen formellen Vormundschaftsrecht hat jetzt der deutsche Richter im allgemeinen das Nationalitäts-

prinzip zur Anwendung zu bringen, grundsätzlich hat er also wohl über Deutsche, die im Auslande wohnen, nicht aber über Ausländer, die im Deutschen Reiche wohnen, die Vormundschaft einzuleiten. Doch erleidet dieser Satz tiefgreifende Ausnahmen.

a) Steht nämlich ein Deutscher, der im Auslande seinen Wohnsitz oder Aufenthalt hat, dort bereits unter einer Vormundschaft oder Pflegschaft, so kann der deutsche Richter von der Einleitung einer solchen absehen, wenn dies im Interesse des Mündels oder Pfleglings liegt, § 47 Abs. 1 RFG.

b) Uebernimmt bezüglich eines im Deutschen Reich wohnenden Ausländers der Staat, dem letzterer angehört, die Fürsorge nicht, so kann hier eine Vormundschaft oder Pflegschaft über den Ausländer eingeleitet werden, wenn er nach den Gesetzen des fremden Staates der Fürsorge bedarf oder wenn er im Deutschen Reich entmündigt ist, Art. 23 Abs. 1 EG. z. BGB.

III. Die Abgabe einer Vormundschaft (d. h. einer einzelnen „Vormundschaftssache") von dem an sich zuständigen an ein anderes Gericht ist zulässig, wenn wichtige Gründe dafür vorliegen[1]) und das andere Gericht sich zur Uebernahme der Vormundschaft bereit erklärt; ist bereits ein Vormund bestellt, so ist auch dessen Zustimmung erforderlich. Bei Meinungsverschiedenheiten trifft das für die beiden Behörden in Frage kommende „gemeinschaftliche obere Gericht"[2]) unanfechtbare Entscheidung (§ 46 RFG.), doch besteht keine Pflicht zur Abgabe; die einmal begründete Zuständigkeit wird vielmehr durch eine später in den Verhältnissen der Betheiligten eintretende Veränderung nicht berührt.

---

[1]) Die Uebersiedelung des Mündels in einen anderen Gerichtsbezirk allein wird in der Praxis nicht als wichtiger Grund erachtet, OLG. Jena in „Entscheidungen der Oberlandesgerichte", 1900, 120.

[2]) Im Sinne des oben S. 31 Ausgeführten, vgl. die daselbst Anm. 4 zitirten Entscheidungen.

§ 28.

Geschäftsführung des Vormundschaftsgerichts.

I. Die eigentlichen Vormundschaftssachen. Das Vormundschaftsgericht hat den Vormund (Gegenvormund, Pfleger) nicht nur zu verpflichten und ihm eine Bestallung zu ertheilen, sondern über seine gesammte Thätigkeit die Aufsicht zu führen und gegen Pflichtwidrigkeiten durch geeignete Gebote und Verbote einzuschreiten (§ 1837 BGB.), dagegen ist es nicht befugt, in Fällen, wo der Vormund in den Grenzen des objektiven Rechts und nach bestem Wissen und Gewissen handelt, ihn zu anderweitigem Verhalten anzuweisen, noch weniger darf es selbst Geschäfte der vormundschaftlichen Verwaltung vornehmen.[1]) Das thatsächliche Material zur fortlaufenden Kontrolle des Vormunds verschafft sich der Richter durch das vom Vormund einzureichende Vermögensverzeichniß (§ 1802 BGB.), durch periodische, das Ergehen und die sonstigen Verhältnisse des Mündels betreffende Berichte, die das Gericht von dem Vormund erfordern kann (§ 1839 BGB.), und vor allem durch die von dem letzteren jährlich (ausnahmsweise seltener, mindestens aber alle drei Jahre) zu legende Verwaltungsrechnung (§ 1840 BGB.). Die Formen, in denen der Vormundschaftsrichter eine positive Thätigkeit entwickelt, bestehen hauptsächlich in der Berathung des Vormunds, in dem Erlaß von Anweisungen an ihn, (die sich jedoch in den oben angegebenen Grenzen halten müssen), und in der Ertheilung oder Verweigerung der erforderlichen Genehmigung zur Anlage der Mündelgelder und zum Abschlusse gewisser Rechtsgeschäfte (§§ 1810 f., 1818 ff. BGB.). Das Gericht kann den Vormund zur Befolgung der ertheilten Anweisungen durch Ordnungsstrafen zwingen, § 1837 Abs. 2 BGB.[2]) Es kann ihn ferner aus besonderen Gründen dazu anhalten,

[1]) Reichstagsdenkschrift zum BGB S 234.

[2]) Ueber die Frage, ob auch unmittelbarer Zwang gegen den Vormund zulässig ist, vgl. oben S 79.

für das der vormundschaftlichen Verwaltung unterliegende Vermögen Sicherheit zu leisten (§ 1844 BGB.) und sogar von Amtswegen durch den Grundbuchrichter eine Sicherungshypothek auf einem Grundstück des Vormunds eintragen lassen, § 54 RFG. Immerhin ist der Vormund vorher regelmäßig zu hören (§ 54 RFG.), auch kann er der Sicherheitsleistung dadurch entgehen, daß er die Uebernahme oder Fortführung der Vormundschaft ablehnt, §§ 1786 Ziff. 6, 1889 BGB. Für die Entlassung des Vormundes (im Gegensatz zu der eines Familienrathsmitgliedes, oben S. 94), ist das Vormundschaftsgericht selbst zuständig.

Der Richter soll, bevor er eine Entscheidung trifft, auf Antrag des Vormundes oder Gegenvormundes, in wichtigen Sachen auch ohne solchen Antrag Verwandte oder Verschwägerte des Mündels als Auskunftspersonen[1]) hören, wenn es ohne erhebliche Verzögerung und ohne verhältnißmäßige Kosten geschehen kann, § 1847 BGB. In gewissen Angelegenheiten, z. B. wenn es sich um die Genehmigung eines Lehr- oder Dienstvertrages handelt, soll das Mündel selbst gehört werden, § 1827 BGB.

Der Gemeinde eine Mitwirkung an der Handhabung der Obervormundschaft zu sichern und das Vormundschaftsgericht zu unterstützen, ist der Zweck des aus der preußischen Vormundschaftsordnung übernommenen Gemeindewaisenraths. Dieser hat dem Gericht solche Personen zu bezeichnen, welche sich im einzelnen Falle zum Vormund, Pfleger u. dgl. eignen, er hat aber auch darüber zu wachen, daß die Vormünder ihren Pflichten, besonders was die Erziehung und körperliche Pflege der Mündel anlangt, nachkommen, und hat sich zu diesem Zwecke namentlich auch persönlich von dem Ergehen der Mündel zu überzeugen; über bemerkte Mißstände muß er dem Vormundschaftsgericht Anzeige erstatten, §§ 1849 ff. BGB.[2]).

[1]) Oben S. 56.

[2]) Fuhrmann, Die Geschäftsführung des Gemeindewaisenraths; v. Treskow, Der Gemeindewaisenrath; Baum, Die Pflichten des Waisenraths; Weißweiler, Leitfaden für preußische Gemeindewaisenräthe.

Die Waisenräthe werden von den Gemeinden bestellt. Frauen können das Amt nicht bekleiden, doch können in den meisten Bundesstaaten, u. A. in Preußen (Art. 77 § 2 AG z. BGB.), Frauen, die hierzu bereit sind, widerruflich als Waisenpflegerinnen bestellt werden. Die Waisenpflegerinnen haben unter Leitung des Gemeindewaisenraths bei der Beaufsichtigung der im Kindesalter stehenden Mündel und bei der Ueberwachung weiblicher Mündel mitzuwirken.

Die Gemeindewaisenräthe, Gerichte und Standesbeamten sind verpflichtet, der Vormundschaftsbehörde von Fällen, in denen die Einleitung einer Vormundschaft nothwendig wird, Nachricht zu geben, vgl. §§ 48—50 RFG. Freilich kommt es trotz dieser, auch dem älteren Rechte (§ 16 preuß. VormOrdn.) wohlbekannten Vorschrift vor, daß Minderjährige, die nicht unter elterlicher Gewalt stehen, ohne Vormund bleiben.

II. Gegenüber dem Träger der elterlichen Gewalt findet eine dauernde Aufsicht des Vormundschaftsgerichts nicht statt, dasselbe tritt hier vielmehr nur ausnahmsweise bei besonderen gesetzlich genau umschriebenen Gelegenheiten in Thätigkeit. Es kann dieserhalb (und noch mehr bezüglich der eherechtlichen Aufgaben des Vormundschaftsrichters) auf die S. 92 angeführten Beispiele und Gesetzesstellen verwiesen werden.

Zur Verhängung von Ordnungsstrafen und anderen Zwangsmitteln gegen den Inhaber der elterlichen Gewalt (z. B. um ihn nach dem Tode des anderen Elterntheiles zur Inventarisirung des Kindesvermögens anzuhalten, § 1640 BGB.), erscheint der Richter zwar nicht nach dem BGB. oder RFG., aber doch nach den Art. 15—17 PrFG. befugt. Nur eine Sicherheitsleistung darf durch keine andere Maßregel als durch Entziehung der Vermögensverwaltung erzwungen werden, § 1670 Satz 2 BGB; durch diese positiv ausgesprochene Ausnahme wird die entgegengesetzte Regel bestätigt.[1])

[1]) Siehe Planck, Kommentar zum BGB IV, 380, auch Begr. S. 16. Abw jedoch — wenigstens für das Vermögensrecht – KG. in „Entsch. für Angeleg. der fr. G" 1900, 91.

Der Gemeindewaisenrath hat nicht etwa die in seinem Bezirk wohnhaften Eltern ständig zu kontrolliren, wohl aber dem Vormundschaftsgericht Anzeige zu machen, wenn gelegentlich ein Fall zu seiner Kenntniß gelangt, in welchem das Gericht zum Einschreiten gegen Eltern berufen ist, § 1675 BGB.

§ 29.

Beschwerde gegen vormundschaftsrichterliche Verfügungen.[1])

Die allgemeinen Grundsätze über die Beschwerde (oben §§ 19—21) gelten an sich auch in Vormundschaftssachen, erleiden hier jedoch nach mehreren Richtungen hin Modifikationen:

a) In Bezug auf die sachlichen Erfordernisse der Beschwerde. In Vormundschaftssachen sind nämlich nicht nur Diejenigen, deren Rechte durch die angefochtene Verfügung beeinträchtigt sind, sondern auch gewisse im § 57 RFG. bezeichnete Personen, die nur ein Interesse an der Abänderung der Verfügung besitzen, zur Einlegung der Beschwerde (mit Einschluß der sofortigen) legitimirt, so z. B. Verwandte und Verschwägerte eines Kindes, wenn das Gericht es ablehnt, in den Fällen der §§ 1665—1667 BGB. eine der im Interesse des Kindes erforderlichen Maßregeln, z. B. die Unterbringung in einer Erziehungsanstalt, zu beschließen, oder wenn es eine solche Maßregel aufhebt, § 57 Ziff. 8 RFG.; gegen eine die persönlichen (im Gegensatze zu den vermögensrechtlichen) Verhältnisse berührende Entscheidung, sofern sie nicht der sofortigen Beschwerde unterliegt, kann sogar Jeder mit der Beschwerde angehen, der ein berechtigtes Interesse daran hat, die betreffende Angelegenheit wahrzunehmen, § 57 Ziff. 9 RFG. Diese Bestimmung schließt sich an die frühere Praxis des Kammergerichts[2]) an und wird namentlich unter Umständen zu Gunsten von Geistlichen, Gemeindewaisenräthen u. s. w. Anwendung zu finden haben.[3])

---

[1]) Schultzenstein ZfCP. 25 189 ff.
[2]) Oben S. 61.
[3]) Reichstags-Kommissionsbericht zum RFG. S. 1353.

b) Die persönlichen Erfordernisse der Beschwerdeeinlegung weichen in Vormundschaftssachen von den allgemeinen Grundsätzen insofern ab, als Kinder unter elterlicher Gewalt, Mündel und Pfleglinge, falls sie das vierzehnte Lebensjahr vollendet haben und nicht geschäftsunfähig sind, in allen Angelegenheiten, die ihre Person betreffen oder in denen sie vom Vormundschaftsgericht vor Erlaß der Entscheidung gehört werden sollen (wie z. B. bei der Genehmigung von Lehr- oder Dienstverträgen, § 1827 BGB.), zur selbstständigen Ausübung des Beschwerderechtes befugt sind, § 59 RFG.

Verwalten mehrere Vormünder oder Pfleger das Amt gemeinschaftlich, so ist jeder von ihnen für sich beschwerdeberechtigt, § 58 RFG.

c) Die sofortige Beschwerde findet in Vormundschaftssachen gegen eine größere Reihe besonders wichtiger Verfügungen statt, § 60 RFG.

§ 60 RFG. nennt hier namentlich unter Ziff. 6 die Verfügungen, die „erst mit der Rechtskraft wirksam werden". Hierin liegt eine Umkehrung des logischen Sachverhältnisses, da jene Verfügungen erst dadurch, daß sie der sofortigen Beschwerde unterliegen, der Rechtskraft fähig werden (oben § 20). Zu ihnen gehört z. B. die Volljährigkeitserklärung.

Alle vorstehenden Besonderheiten gelten entsprechend auch für die weitere Beschwerde, § 63 RFG.

§ 30.

Zwangserziehung.[1]

Schon nach den §§ 90, 91 ALR. II, 2 konnte Eltern, die ihre Kinder grausam mißhandelten, zum Bösen verleiteten oder ihnen den nothdürftigen Unterhalt versagten, durch den Vormundschaftsrichter die Erziehung genommen und auf ihre Kosten „anderen zuverlässigen Personen" anvertraut

[1]) Winter im Centralblatt für fr. G. 1900, 33.

werden. Allein mit dieser Vorschrift ließ sich nichts erreichen, wenn die Eltern — wie meist in den hier fraglichen Fällen — unvermögend waren und daher die Kosten nicht tragen konnten. Ganz ähnlich verhält es sich mit den §§ 1666, 1838 BGB., nach denen das Vormundschaftsgericht zum Zwecke der Erziehung die Unterbringung einer minderjährigen Person in einer geeigneten Familie oder Anstalt (die eines in elterlicher Gewalt stehenden Kindes nur unter den näheren Voraussetzungen des § 1666 BGB.),[1] anordnen kann; denn eine solche Unterbringung ist nur möglich, wenn ihre Kosten aus dem Vermögen des Minderjährigen oder allenfalls durch Heranziehung der unterhaltspflichtigen Verwandten gedeckt werden können.

Hier greift nun die Zwangserziehung ein, d. h. die kraft staatlichen Gebots eintretende Erziehung auf öffentliche Kosten und unter öffentlicher Aufsicht.[2] Sie ist an die Stelle jener bis in den Beginn der Neuzeit zurückreichenden Bestrebungen getreten, welche zunächst auf der Grundlage der Freiwilligkeit und der Nächstenliebe der Verwahrlosung jugendlicher Personen durch „Rettungshäuser" entgegenzuwirken versuchten, und wird namentlich in England, wo sie aus der Armenrechtsgesetzgebung hervorgewachsen ist,[3] seit längerer Zeit in ausgedehntem Maßstabe zur Anwendung gebracht. In das gemeine deutsche Recht ist sie durch § 56 StrGB. eingeführt, auf Grund dessen der Strafrichter einen im Alter zwischen 12 und 18 Jahren stehenden Angeklagten, wenn derselbe freigesprochen wird, weil er die zur Erkenntniß der Strafbarkeit der Handlung erforderliche Einsicht nicht besessen hat, einer Erziehungs- oder Besserungsanstalt überweisen kann. Dem § 56 StrGB. wurde durch die

---

[1]) § 1666 BGB.: „Wird das geistige oder leibliche Wohl des Kindes dadurch gefährdet, daß der Vater das Recht der Sorge für die Person des Kindes mißbraucht, das Kind vernachlässigt oder sich eines ehrlosen oder unsittlichen Verhaltens schuldig macht. . . "

[2]) § 2 des preuß. Ges. vom 2. Juli 1900, vgl. auch § 1 des Entwurfs zu demselben.

[3]) Lenz, Zwangserziehung in England, besonders S. 20ff.

Strafgesetznovelle vom 26. Febr. 1876 § 55 Abs. 2 StrGB. (jetzt geändert durch Art. 34 Ziff. II EG. z. BGB.) hinzugesellt, in dessen Ausführung neben anderen Bundesstaaten Preußen ein Gesetz (vom 13. März 1878) betr. die Erziehung verwahrloster Kinder erlassen hat. Hiernach kann durch den Vormundschaftsrichter gegen Kinder zwischen 6 und 12 Jahren die Zwangserziehung verhängt werden, wenn sie sich einer objektiv strafbaren Handlung schuldig gemacht haben. Diese Regelung hat sich als unzureichend erwiesen. Es war grundsätzlich verfehlt, die Zulässigkeit der Zwangserziehung von der bereits erfolgten Begehung einer strafbaren Handlung abhängig zu machen, statt den Zögling durch rechtzeitige Unterdrückung der verbrecherischen Triebe vor einer Uebertretung der Strafgesetze zu bewahren; weiter aber konnte auf jugendliche Missethäter im Alter zwischen 12 und 18 Jahren, wenn der Strafrichter zu ihrer Verurtheilung gelangte, weder § 55 Abs. 2 StrGB. nebst dem partikularen Zwangserziehungsrecht noch § 56 StrGB. angewendet werden; hatte also der Verurtheilte die ihm etwa zuerkannte Freiheitsstrafe abgebüßt, so konnte zu seiner ferneren Besserung und Erziehung nichts geschehen, sondern er mußte seinem Schicksal überlassen werden. Die Unzulänglichkeit dieses Rechtszustandes findet darin ihren Ausdruck, daß die Zahl der wegen Vergehen und Verbrechen gegen die Reichsgesetze jährlich verurtheilten jugendlichen Personen in den Jahren 1882 bis 1897 von 30 697 auf 45 327, d. h. um 47,3 Proz. stieg.[1])

Den äußeren Anstoß zu einer Reform des Zwangserziehungswesens gab die Einführung des neuen bürgerlichen Rechts. Art. 135 EG. z. BGB. überläßt die Zwangserziehung zwar den Landesgesetzen, übrigens mit gewissen Einschränkungen, (insbesondere darf sie — abgesehen von dem Falle des § 56 StrGB. — nur vom Vormundschaftsgericht angeordnet werden), dagegen sind demnächst die meisten

[1]) Begr. zum Entwurf des preuß. Ges. vom 2. Juli 1900 in den Drucksachen des Herrenhauses Session 1900, Anl. S. 28.

Bundesstaaten zu dem Erlaß einschlägiger Gesetze geschritten. In Preußen ist vom 1. April 1901 an das Gesetz vom 2. Juli 1900 über die **Fürsorgeerziehung** Minderjähriger maßgebend.

Der auf den Beschlüssen des Abgeordnetenhauses beruhende Ausdruck „Fürsorgeerziehung" ist von „Zwangserziehung" sachlich nicht verschieden, wohl aber in sprachlicher und logischer Hinsicht bedenklich.[1]) Jedenfalls muß es schon mit Rücksicht auf die Fassung des Art. 135 EG z. BGB. als statthaft angesehen werden, auch fernerhin in der preußischen Rechtssprache die Bezeichnung „Zwangserziehung" neben „Fürsorgeerziehung" zu verwenden.

Nach preußischem Recht kann ein Minderjähriger, welcher das achtzehnte Lebensjahr noch nicht vollendet hat, der Fürsorgeerziehung überwiesen werden

1. wenn die Voraussetzungen des § 1666 oder des § 1838 BGB. (oben S. 102) vorliegen **und außerdem** die Fürsorgeerziehung erforderlich ist, um die Verwahrlosung des Minderjährigen zu verhüten;

2 wenn der Minderjährige eine objektiv strafbare, aber wegen seiner Jugend ihm nicht anzurechnende Handlung begangen hat und die Fürsorgeerziehung nach den Umständen zur Verhütung weiterer sittlicher Verwahrlosung des Minderjährigen erforderlich ist;

3. allgemein, wenn die Fürsorgeerziehung wegen Unzulänglichkeit der erziehlichen Einwirkung der Eltern oder sonstigen Erzieher oder der Schule zur Verhütung **des völligen sittlichen Verderbens** des Minderjährigen nothwendig ist, § 1 Ges.

Das Vorhandensein dieser Voraussetzungen hat das Vormundschaftsgericht geeignetenfalls durch Beschluß festzustellen und in diesem Falle zugleich die Unterbringung anzuordnen, § 3 Ges.

---

[1]) Vgl. Kommissionsbericht des Abgeordnetenhauses zu dem Gesetz vom 2. Juli 1900, S. 5.

Die Einleitung der Zwangserziehung gehört zu den „landesrechtlichen" Angelegenheiten der fr. G Denn Art. 135 EG. z. BGB. überträgt nicht etwa jene Aufgabe selbst den Gerichten, sondern verpflichtet nur die Landesgesetzgebung zu solcher Uebertragung für den Fall der Regelung des Zwangserziehungswesens. Es folgt daher aus der Natur der Sache, ist aber auch im § 7 Ges. vom 2. Juli 1900 ausdrücklich bestimmt, daß auf das Verfahren vor dem Vormundschaftsgericht die allgemeinen Vorschriften für landesrechtliche Angelegenheiten der fr G. Anwendung finden. Besonderheiten gelten namentlich in folgenden Punkten: Die Verwaltungsbehörden sind verpflichtet, geeignetenfalls den Anstoß zur Einleitung der Zwangserziehung zu geben. Vor der Beschlußfassung soll das Gericht thunlichst die Eltern (oder den sonstigen gesetzlichen Vertreter des Minderjährigen) und in allen Fällen den Gemeindevorstand, Seelsorger und Lehrer hören. Gegen den Beschluß findet die sofortige Beschwerde mit aufschiebender Wirkung statt. Eltern und gesetzliche Vertreter, deren Anhörung nicht hat stattfinden können, sind berechtigt, die Wiederaufnahme des Verfahrens zu verlangen. Bei Gefahr im Verzuge kann der Richter die vorläufige Unterbringung des Minderjährigen anordnen, §§ 4—6 des Ges vom 2. Juli 1900.

Die Durchführung der Zwangserziehung liegt den Provinzen, gebietsweise auch anderen Kommunalverbänden ob (§ 14 Ges.), und ist hier nicht weiter zu verfolgen. Sie endigt mit der Minderjährigkeit, früher nur auf Beschluß des Kommunalverbandes. Lehnt dieser einen auf Herbeiführung des Beschlusses gerichteten Antrag ab, so kann der Antragsteller binnen 2 Wochen die Entscheidung des Vormundschaftsgerichtes anrufen. Gegen dessen Beschluß findet die Beschwerde statt, § 13 Ges. vom 2. Juli 1900.

Zweites Kapitel.

§ 31.

Personenstandssachen,[1]) Annahme an Kindesstatt.

I. Vor der Einführung der Civilstandsregister, welche für Preußen durch das Gesetz vom 9. März 1874, für das Reich durch das Gesetz vom 6. Febr. 1875 erfolgte, bestanden in Preußen für Juden und Angehörige anderer Religionsgesellschaften, deren Geistliche zur Vornahme civilrechtlich gültiger Trauungen nicht befugt waren, Geburts-, Heiraths- und Sterberegister, welche von den Gerichten geführt wurden; im übrigen waren Kirchenbücher im Gebrauch.[2]) Das Reichsgesetz vom 6. Febr. 1875, welches abgesehen von seinen durch das BGB. beseitigten eherechtlichen Normen noch im wesentlichen unverändert in Geltung steht, kennt dagegen besondere Standesbeamte, welche mit der Führung der Standesregister betraut sind. Daneben sind jedoch den Gerichten, und zwar gemäß § 69 RFG. den Amtsgerichten (früher waren in Preußen und anderen Staaten die Landgerichte zuständig)[3]) gewisse Verrichtungen in Personenstandssachen verblieben.

a) Die Berichtigung einer standesregisterlichen Eintragung kann nur auf Grund gerichtlicher Anordnung erfolgen, § 65 Ges. vom 6. Febr. 1875. Wird ein Antrag auf Berichtigung gestellt, so hat die mit der Aufsicht über das Standesamt betraute Verwaltungsbehörde die erforderlichen Ermittelungen anzustellen und sie demnächst dem Amtsgerichte

---

[1]) Radlauer, Juristische Monatsschrift für Posen, West- und Ostpreußen 1900, 2.

[2]) Vgl. §§ 481 ff. ALR. II, 11; Richter, Lehrbuch des kath. und evang. Kirchenrechts, herausgegeben von Dove und Kahl, 1886, S. 1222 ff.

[3]) Vgl. die Bekanntmachung der Minister der Justiz und des Innern vom 1. Juli 1879 (JMBl. 154). Die „Nebenregister" — siehe oben zu c — wurden, wie dieselbe Bekanntmachung ergiebt, größtentheils schon früher bei den Amtsgerichten geführt.

vorzulegen. Dieses kann noch weitere thatsächliche Aufklärungen veranlassen und geeignetenfalls den Antragsteller auf den Prozeßweg, also auf die Erhebung einer Feststellungsklage verweisen, § 66 Ges. Es kann aber auch sofort die Berichtigung des Registers anordnen. Die Verfügung unterliegt der sofortigen Beschwerde und wird erst mit der Rechtskraft wirksam, § 70 RFG.

b) Lehnt ein Standesbeamter die Vornahme einer Amtshandlung ab, so kann er zu der Vornahme durch das Amtsgericht angewiesen werden, § 11 Abs. 3 Ges. vom 6. Febr. 1875,

c) die „Nebenregister", welche ein Duplikat der Hauptregister darstellen und vorwiegend bestimmt sind, im Falle einer Vernichtung oder eines Verlustes der Hauptregister diese zu ersetzen, werden bei den Amtsgerichten aufbewahrt, § 14 Ges.

d) Nach preußischem Landesrecht sind die Amtsgerichte weiter zuständig:

1. für die Ausstellung von Attesten aus den alten Kirchenbüchern, soweit sie bei den Gerichten aufbewahrt werden, und den älteren Geburts-, Heiraths- und Sterberegistern;[1]

2. ausnahmsweise nach Art. 68 AG z. BGB. an Stelle des Standesbeamten für die Entgegennahme und öffentliche Beglaubigung

α) einer Erklärung, durch welche der von einer geschiedenen Ehefrau zu führende Name bestimmt wird (§ 1577 Abs. 2, 3 BGB.) — wenn die Ehe nicht vor einem preußischen Standesbeamten geschlossen worden ist;

β) einer Erklärung, durch welche der Ehemann der Mutter eines unehelichen Kindes letzterem seinen Namen beilegt (§ 1706 Abs. 2 Satz 2 BGB.) — wenn die Geburt des Kindes nicht in einem preußischen Standesregister eingetragen ist; doch ist auch in diesem Falle der (preußische) Standesbeamte dann zuständig, wenn

---

[1]) Vgl. VO. vom 30. März 1847 (GS S 125), Ges. vom 23. Juli 1847, §§ 8 ff.; Preuß. Ges. vom 9. März 1874, § 53; § 73 RGes. vom 6. Febr. 1875; Begr. S. 4. Für das Gebiet des rheinischen Rechts vgl. noch Art. 133 PrFG und dazu Begr. S. 87.

die Ehe vor ihm eingegangen und hierbei die Namensertheilung erklärt wird.

e) In diesem Zusammenhange ist auch zu erwähnen, daß es in Preußen den Amtsgerichten obliegt, einer Wittwe oder geschiedenen Frau, welche sich wieder verheirathen will, Befreiung von der zehnmonatlichen Wartefrist (§ 1313 BGB.) zu bewilligen.[1])

II. Schon nach ältestem römischen Recht bedurfte die Arrogation, d. h. die Adoption eines Gewaltfreien, und vielleicht auch die Adoption einer unter fremder Gewalt stehenden Person (adoptio im engeren Sinne) der Zustimmung der durch die Kuriatkomitien vertretenen Gesammtheit.[2]) Statt dessen wurde jedoch in der Kaiserzeit für die adoptio in engerem Sinne die (aus der legis actio hervorgegangene) Vollziehung vor dem Magistrat und für die arrogatio kaiserliche Genehmigung (rescriptum principis)[3]) erfordert. Im älteren deutschen Rechte konnten gewisse mit der Adoption verwandte erbrechtliche Geschäfte, wie die fränkische affatomie, welche die Schaffung eines Leibeserben bezweckte, ursprünglich nur mit Zustimmung der Gerichtsgemeinde oder des Königs vollzogen werden.[4]) Dem gemeinen Recht liegt das römische zu Grunde, doch erfuhr letzteres in den einzelnen Gebietstheilen eine sehr verschiedene Ausbildung.[5]) Vielfach verschmolz man arrogatio und adoptio und machte beide von obrigkeitlicher — bald landesherrlicher, bald gerichtlicher — Bestätigung abhängig. Auf diesem Boden stehen auch die großen partikularrechtlichen Codifikationen, von denen namentlich das ALR. (II, 2, § 667) und der Code civil (Art. 354) richterliche Bestätigung (homologation) verlangen.

[1]) § 1322 BGB., Kgl. VO. vom 16. Nov. 1899 (GS. S. 562). Ueber die Vorbereitung justizministerieller Dispensationen durch die Gerichte oben S. 4.

[2]) Sohm, Institutionen des römischen Rechts, 5. Aufl., S. 374.

[3]) l. 6 C. de adoptionibus 8, 47.

[4]) Heusler, Institutionen des deutschen Privatrechts II, 621 ff.

[5]) Stölzel in Gruchots Beiträgen 23, 328.

Auch nach § 1741 BGB. bedarf der Adoptionsvertrag der gerichtlichen Bestätigung (nicht der „Genehmigung“[1]).

Der gesetzliche Vertreter des noch nicht 14 Jahre alten Kindes und der in der Geschäftsfähigkeit beschränkte Annehmende bedürfen allerdings außerdem zur Eingehung des Adoptivvertrages der Genehmigung des Vormundschaftsgerichtes, §§ 1750, 1751 BGB.

Zuständig ist das Amtsgericht, in dessen Bezirk der Annehmende seinen Wohnsitz oder in Ermangelung eines inländischen Wohnsitzes seinen Aufenthalt hat (§ 66 Abs. 1 RFG., wegen der im Auslande wohnenden Deutschen vgl. § 66 Abs. 2 RFG.). Der Bestätigungsbeschluß tritt mit der Bekanntmachung an den Annehmenden in Wirksamkeit, er ist aus naheliegenden Gründen unabänderlich und unterliegt nicht der Beschwerde. Wird dagegen die Bestätigung versagt, so findet die sofortige Beschwerde statt, §§ 67, 68 RFG.

Zu unterscheiden von der Bestätigung ist die Beurkundung des Annahmevertrages, welche gerichtlich oder notariell erfolgen muß, § 1750 BGB. Erst wenn die Willenseinigung der betheiligten Privatpersonen beurkundet ist (wobei die unten im § 47 entwickelten Regeln über die Beurkundung von Rechtsgeschäften zur Anwendung gelangen), kommt die Bestätigung in Frage. Natürlich können beide Akte von demselben Richter und unmittelbar nacheinander vorgenommen werden.

Das Gesagte gilt in entsprechender Weise für einen Vertrag, welcher das durch die Annahme an Kindesstatt begründete Rechtsverhältniß wieder aufhebt, §§ 1770 BGB., 65 RFG.

---

[1]) Oben S. 49.

Drittes Kapitel.

Nachlaß- (und Theilungs-) Sachen.[1)]

§ 32.

Allgemeines, insbesondere Geschichtliches.[2)]

Die Thätigkeit des Nachlaßgerichtes[3)] ist weniger einheitlich gestaltet als die des Vormundschaftsgerichtes; bei dieser bildet die Obervormundschaft (im engeren Sinne) den Grundstock, an den sich die nur vereinzelten Geschäfte anderer Natur, wie die eherechtlichen, angliedern; auf dem Gebiete des Nachlaßwesens steht sich dagegen eine Reihe gerichtlicher Aufgaben von annähernd gleicher Bedeutung ziemlich unvermittelt[4)] gegenüber.

In Rom übte der Prätor eine Art nachlaßrichterlicher Thätigkeit durch die Setzung von Deliberationsfristen und durch die Testamentseröffnung.

Die Ertheilung der bonorum possessio wird man wohl kaum hierher rechnen können, da sie, wenigstens soweit sie edictalis war, d. h. auf dem edictum perpetuum beruhte, lediglich der Verwirklichung eines wenn auch nicht kraft civilen, so doch kraft prätorischen Rechtes bestehenden Anspruchs diente.

Erwachsen ist das Institut des Nachlaßgerichtes durchaus auf dem Boden des deutschen Rechts. Hier findet sich

---

1) Litteratur: Frese, Sächs Archiv für bürgerliches Recht 8, 12 ff; 9, 1 ff.; Marcus, Das Verfahren des Nachlaßgerichts an Beispielen dargestellt, 1900; Weißler, Das deutsche Nachlaßverfahren, 1900; Märker, Die Nachlaßbehandlung, 16 Aufl., herausgegeben von Köhne und Feist, 1900; Borcherdt, Das Erbrecht und die Nachlaßbehandlung, 1900.

2) Vgl. Chorinsky, Das Notariat und die Verlassenschaftsabhandlung, und dazu die Besprechung von Luschin-Ebengreuth in Grünhuts Zeitschrift für Privat- und öffentliches Recht 4, 782; Dernburg, Preuß. Privatrecht, 4 Aufl., III., S. 623, Anm. 2; Weißler, Reform der vorb. bürgerl. Rechtspflege S 88 ff

3) Ueber den Ausdruck „Nachlaßgericht" oben S. 24.

4) Abgesehen von dem österreichischen Recht, wo alle jene Aufgaben zur „Verlassenschaftsabhandlung" gehören, unten S. 111

namentlich frühzeitig eine fakultative gerichtliche Einweisung des Erben in den Nachlaß, theils zum Zwecke der Kundmachung und obrigkeitlichen Bezeugung des Erbschaftserwerbes, theils um dem Erben den Besitz und damit die für einen Rechtsstreit günstigere Beklagtenstellung zu verschaffen.[1] Vor allem entwickelte sich aus dem Rechte des Richters, Raths u. s. w. auf herrenloses Gut die Regel, daß die anfallsberechtigte Obrigkeit, wenn Jemand ohne „kundige Erben“ verstarb, den Nachlaß an sich nahm; meldete sich nachträglich der rechte Erbe, was meist binnen Jahr und Tag geschehen mußte, so wurde ihm der Nachlaß ausgeantwortet; anderenfalls verfiel dieser der Obrigkeit.[2] In gutsherrlich-bäuerlichen Verhältnissen kommt es vor, daß der Gutsherr den Nachlaß zuvörderst an sich bringt, um sich die ihm für den Erbfall geschuldete Abgabe (mortuarium, Besthaupt u. dgl.) zu sichern.[3] Schon den Charakter obrigkeitlicher Fürsorge trägt dagegen die später auftretende gerichtliche Beschlagnahme einer einem ausländischen Erben zugefallenen Erbschaft zu Gunsten der Nachlaßgläubiger; dem Erben wird der Nachlaß erst ausgehändigt, wenn er für die Bezahlung der Nachlaßschulden Sicherheit geleistet hat. Aus diesen Anfängen bildete sich seit dem siebzehnten Jahrhundert in Oesterreich die reine staatliche, von Amtswegen einzuleitende und durchzuführende Nachlaßregulirung, die sogenannte „Verlassenschaftsabhandlung“ heraus, welche, durch das österreichische bürgerliche Gesetzbuch und durch das Gesetz von 1854 über das Verfahren in Rechtsangelegenheiten außer Streitsachen gemildert, trotz heftiger Angriffe[4]) noch heutigen Tages fortbesteht und ihrer gegenwärtigen Bedeutung nach sich dahin zusammenfassen läßt, daß „in

---

[1]) Vgl. Heusler, Institutionen des deutschen Privatrechts II, 562 ff.

[2]) Kraut, Grundriß des deutschen Privatrechts, 6. Aufl. (herausgegeben von Frensdorf), S. 382, insbesondere Sachsenspiegel I, 28.

[3]) Vgl. z. B. Weißler a. a. O. S. 92, 96.

[4]) Unger, Die Verlassenschaftsabhandlung, 1862.

jedem Todesfalle das Gericht von Amtswegen die Verhältnisse des Toten durch Todfallsaufnahme ermittelt, seinen letzten Willen aufsucht und kundmacht, den Nachlaß unter Umständen sperrt und verzeichnet, die vermuthlichen Erben zur Erbeserklärung auffordert, in einem gewissen Umfange die bei der Erbschaft betheiligten Interessen Dritter schützt und schließlich die Erbschaft den ermittelten Erben einantwortet (Weißler)".[1])

„Einantwortung" (= Ueberantwortung) ist in der österreichischen Rechtssprache der technische Ausdruck für die Herausgabe der Erbschaft an den Erben seitens des Gerichts. Sie bildet den Abschluß der Verlassenschaftsabhandlung. — Die Erbtheilung gehört nach österreichischem Rechte nicht zu den Aufgaben des Gerichts.

Das gemeine Recht machte den Entwickelungsgang des österreichischen nicht mit, sondern verharrte auf dem Standpunkte des älteren deutschen Rechts. Es ließ die gerichtliche Beschlagnahme des Nachlasses nur ausnahmsweise in bestimmten Fällen eintreten, und zwar entweder auf Antrag, insbesondere auf den der Nachlaßgläubiger, wenn sie glaubhaft machten, daß ihnen ohne die Beschlagnahme die Mittel zu ihrer Befriedigung entzogen werden würden, oder von Amtswegen, insbesondere wenn sich unter den Erben Mündel befanden,[2]) in welchem Fall das Gericht auch die Inventur des Nachlasses herbeiführte und die Erbtheilung in die Wege zu leiten pflegte. Die Beschlagnahme erfolgte regelmäßig durch Siegelung (Obsignatur) und Aufnahme eines Verzeichnisses der Nachlaßgegenstände (Inventur).

Während das österreichische System in Süddeutschland vielfach Eingang fand, stehen das preußische[3]) und das geltende Recht im wesentlichen auf dem Boden des gemeinen Rechts.

---

[1]) A. a. O. S. 88.

[2]) Vgl. z. B. Puchta, Handbuch II §§ 222 ff., Claproth, Theoretisch-praktische Rechtswissenschaft S. 218 ff.

[3]) ALR. I, 9, 460 ff., II, 18, 351 ff.; AGO. II, 5, 1 ff.

Ein Theil der einschlägigen Bestimmungen des geltenden Rechts ist im BGB. (und AG z. BGB.) verstreut. Aus dem RFG gehört hierher der „Nachlaß- und Theilungssachen“ überschriebene fünfte Abschnitt, aus dem PrFG. der gleichnamige zweite Abschnitt. Unter „Theilungssachen“ sind die Auseinandersetzungen der an einer Nachlaß- oder gütergemeinschaftlichen Masse (§ 99 RFG.) Betheiligten (also nicht z. B eine theilungshalber veranlaßte freiwillige Versteigerung, vgl. unten § 50) zu verstehen, und zwar ist die Erbesauseinandersetzung zugleich Theilungs- und Nachlaßsache.

Im einzelnen gehören zu den Geschäften des Nachlaßgerichtes:

1. **Die Testamentseröffnung**, unten § 34.

2. **Die Sicherung des Nachlasses** nebst Einleitung und Beaufsichtigung der Nachlaßpflegschaft, unten § 35.

3. **Die Vermittelung und Beurkundung der Erbtheilung**, unten §§ 36, 37.

4. **Die Ertheilung des Erbscheins**, unten § 38.

5. **Die Feststellung des fiskalischen Erbrechts.** Wird nämlich bezüglich eines Nachlasses innerhalb einer den Umständen entsprechenden Frist kein Erbe, insbesondere also kein Verwandter des Erblassers ermittelt, so hat das Nachlaßgericht, welches in solchem Falle schon Maßregeln zur Sicherung des Nachlasses getroffen haben wird (unten § 34), festzustellen, daß ein anderer Erbe als der Fiskus nicht vorhanden sei, § 1964 BGB. Der Feststellung muß, falls nicht die Kosten gegenüber dem Nachlaßwerth unverhältnißmäßig groß sein würden, eine aufgebotsähnliche öffentliche Aufforderung des Nachlaßgerichtes, etwaige Erbrechte in bestimmter Frist anzumelden, vorangehen, § 1965 BGB. Ein Erbrecht bleibt auch bei erfolgter Anmeldung unberücksichtigt, wenn nicht dem Nachlaßgerichte binnen drei Monaten nach dem Ablaufe der Anmeldungsfrist nachgewiesen wird, daß das Erbrecht besteht oder daß es gegen den Fiskus im Wege der Klage geltend gemacht ist, § 1965 Abs. 2 BGB.; wird der Nachweis nicht erbracht, so trifft also das Nachlaßgericht die Feststellung des fiskalischen Erbrechts, antwortet dem Fiskus

den Nachlaß aus u. s. w. Das **materielle** Erbrecht wird jedoch hierdurch nicht beeinträchtigt; die nachlaßrichterliche Feststellung begründet vielmehr nur eine **Vermuthung**, welche zumal im Wege des Rechtsstreits widerlegt werden kann. Eben deshalb steht die Einsicht der Ermittelungen, welche der „Feststellung" vorausgegangen sind, jedem zu, der ein berechtigtes Interesse glaubhaft macht, § 78 RFG.

6. **Die Entgegennahme gewisser erbrechtlichen und verwandten Erklärungen,**

z. B. der Erbschaftsausschlagung § 1945 BGB., der Anfechtung einer letztwilligen Verfügung, § 2081 BGB., vgl. weiter §§ 1342, 1491, 1492, 1597, 1955, 2061, 2146, 2281, 2384 BGB., aus dem Gebicte des Landesrechts Anerbenrechtsgesetz für Renten- und Ansiedelungsgüter vom 8. Juni 1896 § 15, für Westfalen vom 2. Juli 1898 § 19, Art. 46 § 3 Abs. 2 AG. z. BGB., zahlreiche Bestimmungen der Kgl. VO. vom 20. Dezember 1899 betr. den Güterstand bestehender Ehen (GS. S. 177) z. B. Art. 3 §§ 7 Abs. 2, 8 Abs. 2, 9, Art. 4 §§ 4 Abs. 2, 5 Abs. 1, 6, 8 u. s. w.

7. **Die Mitwirkung bei der Testamentsvollstreckung,**

z. B. die Entlassung des Testamentsvollstreckers, vgl. § 2227 BGB., vgl. weiter §§ 2198 f., 2224, 2226 BGB.

8. **Die Setzung gewisser erbrechtlichen Fristen,**

insbesondere der Inventarfrist, § 1994 BGB., vgl. weiter §§ 2151, 2153 ff., 2192 ff. BGB., Art. 46 § 4 AG. z. BGB.

9. Die Abnahme des zur Bestärkung des Nachlaßinventars von dem Erben zu leistenden Eides, §§ 2006 BGB., 79 RFG., vgl. S. 216 dieses Leitfadens, sowie die Einholung der staatlichen Genehmigung für eine letztwillig errichtete Stiftung, § 83 BGB.

Nicht zu den Geschäften des Nachlaßrichters ist das (prozeßrichterliche) Aufgebot der Nachlaßgläubiger (§§ 1970 ff. BGB.), der (konkursrichterliche) Nachlaßkonkurs (§§ 214 ff. KO.) sowie die Errichtung und Aufbewahrung der Testamente (unten S. 189, 117) zu rechnen.

§ 33
Zuständigkeit.

Nachlaßgericht ist grundsätzlich das Amtsgericht, § 72 RFG., doch können nach Art. 147 EG. z. BGB. die Aufgaben des Nachlaßgerichts durch die Landesgesetzgebung ganz oder theilweise anderen als gerichtlichen Behörden übertragen werden. Nach preußischem Recht sind insbesondere in gewissem Umfange die Notare für die Auseinandersetzung (unten § 37), die Dorf- und Ortsgerichte für die Sicherung des Nachlasses (Art. 104, 107, 122 PrFG.) zuständig.

Für das Königliche Haus und die fürstliche Familie Hohenzollern bildet das Hausministerium die Nachlaßbehörde.[1] Hinsichtlich der 1866 entthronten Herrscherfamilien entscheiden in erster Linie die Hausgesetze, eventuell sind die Civilsenate der Oberlandesgerichte Nachlaßbehörde, Art. 137 PrFG. In standesherrlichen Familien erfolgt die Erbtheilung durch das Familienhaupt, die Siegelung zwar durch das Gericht, doch gelten hier besondere örtliche Zuständigkeitsregeln.[2]

Andere Bundesstaaten haben von dem Vorbehalt des Art. 147 EG. z. BGB. einen viel weiter gehenden Gebrauch als Preußen gemacht. In Württemberg bildet die auch für Vormundschaftssachen zuständige, aus dem „Bezirksnotar" und vier Waisenrichtern[3]) bestehende Behörde das „ordentliche Nachlaßgericht", in Baden werden die nachlaßrichterlichen Geschäfte hauptsächlich von den Notaren, in Mecklenburg von den S. 93 bereits als Vormundschaftsgerichten erwähnten Behörden wahrgenommen.

Die örtliche Zuständigkeit in Nachlaßsachen bestimmte das gemeine und preußische Recht[4]) nach dem letzten allgemeinen Gerichtsstande des Erblassers Im Anschluß hieran erklärt § 73 Abs. 1 RFG. den Wohnsitz, in Ermangelung eines inländischen Wohnsitzes den Aufenthalt des Erblassers zur Zeit des Erbfalls für maßgebend.

---

1) Oben S. 30.
2) § 19b der Instruktion vom 30 Mai 1820, oben S. 30.
3) Vgl. S 93, 231
4) Claproth a. a. O. S. 223, § 14 AGO. II, 5.

Hatte ein deutscher Staatsangehöriger bei seinem Tode im Inlande nicht einmal einen „Aufenthalt", so ist das Gericht seines letzten inländischen Wohnsitzes zuständig, § 73 Abs. 2 RFG. Ist für einen Ausländer ein Gerichtsstand nach § 73 Abs. 1 RFG. nicht begründet, so ist jedes Gericht, in dessen Bezirk sich Nachlaßgegenstände befinden, in Ansehung aller im Inlande befindlichen Nachlaßgegenstände zuständig, § 73 Abs. 3 RFG, doch sind hier vielfach Staatsverträge maßgebend.[1])

Zur Sicherung des Nachlasses ist außerdem jedes Amtsgericht, in dessen Bezirk das Bedürfniß der Fürsorge hervortritt, § 74 RFG., ja sogar jedes Dorfgericht, Art. 104 PrFG., berechtigt und verpflichtet, doch ist von den angeordneten Maßregeln dem an sich zuständigen Nachlaßgerichte Mittheilung zu machen, § 74 RFG.

§ 34.

Testamentseröffnung.

Auf Grund der lex Julia vicesimaria de testamentis (über die fünfprozentige Erbschaftssteuer) mußte in Rom nach Eintritt eines Erbfalles jeder, der ein Testament des Erblassers in Händen hatte, dieses im steuerfiskalischen Interesse unverzüglich an den Prätor abliefern; die Unterdrückung oder Beiseiteschaffung des Testaments wurde nach der lex Cornelia de falsis mit Deportation bestraft.[2]) Nach erfolgter Ablieferung des Testaments ging der Prätor mit dessen Eröffnung vor, zu welcher die noch am Leben befindlichen Testamentszeugen behufs Anerkennung ihrer Siegel zugezogen wurden.

Die Eröffnung des Testaments heißt im römischen Recht apertura testamenti, unter publicatio t. versteht man die Kundmachung des letzten Willens, also die Errichtung des Testamentes. Dagegen wird im gemeinen und namentlich im preußischen Recht

---

[1]) Vgl. Weißler, Deutsches Nachlaßverfahren S. 63 ff.

[2]) Tit. testamenta quemadmodum aperiantur Dig. 29, 3, Cod. VI, 32; Paulli sent. IV, 6 § 3; 7 § 3—5; Dernburg, Pandekten (4. Aufl.) Bd. III, 315.

das Wort „Publikation“ im Sinne von „Eröffnung“ des Testamentes gebraucht.

Gemeinrechtlich entwickelte sich mit der Ausbildung des gerichtlichen Testaments die zwar nicht nothwendige, aber doch allgemein übliche gerichtliche Verwahrung der Testamente, welche dem römischen Recht völlig unbekannt geblieben war. Erhielt der Richter Kunde von dem Eintritt eines Erbfalls, so nahm er, und zwar nöthigenfalls von Amtswegen, in einem gehörig bekannt gemachten und für die Interessenten öffentlichen Termin die Eröffnung der in Verwahrung befindlichen letztwilligen Verfügung vor.[1]) Andere Testamente und Kodizille wurden von dem Gericht nur dann eröffnet, wenn sie ihm zu diesem Zwecke freiwillig vorgelegt wurden;[2]) an einem Zwange in dieser Hinsicht bestand mangels einer allgemeinen Erbschaftssteuer nicht überall ein staatliches Interesse, und die Strafen der lex Cornelia wurden nicht mehr zur Anwendung gebracht.

Nach preußischem Recht bedurften alle (ordentlichen) Testamente der gerichtlichen Verwahrung.[3]) Nach eingetretenem Erbfall schritt das Gericht zur Eröffnung, und zwar grundsätzlich auf Antrag; wenn jedoch ein solcher innerhalb von sechs Wochen nach dem Ableben des Testators nicht gestellt wurde, von Amtswegen. Waren seit der Niederlegung der Urkunde 56 Jahre verflossen, ohne daß dem Gericht der Tod des Testators bekannt geworden war, so mußte nunmehr auch ohne dies mit der Eröffnung vorgegangen werden.[4]) Die Frist von 56 Jahren hängt mit der aus der älteren gemeinrechtlichen Doktrin in das ALR. übergegangenen[5]) Todespräsumtion für Siebzigjährige („unser Leben währet siebenzig Jahre“) zusammen; denn da man nach ALR. ein Testament

---

[1]) Claproth a. a. O. S. 204; Puchta a. a. O. II, §§ 211 ff.

[2]) Puchta a. a. O. II, § 213.

[3]) § 8 AGO. II, 4.

[4]) KabO. vom 22. Mai 1842, GS. S. 201.

[5]) § 38 ALR. I, 1.

frühestens mit 14 Jahren errichten konnte,[1]) so mußte der Testator nach Ablauf der 56 Jahre mindestens 70 Jahre alt sein.

Nach dem BGB. sollen gerichtliche und notarielle und können auf Antrag private holographische (§ 2231 Ziff. 2 BGB.) Testamente in besondere amtliche Verwahrung genommen werden; der Erblasser erhält darüber einen Hinterlegungsschein, §§ 2246, 2248 BGB. In Preußen (Art. 81 AG. z. BGB.), Baden, Hessen, Sachsen erfolgt die Verwahrung bei den Amtsgerichten, auch wenn das Testament vor einem Notar[2]) errichtet ist, umgekehrt sind in anderen Bundesstaaten, z. B. in Bayern und Elsaß-Lothringen, die Notare hierfür ausschließlich zuständig, in Württemberg konkurriren Amtsgerichte und Notare.[3])

Die Testamentsverwahrung ist nicht als nachlaßrichterliche Thätigkeit aufzufassen, allenfalls könnte man das Gericht insofern als „Hinterlegungsstelle“ (unten § 52) bezeichnen, obschon auch dies nicht recht zutrifft, da die Hinterlegung in technischem Sinne andere Zwecke verfolgt und die Testamentsverwahrung eine „besondere“ (§ 2246 BGB., Art. 81 AG z. BGB.) ist. Es kommen daher hier für die örtliche Zuständigkeit nicht die im vorigen Paragraphen entwickelten Regeln zur Anwendung, vielmehr ist in dieser Hinsicht Art. 81 § 2 AG. z. BGB. maßgebend. Namentlich ist danach für die Verwahrung eines gerichtlichen Testamentes das Gericht, welches die letztwillige Verfügung aufgenommen hat, zuständig; doch kann der Erblasser auch die Verwahrung bei einem anderen Gerichte verlangen. Die verwahrende Behörde hat, wenn der Erblasser in dem Bezirke eines anderen Gerichtes wohnt,

---

[1]) § 16 ALR. I, 12.

[2]) oder vor einem Gemeindevorsteher oder Militärjustizbeamten, vgl. § 2249 BGB, Begr. zum AG z. BGB S. 171, Preuß. Gesetz vom 8. Juni 1860 §§ 1, 2, AG. z. GVG. § 111, dazu Reichsmilitärgesetz vom 2 Mai 1874 § 39 Abs. 3.

[3]) Bayr. Notariatsgesetz Art. 1 Abs. 2; Württemberg. AG. z. BGB. Art. 79; Sächsische VO. vom 6 Juli 1899 § 49; Badisches Rechtspolizeigesetz § 52; Hessisches AG. z. BGB. Art. 132, AG. z. RFG. Art. 2 Ziff. 10; Elsaß-Lothringisches AG. z. RFG. § 28.

diesem als dem vermuthlichen Nachlaßgerichte von der Verwahrung Nachricht zu geben. Auf diese Weise wird das Nachlaßgericht in den Stand gesetzt, wenn ihm ein Todesfall gemeldet wird, zu ermitteln, ob der Verstorbene eine letztwillige Verfügung hinterlassen hat.

Wird ein Erbvertrag in gerichtliche Verwahrung gegeben, was mangels entgegenstehender Vereinbarungen der Parteien erfolgen muß, so finden die vorstehenden Regeln gleichfalls Anwendung, § 2277 BGB., Art. 81 § 2 Abs. 4 AG. z. BGB.

Erhält das Nachlaßgericht von dem Tode des Testators, z. B. durch Mittheilung seitens eines privaten Betheiligten,[1]) Kenntniß, so hat es die Oeffnung und Verkündung eines in seiner Verwahrung befindlichen Testamentes in einem Termine, zu dem die gesetzlichen Erben und sonstigen Betheiligten soweit thunlich zu laden sind, vorzunehmen und die bei der Eröffnung nicht anwesenden Betheiligten von dem sie betreffenden Inhalt des Testamentes in Kenntniß zu setzen, §§ 2260, 2262 BGB. In gleicher Weise ist, auch wenn der Tod des Testators nicht feststeht, mit einem Testament zu verfahren, welches sich seit 54 Jahren in amtlicher Verwahrung befindet, Art. 82 AG. z. BGB.[2]) Diese Frist ist an die Stelle der sechsundfunfzigjährigen des ALR. getreten, da die Testierfähigkeit jetzt mit 16 Jahren beginnt.

Solche Testamente (aber nicht Erbverträge), die sich nicht in amtlicher Verwahrung befinden, müssen unverzüglich nach Eintritt des Erbfalles an das Nachlaßgericht abgeliefert werden, § 2259 BGB.;[3]) letzteres kann den Verpflichteten

---

[1]) Die Standesbeamten sind weder durch das Reichsrecht (wie der zweite Planck'sche Entwurf § 59 vorgeschlagen hatte), noch in Preußen durch das Landesrecht verpflichtet, dem Nachlaßgericht alle Todesfälle anzuzeigen. Siehe jedoch oben S. 99.

[2]) Ebenso Bayr. AG. z. BGB. Art. 108; Württemberg. AG. z. BGB. Art. 80; Sächs. VO. vom 24. Juli 1899, § 17 (50 Jahre); Hess. AG. z. BGB. Art. 133. Eine Frist von 100 Jahren fordert Baden; § 87 der Rechtspolizeiordnung.

[3]) Vgl. schon § 32 AGO. II, 5.

durch Ordnungsstrafen zu der Herausgabe zwingen,[1]) ihn auch nöthigenfalls zur Ableistung des Offenbarungseides anhalten, § 83 RFG.[2])

Ob auch in diesem Falle das gerichtliche Eröffnungs- und Verkündungsverfahren nach den §§ 2260 ff. BGB. eintritt, kann zweifelhaft erscheinen, da die §§ 2260, 2261 BGB. nur von den in amtlicher Verwahrung befindlichen Testamenten sprechen. Indessen ist anzunehmen, daß das in den Händen eines Privaten befindliche Testament durch die Ablieferung in die „amtliche Verwahrung" des Nachlaßgerichtes kommt und aus diesem Grunde den Vorschriften der §§ 2260 ff. BGB. unterliegt.

Die Urschrift des Testaments verbleibt bei den Gerichtsakten; wer ein rechtliches Interesse glaubhaft macht, ist berechtigt, sie einzusehen und eine (beglaubigte) Abschrift zu fordern, § 2264 BGB.

Daß die Urschriften bei dem Gericht bleiben, ist im Gesetze nicht gesagt, versteht sich aber nach den Motiven zum ersten Entwurf des BGB.[3]) „von selbst"; es folgt wohl daraus, daß der — auch durch die Ablieferung herbeigeführten — amtlichen Verwahrung ein zeitliches Ziel nicht gesteckt ist und nach § 2264 BGB. das Original des Testamentes offenbar allen, auch den künftigen Interessenten zugänglich bleiben soll; bezüglich der gerichtlichen und notariellen Testamente vgl. noch Art. 42, 43 PrFG.

§ 35.

Sicherung des Nachlasses; Nachlaßpflegschaft.

Bevor der Erbe die Erbschaft annimmt, hat das Nachlaßgericht, soweit ein Bedürfniß besteht, für die Sicherung

[1]) Ueber die Frage, ob auch Gewaltsanwendung gegen den Verpflichteten zulässig ist, oben S. 79.

[2]) Ueber die Eröffnung eines gemeinschaftlichen Testamentes § 2273 BGB., dazu Sternberg in der Juristischen Wochenschrift 1900, 633; Hirschberg in der Juristischen Monatsschrift für Posen u. s. w. 1900, 101; Bischoff in der Zeitschrift „Das Recht" 1900, 293.

[3]) Bd. V S. 308.

des Nachlasses zu sorgen. Das Gleiche gilt, wenn der Erbe unbekannt oder wenn ungewiß ist, ob er die Erbschaft angenommen hat, § 1960 Abs. 2 BGB.

Die durch das Reichsrecht (Art. 140 EG. z. BGB.) unberührt gelassenen Vorschriften des partikularen Rechts über eine weitergehende amtliche Nachlaßfürsorge[1]) sind für Preußen durch Art. 79 AG. z. BGB. beseitigt.

Die Ortspolizeibehörden müssen dem zuständigen Nachlaßgerichte von Todesfällen, welche gerichtliche Maßregeln zur Sicherung des Nachlasses als angezeigt erscheinen lassen, Anzeige erstatten, Art. 19 PrFG.

Die Mittel der Sicherung sind insbesondere die Siegelung, die Hinterlegung einzelner Sachen, die Aufnahme eines Vermögensverzeichnisses und die Bestellung eines Nachlaßpflegers.

a) Die aus dem älteren deutschen Recht stammende und gemeinrechtlich weiter ausgebildete Siegelung hat den Zweck, den Nachlaß gegen die Außenwelt abzuschließen. Es handelt sich also darum, die Nachlaßräume und die Behältnisse, in denen sich Nachlaßgegenstände befinden, unzugänglich zu machen. Dies geschieht hauptsächlich durch Papierstreifen, Bindfaden u. s. w., welche über die Schlüssellöcher u. dgl. gelegt und an beiden Enden mit dem Gerichtssiegel (in Siegellack oder Wachs) befestigt werden; es werden aber im übrigen nicht, wie bei einer Pfändung durch den Gerichtsvollzieher, die einzelnen Nachlaßgegenstände mit Siegelmarken beklebt. Die vorsätzliche Beschädigung oder Entfernung des angelegten Siegels ist nach § 136 StrGB. strafbar.

Ueber die Siegelung wird ein Protokoll aufgenommen. Das vom preußischen Justizministerium ausgegebene Muster eines solchen (und zwar eines dorfgerichtlichen) ist in der Anlage III (S. 241) beigefügt; hieraus ist das nähere Verfahren zu ersehen.

---

[1]) Z. B. §§ 461 ff. ALR. I, 9; Begr. zum AG. z. BGB. S. 167.

Die Dorfgerichte, Ortsgerichte u. dgl. sowie auch die Notare, Gerichtsschreiber und Gerichtsvollzieher sind zur Vornahme von Siegelungen und Entsiegelungen fähig, vgl. Art. 104 ff. PrFG., 87 PrFG., §§ 70, 74 AG. z. GVG. Das Gericht kann diesen Beamten (mit Ausnahme der Notare) die Siegelung oder Entsiegelung im einzelnen Falle übertragen, Art. 38 PrFG.

Bezüglich des bei der Siegelung einzuschlagenden Verfahrens ist im allgemeinen noch eine justizministerielle Anweisung zu erwarten, Art. 128 PrFG., doch sind für Siegelungen, die von Dorfgerichten, Ortsgerichten und Gerichtsvollziehern bewirkt werden, bereits nähere Vorschriften getroffen.[1])

Nach Preußischem Recht konnte der Erblasser letztwillig die Siegelung des Nachlasses verbieten; in das BGB. ist dies nicht übergegangen.[2])

b) Das Gericht kann die Hinterlegung von Geld, Werthpapieren und Kostbarkeiten (unten § 52) veranlassen.

Bei dem Tode eines Beamten hat neben dem Nachlaßgericht die Behörde, welcher der Verstorbene angehörte, oder die vorgesetzte Behörde für die Sicherung der amtlichen Akten und sonstigen Sachen, deren Herausgabe auf Grund des Dienstverhältnisses verlangt werden kann, zu sorgen, soweit hierfür ein Bedürfniß besteht, Art. 20 Abs. 1 PrFG. Aehnlich schon das gemeine und Preußische Recht.[3])

c) Die Aufnahme des Vermögensverzeichnisses erfolgt häufig und zweckmäßig in Verbindung mit der Siegelung. Vermögensverzeichnisse spielen schon im römischen Recht eine wichtige Rolle (beneficium inventarii, Inventarisirungspflicht der Vormünder), auch kannte man inventaria publica,[4])

---

[1]) Vgl. Allg. Verf. des JM. vom 20. Dez. 1899 (JMBl. S. 806) §§ 15—19, vom 28. Dez. 1899 (JMBl. S. 889) §§ 21—25, vom 1. Dez. 1899 (Geschäftsanweisung für Gerichtsvollzieher, JMBl. S. 627) § 103.

[2]) Motive zum Entwurf des BGB. Bd. V S. 543.

[3]) Claproth a. a. O. S. 221; Puchta a. a. O. II, § 223; § 6 AGO. II, 5.

[4]) l. 13 § 1 C. arbitrium tutelae 5, 51.

worunter jedoch nicht amtliche, sondern nur unter Mitwirkung eines tabellio oder tabularius errichtete Verzeichnisse zu verstehen sind.[1])

Das unter a) über Siegelungen durch Notare, Dorfgerichte u. s. w. Bemerkte gilt auch für die Aufnahme von Vermögensverzeichnissen durch die genannten Beamten mit der Erweiterung, daß das Gericht mit der Aufnahme auch einen Notar beauftragen kann, Art. 38 Abs. 2 PrFG; ebenso ist über das Verfahren bei der Aufnahme eine justizministerielle Anweisung zu erwarten, Art. 128, und für Dorfgerichte, Ortsgerichte und Gerichtsvollzieher bereits ergangen.[2])

d) Für den Nachlaß kann endlich, wie schon nach römischem Recht,[3]) ein Pfleger (gemeinrechtlich „curator hereditatis iacentis") bestellt werden. Dies ist im Grunde eine vormundschaftsrichterliche, nicht eine nachlaßrichterliche Thätigkeit, ebenso wie die Bestellung eines anderen Pflegers. Demgemäß gelten für die Nachlaßpflegschaft durchweg die im ersten Kapitel für die Vormundschaften und Pflegschaften entwickelten Grundsätze, § 75 RFG., nur daß an die Stelle des Vormundschaftsgerichts aus naheliegenden Zweckmäßigkeitsgründen das Nachlaßgericht gesetzt wird, § 1962 BGB., was hauptsächlich für die örtliche Zuständigkeit und die innere Geschäftsvertheilung der Amtsgerichte von Bedeutung ist. Doch ist die Nachlaßpflegschaft nicht an den spezifischen Zweck der Nachlaßsicherung gebunden. Ein Nachlaßpfleger ist auch dann zu bestellen, wenn die Bestellung behufs der gerichtlichen Geltendmachung eines gegen den Nachlaß gerichteten Anspruches von dem Berechtigten beantragt wird; vorausgesetzt bleibt jedoch, daß die Erbschaftsannahme nicht erfolgt oder ungewiß oder der

[1]) Siehe unten S 221; Oesterley, Das deutsche Notariat I, 52

[2]) §§ 26 ff bezw. 32 ff. bezw. 105 der S 122 Anm. 1 bezeichneten Justizministerialverordnungen.

[3]) Vgl. l. 3 D de curat. fur. 27, 10, l. 8 D quib. ex causis in poss. eatur 42, 4

Erbe unbekannt ist, § 1961 BGB. Aber auch diese Voraussetzung fällt weg bei der eine Unterart der Nachlaßpflegschaft bildenden „Nachlaßverwaltung", § 1975 BGB. Diese will in erster Linie die ordnungsmäßige Befriedigung der Nachlaßgläubiger herbeiführen. Sie ist auf Antrag des Erben einzuleiten, außerdem auch auf Antrag eines Nachlaßgläubigers, wenn ohne sie die Befriedigung der Gläubiger gefährdet sein würde und seit der Annahme der Erbschaft noch nicht zwei Jahre verflossen sind, § 1981 BGB.

Im Falle der Nachlaßverwaltung geht, ähnlich wie beim Konkurse, die Befugniß, den Nachlaß zu verwalten und über ihn zu verfügen, auf den Verwalter über, §§ 1984 f. BGB., gleichzeitig wird andererseits die Haftung des Erben auf den Nachlaß beschränkt, § 1975 BGB. Die Nachlaßverwaltung unterliegt grundsätzlich den für die Nachlaßpflegschaft geltenden Regeln, doch werden diese in einzelnen Punkten modifizirt, z. B. besteht keine Pflicht zur Uebernahme der Verwaltung, § 1981 Abs. 3, vgl. weiter § 1987. Das Nähere gehört nicht hierher.

Die nachlaßgerichtliche Bestellung eines Verwalters, der eine ähnliche Stellung wie ein Testamentsvollstrecker hat, findet in dem Falle des Art. 18 § 11 der VO. vom 20. Dezember 1899 (GS. S. 607) betr. den Güterstand bestehender Ehen statt.

§ 36.

Erbesauseinandersetzung.

a) Im allgemeinen.

Nach römischem Rechte erfolgte die Auseinandersetzung unter mehreren Miterben, wenn sie sich nicht außergerichtlich einigten, im Wege des streitigen Verfahrens durch die actio familiae herciscundae, eine actio duplex, in welcher jede Partei zugleich Kläger und Beklagter war. Das richterliche Urtheil führte die Auseinandersetzung herbei; es enthielt hauptsächlich Adjudikationen, durch welche das Eigenthum an Nachlaßgegenständen auf einen Miterben übertragen wurde, und

Kondemnationen, durch welche einem Miterben, insbesondere zum Zwecke der Ausgleichung, Verpflichtungen auferlegt wurden.

Die actio familiae herciscundae ging, wenigstens in der Theorie unverändert, in das gemeine Recht über. Daneben entwickelte jedoch die Praxis ein der freiwilligen Rechtspflege angehöriges Verfahren, welches den Zweck hatte, unter der Vermittelung und der Autorität des Richters eine gütliche Auseinandersetzung unter den Miterben zu Stande zu bringen.[1]) Die actio familiae herciscundae war damit thatsächlich auf die Fälle, in denen Streit zu entscheiden oder Zwang zu üben war, beschränkt.[2])

Die AGO. regelte die „Erbsonderungen und Auseinandersetzungen" in dem sechsundvierzigsten ihres als „Prozeßordnung" bezeichneten ersten Theils, offenbar durch die Erinnerung an die prozessuale actio familiae herciscundae beeinflußt. Die Leitung des Verfahrens lag nach der AGO. in der Hand eines von dem Gerichtskollegium deputirten Richters, des sog. Instruenten (weil er die Sache zu „instruiren", d. h. zur Entscheidung vorzubereiten hatte). Der Instruent sammelte und ordnete das gesammte thatsächliche Material und erhob die erforderlichen Beweise; die Entscheidung über etwaige Streitpunkte wurde jedoch durch das Kollegium auf der Grundlage der Ermittelungen des Instruenten gefällt. Den Abschluß des Verfahrens bildete die Errichtung des die Ergebnisse des Verfahrens zusammenfassenden und die Auseinandersetzung herbeiführenden „Erbrezesses".[3]) Derselbe war von den Betheiligten anzuerkennen und zu vollziehen und von dem Kollegium zu bestätigen und hatte dann die Wirkung eines rechtskräftigen Urtheils.[4])

---

[1]) Vgl Nettelbladt, Praktische Rechtsgelahrtheit S 508 ff. Puchta a. a. O II, 264 ff.

[2]) Vgl. Dernburg, Pandekten III, 357; Eck, Die sog. doppelseitigen Klagen S. 148. Ueber die Art der praktischen Anwendung vgl. RG 12, 193 (auf die verwandte actio communi dividundo bezüglich).

[3]) § 25 AGO. I, 46.

[4]) §§ 111 ff. ALR. I, 17.

Auch das französische Verfahren zeigt eine Mischung streitiger und nichtstreitiger Elemente. Eigenthümlich ist ihm die Heranziehung eines vom Gericht beauftragten Notars (notaire commis). In dessen Hand liegt regelrecht der wichtigste Theil des Verfahrens, insbesondere die Verwerthung (Versilberung, Zutheilung) der Nachlaßmasse und die Vermittelung und Beurkundung der Erbtheilung. Dem Gericht — mit dessen Aufgaben nach französischer Auffassung gerade die das Ziel des Verfahrens bildende Aufnahme der Auseinandersetzungsurkunde unvereinbar sein würde[1]) — verbleibt im wesentlichen nur die Einleitung des Verfahrens, die Ueberweisung der Angelegenheit an den Notar, die Entscheidung von Streitpunkten und die Bestätigung des von den Parteien vollzogenen Rezesses, welche durch das sogenannte jugement d'homologation erfolgt[2])

Das französische, im Rheinland und Elsaß-Lothringen geltende System, nicht minder aber auch das der AGO. waren mit dem neueren, die streitige und die nichtstreitige Rechtspflege streng sondernden Prozeßrecht unvereinbar.[3]) Durch das für Rheinpreußen erlassene Gesetz vom 22. Mai 1887 und das ihm folgende elsaß-lothringische vom 14. Juni 1888 wurde daher das Auseinandersetzungsverfahren auf der Grundlage des älteren Rechts neu geregelt, und zwar als ein auf der freien Willenseinigung der Erben beruhendes theils nachlaßrichterliches, theils notarielles ausgestaltet, und die Erledigung aller Streitpunkte dem im Wege der Klage anzugehenden und nach allgemeinen Grundsätzen zuständigen Prozeßgerichte überlassen. Zugleich wurde die Bedeutung der notariellen Mitwirkung dadurch gesteigert, daß ein Betheiligter, der in einem von dem Notar anberaumten Verhandlungstermin trotz empfangener Ladung nicht erschien,

---

[1]) Unten S 224.

[2]) Code civil Art. 823 ff.; Code de procédure civile Art. 966 ff. (mit Novelle vom 2. Juni 1841).

[3]) Ueber die der Praxis hieraus entstandenen Schwierigkeiten vgl. RG 12, 319; Jastrow, Allg. Gerichtsordnung, S 283 Anm. 1.

Versäumnißfolgen unterworfen, insbesondere nach dem rheinpreußischen Gesetz als den Vereinbarungen der übrigen Betheiligten zustimmend betrachtet wurde. Das rheinische und elsaß-lothringische Gesetz hat dem geltenden vielfach als Vorbild gedient.

Die materiellen Grundsätze über die Erbtheilung sind jetzt in den §§ 2046 ff. BGB. enthalten. Das Verfahren, welches eine entfernte Aehnlichkeit mit dem Vertheilungsverfahren (CPO. §§ 872 ff.) aufweist, ist folgendes:

Aufgabe des Gerichts ist lediglich, die Auseinandersetzung unter den Miterben zu vermitteln und zu beurkunden. Insbesondere liegt ihm daher nicht ob, die Auseinandersetzung zu erzwingen oder Streitigkeiten unter den Erben zu entscheiden. Alle Maßregeln, die der Erreichung eines dieser Ziele dienen, sind unzulässig, namentlich die Anwendung von Zwang gegen einen Miterben, etwa um sein persönliches Erscheinen in einem Termine oder die Vorlegung einer Urkunde herbeizuführen

Auch die nöthigen Unterlagen für die Feststellung des Bestandes der Nachlaßmasse herbeizuschaffen, ist nicht Sache des Richters, sondern der Betheiligten. Als Aufklärungsmittel wird den letzteren namentlich der von Erbschaftsbesitzern, Hausgenossen des Erblassers, Miterben u. s. w. zu leistende Offenbarungseid (unten S. 216) dienen.

Die Voraussetzungen der nachlaßrichterlichen Erbtheilung sind theils materieller, theils formeller Natur. In ersterer Hinsicht muß einerseits eine Gemeinschaft mehrerer Erben, andererseits darf keiner der Fälle vorliegen, in denen die Auseinandersetzung zur Zeit oder endgültig ausgeschlossen ist (z. B. durch Vereinbarung der Betheiligten, § 2042 Abs. 2 BGB., durch letztwillige Verfügung des Erblassers, § 2044 BGB., vgl. ferner §§ 2043, 2045, 2048 BGB.). Ferner darf kein Testamentsvollstrecker vorhanden sein, da es sonst diesem obliegen würde, die Auseinandersetzung zu bewirken, § 2204 BGB. In formeller Hinsicht muß von einem Betheiligten ein Antrag auf Einleitung des gerichtlichen Verfahrens gestellt sein, § 86 Abs. 1 RFG., da sich die Erben auch außergerichtlich auseinandersetzen können.

Berechtigt zur Stellung des Antrages sind Miterben, Erbschaftserwerber und diejenigen, welchen ein Pfandrecht oder Nießbrauch an einem Erbtheile zusteht, § 86 Abs. 2 RFG., nicht dagegen — wegen der rein obligatorischen Natur ihrer Ansprüche — Pflichttheilsberechtigte oder Vermächtnißnehmer. Landesgesetzlich darf das Nachlaßgericht auch von Amtswegen vorgehen, wenn nicht die Auseinandersetzung binnen einer bestimmten Frist in Angriff genommen ist, § 192 RFG. Hiervon hat unter der Nachwirkung des in Süddeutschland eingedrungenen österreichischen Rechts (oben S. 112) Württemberg, die genannte Frist auf drei Monate festsetzend, ferner Hessen für den Fall, daß sich ein Mündel unter den Erben befindet[1]) und die Auseinandersetzung nicht binnen einer den Erben vom Gericht gesteckten Frist von ihnen bewirkt wird, Gebrauch gemacht.[2])

In dem Antrage sollen die Betheiligten und die Theilungsmasse bezeichnet werden. Hält das Gericht vor der Verhandlung mit den Betheiligten eine weitere Aufklärung für angemessen, so hat es den Antragsteller zur Ergänzung des Antrags zu veranlassen, auch kann es dem Antragsteller die Beschaffung von Unterlagen für seine Angaben, z. B. der Sterbeurkunde des Erblassers oder eines Nachlaßinventars, aufgeben, § 87 RFG.

Demnächst hat das Gericht den Antragsteller und die übrigen Betheiligten, diese unter Mittheilung des Antrages, zu einem Verhandlungstermin zu laden, § 89 RFG., welcher von dem Zeitpunkt der Ladung durch eine mindestens zweiwöchentliche Frist getrennt sein muß, § 90 RFG.

Die Ladung soll den Hinweis enthalten, daß auch beim Ausbleiben des Geladenen über die Auseinandersetzung verhandelt

---

[1]) So im Anschluß an das gemeine Recht, oben S. 112.

[2]) Art. 82 des Württemb. AG. z. BGB.; Hessen Art. 48 AG. z. RFG.

werden würde und eine weitere Ladung zu einem etwa neu anberaumten Termin unterbleiben könne. Die öffentliche Ladung ist unzulässig, § 89 RFG. Ist der Aufenthalt eines Betheiligten unbekannt und ein gesetzlicher Vertreter, insbesondere ein Abwesenheitspfleger (§ 1911 BGB), nicht vorhanden, so kann ihm das Nachlaßgericht einen Pfleger ad hoc bestellen, § 88 RFG

Zu dem zweiten und den folgenden Terminen bedarf es keiner neuen Ladung, es genügt die mündliche Verkündung des Termins, § 90 Abs. 2 RFG., auch ist die zweiwöchentliche Frist des § 90 nur das erste Mal inne zu halten.

Die erste Verhandlung des Gerichts mit den Betheiligten wird oft nicht sogleich zu einer abschließenden Willenseinigung der Betheiligten führen, häufig werden vielmehr der endgültigen Auseinandersetzung „vorgängige Vereinbarungen" — dies ist ein technischer Ausdruck des Gesetzes — d. h. Vereinbarungen der Betheiligten über vorbereitende Maßregeln, insbesondere über die Art der Theilung, über die Herausgabe von Nachlaßgegenständen zur Besichtigung, Abschätzung und Veräußerung[1]) u. dgl. vorangehen. Die vorgängigen Vereinbarungen sind vom Gericht zu beurkunden. Sobald nun nach Lage der Sache die Auseinandersetzung stattfinden kann, — mögen vorgängige Vereinbarungen getroffen sein oder nicht —, so hat das Gericht den Auseinandersetzungsplan anzufertigen. Dieser hat nur die Bedeutung eines Entwurfs. Sind die Betheiligten mit seinem Inhalte einverstanden, so hat das Gericht die hiermit erfolgte Auseinandersetzung zu beurkunden.

Die vorgängigen Vereinbarungen sowie die endgültige Auseinandersetzung oder — wie wir kürzer sagen wollen — der Rezeß bedürfen aber nicht nur einer Beurkundung, sondern auch einer Bestätigung durch das Gericht. Um die Tragweite dieser Bestätigung voll würdigen zu können, müssen wir zunächst das nachlaßrechtliche Versäumnißverfahren betrachten.

[1]) Vgl. Denkschr S 62

Leistet nämlich ein Betheiligter der ihm zugegangenen Ladung (oben S. 128) keine Folge, so hat das Gericht nichtsdestoweniger in die Verhandlung mit den erschienenen Betheiligten einzutreten. Gelangen diese ihrerseits — sei es in dem ersten oder einem späteren, gehörig verkündeten Termine — zu einer „vorgängigen Vereinbarung" oder gar zu einem Einverständniß über die Auseinandersetzung selbst, so hat das Gericht den nicht erschienenen Betheiligten hiervon in Kenntniß zu setzen und ihn darauf hinzuweisen, daß, wenn er nicht innerhalb einer bestimmten Frist die Anberaumung eines neuen Termins beantrage oder wenn er in dem neuen Termin nicht erscheine, sein Einverständniß mit der vorgängigen Vereinbarung bezw. dem Rezesse angenommen werden würde. Beantragt der Säumige nunmehr rechtzeitig die Anberaumung eines neuen Termins und erscheint er in demselben, so ist die Verhandlung fortzusetzen. Anderenfalls hat das Gericht die vorgängige Vereinbarung bezw. den Rezeß zu bestätigen, § 91 Abs. 2 u. 3, § 93 Abs. 2 RFG. (Diese Versäumnißfolge erinnert an § 877 CPO.) Die Bestätigung muß — wie ja schon in ihrem Begriffe liegt[1]) — ertheilt werden, wenn keine formellen Bedenken obwalten, also wenn die Vorschriften über das Verfahren beobachtet worden sind.[2]) Nur auf diese formellen Mängel kann daher die sofortige Beschwerde, welcher der Bestätigungsbeschluß unterliegt, gegründet werden, § 96 RFG. Doch ist gegen unverschuldete Versäumniß der Frist zur Stellung des Antrages auf Anberaumung eines neuen Termins die Wiedereinsetzung in den früheren Stand gegeben, §§ 92, 93 Abs. 2 RFG. Wird letztere gewährt, so fällt eine etwa bereits ertheilte Bestätigung ipso iure in sich zusammen.

Hiervon abgesehen sind vorgängige Vereinbarungen und Auseinandersetzungen nach dem Eintritte der Rechtskraft des

---

[1]) Oben S. 49.

[2]) Bei offenbarer materieller Ungültigkeit der Vereinbarung schreitet das Gericht überhaupt nicht erst zu deren Beurkundung, vgl. unten S. 188.

Bestätigungsbeschlusses für alle Betheiligten in gleicher Weise verbindlich wie Verträge gleichen Inhalts, § 97 RFG., außerdem findet aus ihnen die Zwangsvollstreckung, und zwar nach richtiger Ansicht gemäß den Regeln der CPO., statt, § 98 RFG.

Darin, daß die vorgängigen Vereinbarungen und Rezesse die Wirkung von vertragsmäßigen Abmachungen gleicher Art besitzen, liegt, daß sie an sich nur obligatorische, nicht dingliche Beziehungen unter den Betheiligten herstellen [1]) So erwirbt z. B. ein Miterbe das Eigenthum an einer ihm durch den Rezeß überwiesenen beweglichen Sache erst durch deren Uebergabe, das Eigenthum an einem Nachlaßgrundstück erst durch die Auflassung und Eintragung u. s w Doch ist durch besondere Vorschriften solchen Miterben, denen im Auseinandersetzungsverfahren Immobiliarrechte zugetheilt sind, die Möglichkeit eröffnet, in verhältnißmäßig einfacher und billiger Weise durch Zeugnisse des Nachlaßgerichts über die Erbfolge und die Eintragungsbewilligung der anderen Miterben beim Grundbuchamt ihre Eintragung herbeizuführen. So in Betreff der Hypotheken, Grundschulden und Rentenschulden § 37 GBO (zu welchem bemerkt sein mag, daß der Nachlaßrichter die im § 37 Abs 2 GBO genannten Erklärungen der Erben zweckmäßigerweise in den Rezeß selbst aufnehmen wird). Auflassungserklärungen kann der Nachlaßrichter freilich nur im Geltungsbereiche des rheinischen Rechtes entgegennehmen, Art 26 § 1 AG z. BGB., und soweit dies geschehen ist, auch Zeugnisse ausstellen, auf die hin das Grundbuchamt Eigenthumseintragungen bewirkt, § 99 GBO, Art. 10 AG z. GBO

Des oben geschilderten Versäumnißverfahrens bedarf es nicht, wenn die nicht erschienenen Betheiligten ihre Zustimmung zum Protokoll eines anderen, etwa eines ersuchten, Richters oder in einer öffentlich beglaubigten Urkunde erklärt haben. Vielmehr ist alsdann die Bestätigung ohne weiteres zu ertheilen, §§ 91 Abs. 2 Satz 2, 93 Abs. 1 Satz 2 RFG.

---

[1]) Reichstags-Kommissionsbericht zum RFG S 1357

Ueberhaupt mag an dieser Stelle noch ausdrücklich betont werden, daß alle vorgängigen Vereinbarungen und Rezesse der Bestätigung bedürfen, auch wenn ein Versäumnißverfahren nicht vorangegangen ist. Nur ist die Bestätigung im Falle des Versäumnißverfahrens von besonders einschneidender Bedeutung.

Im Vorstehenden ist der Fall noch nicht berührt, daß ein Betheiligter sich ausdrücklich weigert, seine Zustimmung zu einer vorgängigen Vereinbarung oder zu einem Rezeß zu erklären. Hier hört die Macht des Nachlaßrichters auf. Letzterer hat über den Streitpunkt ein Protokoll aufzunehmen und das Verfahren bis zur Erledigung des Zwistes, die zwangsweise nur im Wege des Prozesses herbeigeführt werden kann, auszusetzen; doch ist das Verfahren nach Möglichkeit bezüglich der unstreitigen Punkte fortzuführen und selbst bis zum Abschluß eines Rezesses zu bringen, (der eventuell nach Erledigung des Streitpunktes durch einen Nachtrag zu ergänzen sein würde), § 95 RFG.

Die Regeln der Erbesauseinandersetzung finden auf die Auseinandersetzung, welche nach Beendigung einer ehelichen oder fortgesetzten Gütergemeinschaft bezüglich des Gesammtguts eintritt, entsprechende Anwendung, § 99 RFG. (dazu § 38 GBO.)[1]

§ 37.

Erbesauseinandersetzung.

b) Verfahren vor dem Notar.

Außer dem Art. 147 EG. z. BGB., nach welchem das Landesrecht die Aufgaben des Nachlaßrichters allgemein anderen als gerichtlichen Behörden anvertrauen kann,[2]) läßt § 193 RFG. den Landesgesetzen nach, für die Ver-

[1]) Besondere Grundsätze, jedoch vorwiegend über die materielle Art der Theilung, gelten vielfach nach Anerbenrecht. Das Nähere ist hier nicht zu verfolgen, vgl. die Preußischen Gesetze vom 2. Juni 1874, 21. Februar 1881, 10. Juli 1883, 24. April 1884, 2. April 1886, 1. Juli 1887, 8. Juni 1896, 2. Juli 1898.

[2]) Oben S. 115.

mittelung der Auseinandersetzung an Stelle der Gerichte oder neben ihnen die Notare, auch wo die Notariate nicht Behörden sind, für zuständig zu erklären, unbeschadet übrigens der in den §§ 86—98 RFG. (§ 36 des Leitfadens) gegebenen Verfahrensregeln, welche mithin auch für die Notare maßgebend sind

Die von den Notaren des ehemaligen französischen Rechtsgebiets seit langer Zeit ausgeübte Thätigkeit in Auseinandersetzungssachen hatte sich in der Praxis bestens bewährt.[1]) Es gelang den weniger bureaukratisch vorgehenden Notaren besser als den Gerichten, gütliche Einigungen der Betheiligten zu Stande zu bringen. Man hat daher das (modifizirte) französische System in den größten Theil des Reichs übernommen, insbesondere ist es für die gesammte preußische Monarchie durch die Art. 21—28 PrFG. geltendes Recht geworden.

Ausschließlich zuständig für die Auseinandersetzung sind die Notare in Baden und Elsaß-Lothringen, neben den Gerichten in Bayern und Hessen, in Württemberg ist das „ordentliche Nachlaßgericht", dessen Vorsitzender der Bezirksnotar ist, die zuständige Behörde. Uebrigens sind den Gerichten meist einzelne Befugnisse vorbehalten, so in Hessen und Elsaß-Lothringen die Bestätigung der vorgängigen Vereinbarungen und Rezesse, wenn ein Betheiligter nicht erschienen war und nicht nachträglich zugestimmt hat [2]) Sachsen hat von dem Vorbehalt des § 193 RFG keinen Gebrauch gemacht.

Nach dem preußischen Recht, welches sich eng an das rheinische Gesetz vom 22. Mai 1887 anschließt, gestaltet sich das Verfahren folgendermaßen:

Das Amtsgericht kann, wenn es in einer Auseinandersetzungssache angegangen wird, auf Antrag eines Betheiligten — und es wird geeignetenfalls die Stellung eines

---

[1]) Begr. S. 20, siehe auch Denkschr. S. 60.

[2]) Bayr. AG. z BGB. Art. 104, Badisches Rechtspolizeigesetz §§ 45, 47, Hess. AG. z. RFG. Art. 2 Ziff. 11, Art. 49, Hess. Notariatsgesetz Art. 11, Elsaß-Lothringisches AG. z. RFG. §§ 30 ff.

solchen Antrages veranlassen – die Vermittelung der Auseinandersetzung einem Notar überweisen, der seinen Amtssitz in dem Bezirke des vorgeordneten Landgerichts hat, Art. 21 Abs. 1 PrFG.

Dem Ueberweisungsantrage muß stattgegeben werden, wenn er von allen Betheiligten oder doch von sämmtlichen im ersten Verhandlungstermine erschienenen Betheiligten gestellt ist, Art. 21 Abs. 2 PrFG. Gegen die Entscheidung über den Antrag findet die sofortige Beschwerde statt. Mit der Rechtskraft des Ueberweisungsbeschlusses ist die notarielle Zuständigkeit begründet, Art. 21 Abs 3, 4 PrFG Ist der Notar rechtlich oder thatsächlich verhindert, so ist eine weitere Ueberweisung an einen anderen Notar zulässig und unter den Voraussetzungen des Art 21 Abs. 2 geboten, Art. 22 PrFG

Durch die Ueberweisung werden die nachlaßrichterlichen Befugnisse zwischen Gericht und Notar aufgetheilt, Art. 23 PrFG. Als leitendes Prinzip läßt sich erkennen, daß der Notar für das Vermitteln und Beurkunden, also für das Handeln innerhalb des Parteiwillens, zuständig ist, während solche Maßnahmen, die unabhängig vom Willen oder gegen den Willen der Betroffenen Rechtswirkungen hervorrufen, oder, was auf dasselbe hinausläuft, sich als Ausfluß obrigkeitlicher Gewalt darstellen, nur von dem Gericht getroffen werden können. Im einzelnen gilt folgendes:

a) Zu den Befugnissen des Notars gehört u. A. die Anberaumung der Verhandlungstermine und die Ladung zu denselben, die Anfertigung des Auseinandersetzungsplanes, die Beurkundung der vorgängigen Vereinbarung und der Auseinandersetzung, die Aufnahme eines Protokolles über etwaige Streitpunkte, Art. 23 Abs. 1 PrFG.

Nach § 194 RFG. gelten in reichsrechtlichen Angelegenheiten der fr. G., welche die Landesgesetzgebung auf Grund der ihr durch das Reichsrecht (Art. 147 EG z. BGB., § 193 RFG. u. s. w.) ertheilten Ermächtigungen anderen als gerichtlichen Behörden übertragen hat, die allgemeinen Vorschriften des RFG. auch für die anderen Behörden. Diese Bestimmung kann auf die preußischen Notare keine Anwendung finden da sie nicht „Behörden" sind.[1]) Die namentlich in der Kommission des Abgeordnetenhauses[2]) vertretene Ansicht, daß die Notare wenn auch nicht allgemein, so doch insofern sie eine Auseinandersetzung vermitteln, als Behörden anzusehen seien, ist logisch nicht haltbar, weil der Begriff der Behörde eine organische Staatseinrichtung voraussetzt und an der Frage, ob die einzelne Notarsstelle diesen Charakter trägt, durch die Ueberweisung des Auseinandersetzungsverfahrens an den Notar nichts geändert wird. Ebensowenig ist der von Weißler[3]) gezogene Schluß zwingend, daß der Notar deshalb weil er ein nach dem Reichsrechte dem Nachlaßrichter obliegendes Geschäft besorgt, selbst als Gericht zu behandeln sei; danach müßte der Notar in den Auseinandersetzungsterminen auch die Sitzungspolizei nach den Vorschriften des GVG. ausüben dürfen, was der Absicht des preußischen Gesetzgebers sicher nicht entspricht. Vielmehr gelten die allgemeinen Regeln über die Stellung und Geschäftsführung des Notars (unten §§ 56, 57) auch für das notarielle Auseinandersetzungsverfahren. Es findet daher insbesondere gegen Maßnahmen des Notars nicht eine Anrufung des Gerichts sondern nur die Aufsichtsbeschwerde statt,[4]) ein Satz, der übrigens bei dem Fehlen notarieller Machtbefugnisse (vgl. unten zu b) praktischen Bedenken nicht unterliegt.

b) Alle die Verrichtungen, welche Art. 23 PrFG. nicht ausdrücklich den Notaren überträgt, sind dem Gericht verblieben, insbesondere die Bestätigungen der vorgängigen Vereinbarungen und Rezesse, sowie die Entscheidung über den Antrag auf Wiedereinsetzung in den früheren Stand.

Weiter gebührt dem Gericht die Bestellung des Abwesenheitspflegers im Falle des § 88 RFG. und die Ertheilung der in den §§ 37, 38 GBO Art. 10 AG. z. GBO. genannten Zeugnisse. In

---

[1]) Unten S. 226.

[2]) Vgl. Wellstein, Kommentar zum PrFG S. 64.

[3]) In seinem „Deutschen Nachlaßverfahren" S 456.

[4]) Vgl. Nußbaum, Juristische Monatsschrift für Posen, Ost- und Westpreußen 1900, 85.

verwickelter Weise ist die Zuständigkeit bezüglich des Zeugen- und Sachverständigenbeweises geregelt, namentlich sind dem Gericht die Zwangsbefugnisse vorbehalten. Doch verlohnt ein näheres Eingehen hierauf nicht, da im Auseinandersetzungsverfahren eine Beweisaufnahme kaum je vorkommen kann.[1])

Die Bekanntmachung notarieller Verfügungen erfolgt mit gewissen Modifikationen nach den für die gerichtlichen Verfügungen geltenden Regeln, Art. 26 PrFG. Ist das Verfahren vor dem Notar erledigt, so hat dieser die in dem Verfahren entstandenen Schriftstücke zu den Gerichtsakten abzugeben, Art. 27 PrFG.

Hinsichtlich der Kostenerstattung kommen nicht die Art 9—14 PrFG. (oben § 24) zur Anwendung, vielmehr entscheidet die Sondervorschrift des Art. 28 PrFG Hiernach fallen die Kosten des Verfahrens im Zweifel der Nachlaßmasse zur Last, Kostenerstattungs- und -Festsetzungsbeschlüsse werden nicht erlassen. Gewöhnlich wird die Kostentragung in dem Rezeß geregelt

§ 38.

Erbschein.[2])

Der Erbschein ist ein mit öffentlichem Glauben ausgestattetes Zeugniß über das Erbrecht und über die Größe des Erbtheils einer Person, vgl. § 2353 BGB.

Schon nach der preußischen Hypothekenordnung vom 20. Dez. 1783 (II, § 87) mußte der Intestaterbe, wenn er über ein im Hypothekenbuche verzeichnetes Recht seines Erblassers verfügen wollte, sich über sein „Successionsrecht" durch „gerichtliches Attest" ausweisen, desgleichen nach § 4 Ziff. 6 AGO. I, 5, wenn er ein zum Nachlasse gehöriges Recht klageweise geltend machen wollte, von dem Gerichte, unter welchem ihm die Erbschaft angefallen war — d. i. dem für Nachlaß-

[1]) Vgl. auch Weißler, Deutsches Nachlaßverfahren S. 457 Die von Weißler für statthaft erachtete Abnahme von eidlichen Gutachten und Schätzungen über Nachlaßgegenstände muß sich m. E. in den Grenzen des Art. 34 Abs. 2 PrFG. (oben S. 58) halten.

[2]) Voß in Gruchots Beiträgen 43, 655ff.

sachen zuständigen Gericht[1]) — ein seine Legitimation beweisendes Attest beibringen. Das durch diese Gesetzesbestimmungen mehr vorausgesetzte als geschaffene Institut des „Erbeslegitimationsattestes" — diese Bezeichnung war in der älteren preußischen Rechtssprache auf Grund des § 4 AGO. I, 5 üblich — wurde in der Folgezeit durch die Praxis weiter ausgebildet und auch in anderen Staaten aus den Bedürfnissen des Rechtsverkehrs heraus in letzteren eingeführt.[2]) Für Preußen gelangte die Entwickelung zu einem zeitweiligen Abschluß durch das Gesetz vom 12. März 1869, betr. die Ausstellung gerichtlicher Erbbescheinigungen. Durch das BGB. §§ 2353—2570 und das RFG. §§ 84 f. ist nunmehr eine einheitliche Regelung des Erbscheins — wie der technische Ausdruck jetzt lautet — für das gesammte Reichsgebiet herbeigeführt.

Auch die §§ 2353 ff. BGB. sind fast durchweg rein formeller Natur und hätten ihren Platz richtiger im RFG. gefunden. Die Folgewidrigkeit, mit welcher die Bestimmungen der fr. G bald hier, bald dort untergebracht worden sind (oben S. 11), tritt an diesem Punkte besonders deutlich hervor.

Die große praktische Bedeutung des Erbscheins liegt auf der Hand. Der Erbe bedarf seiner sowohl im Verkehr mit den Behörden (man denke namentlich an die Grundbuchämter,[3]) Registerbehörden und Hinterlegungsstellen), wie im Verkehr mit Privaten, z. B. den Nachlaßschuldnern, um sich über seine Nachfolge in die Rechte des Erblassers auszuweisen.

Der Erbschein ist auf Antrag jedem Erben zu ertheilen, auch dem testamentarischen und Vertragserben.

Nach preußischem Recht war die Erbbescheinigung nur für den Intestaterben bestimmt; der Testamentserbe mochte sich durch Vor-

[1]) Nämlich dem Gericht des Ortes, an welchem der Erblasser seinen letzten allgemeinen Gerichtsstand hatte, § 56 ALR. II, 17.

[2]) Vgl. für das sächsische Recht Frese im Sächsischen Archiv für bürgerliches Recht und Prozeß 3, 414 ff.

[3]) Vgl. § 36 GBO.

legung des Testamentes legitimiren. Mit Recht verwarf die zweite Kommission zur Berathung des Entwurfs zum BGB. den Standpunkt des preußischen Rechts, da „die Untersuchung der Formgültigkeit einer Verfügung von Todeswegen, die Auslegung ihres Inhalts, die Beurtheilung des Verhältnisses mehrerer vorhandenen Verfügungen des Erblassers zu einander eine Rechtskunde voraussetzten, die Laien in der Regel nicht zugemuthet werden könne“ [1])

Die Ertheilung des Erbscheins ist mit Rücksicht auf die großen Gefahren, welche die Ausstellung eines unrichtigen Erbscheins herbeiführen kann, an strenge Bedingungen geknüpft. Insbesondere muß der gesetzliche Erbe eidesstattlich versichern, was ihm alles über das Vorhandensein gleichberechtigter (oder näherer) Erben oder testamentarischer Verfügungen des Erblassers bekannt und ob ein Rechtsstreit über sein Erbrecht anhängig ist. Ferner muß er den Todestag des Erblassers, das Verhältniß, auf welchem der Erbanspruch beruht (Verwandtschaft oder Ehe) und eventuell den Grund des Wegfalles gleich- oder besser berechtigter Erben (z. B. den Tod eines ehelichen Kindes des Erblassers) durch öffentliche Urkunden (regelmäßig standesamtliche Geburts-, Heiraths- und Sterbeurkunden) nachweisen. Der testamentarische Erbe muß das Testament vorlegen, eine öffentliche Urkunde über den Todestag des Erblassers und eventuell über den Grund des Wegfalls gleich- oder besser berechtigter Erben, (z. B. eines Instituten, also einer Person, im Verhältniß zu der er nur Ersatzerbe — Substitut — ist), beibringen sowie eine eidesstattliche Versicherung über die Nichtanhängigkeit eines den Erbanspruch betreffenden Rechtsstreits abgeben, §§ 2354—2356 ff. BGB.

Sind die beizubringenden Urkunden nur mit unverhältnißmäßigen Schwierigkeiten zu beschaffen, (handelt es sich z. B. um den Nachweis eines in Amerika eingetretenen Todesfalls), so genügt die Angabe anderer Beweismittel, § 2356

---

[1]) Kommissionsprotokolle S. 7761. Ueber die Frage, ob einem testamentarischen Erben einer vor dem 1. Januar 1900 gestorbenen Person jetzt ein Erbschein ertheilt werden kann, vgl. oben S. 17.

Abs. 1 Satz 2 BGB. Offenkundige Thatsachen bedürfen weder des Beweises durch Urkunden noch eidesstattlicher Versicherungen, § 2356 Abs 3 BGB.

Das Gericht hat unter Benutzung der von dem Antragsteller angegebenen Beweismittel von Amtswegen die zur Feststellung der Thatsachen erforderlichen Ermittelungen zu veranstalten und die geeignet erscheinenden Beweise aufzunehmen. Es kann u. A. auch eine öffentliche Aufforderung zur Anmeldung der anderen Personen zustehenden Erbrechte — nach Art des Aufgebots, jedoch ohne Präklusivwirkung — erlassen, § 2358 BGB. Zur Ertheilung des Erbscheins ist nur dann zu schreiten, wenn das Gericht die zur Begründung des Antrages erforderlichen Thatsachen nicht nur für glaubhaft gemacht, sondern für festgestellt erachtet, § 2359 BGB.

Ein Miterbe erhält in der Regel einen nur sein Erbrecht betreffenden Schein, doch ist auf Verlangen auch ein „gemeinschaftlicher Erbschein" zu ertheilen, § 2357 BGB, siehe Anlage IV (S. 247). Dritten Personen, die ein rechtliches Interesse glaubhaft machen, z. B. einem Nachlaßgläubiger, der die Erben verklagen will, ist auf Antrag eine Ausfertigung des Erbscheins zu gewähren, § 85 RFG, ein Zwangsvollstreckungsgläubiger kann den Erbschein selbst beanspruchen, wenn letzterer vom Erben noch nicht erwirkt ist, § 792 CPO. Einen Erbschein mit sachlich begrenzter Wirkung kennt § 2369 BGB.

Entstehen nach der Ertheilung des Erbscheins Zweifel an dessen Richtigkeit, so hat das Gericht auch von Amtswegen Nachforschungen anzustellen. Ergiebt sich die Unrichtigkeit des Scheins, so hat ihn das Gericht einzuziehen, womit er kraftlos wird. Kann er nicht sofort erlangt werden, so hat ihn das Nachlaßgericht für kraftlos zu erklären. Eine Abänderung des Scheins ist nicht statthaft.[1] Die Kraftloserklärung, welche nach den für die öffentliche Zustellung einer Ladung geltenden Vorschriften der CPO. bekannt zu machen ist und einen Monat nach ihrer letzten Einrückung in die

[1]) Vgl. Protokolle der Reichstagskommission S. 1355.

Zeitungen Wirksamkeit erlangt, unterliegt nicht der Beschwerde, §§ 2361 BGB., 84 RFG. War sie ungerechtfertigt, so kann lediglich die Ausstellung eines neuen Scheins begehrt werden.

Ueber die hier nicht zu erörternde privatrechtliche Bedeutung des Erbscheins vgl. §§ 2365 ff. BGB.

Dem Erbschein analog zu behandeln sind die Zeugnisse, die dem überlebenden Ehegatten über die Fortsetzung der Gütergemeinschaft und einem Testamentsvollstrecker über die Ernennung zu ertheilen sind, §§ 1507, 2368 BGB.

Das Nachlaßgericht ist auch zuständig für die Ausstellung der besonderen Bescheinigungen, durch welche an Stelle des Erbscheins die Legitimation zur Verfügung über eine im Reichs- oder Staatsschuldbuch eingetragene Forderung erbracht werden kann.[1])

Viertes Kapitel.

Handels- und Vereinssachen.

§ 39.

Allgemeines.

I. Der siebente Abschnitt des RFG. (§§ 125—158) ist „Handelssachen" überschrieben. Handelssachen im Sinne der fr. G. sind daher die in dem siebenten Abschnitte des RFG. behandelten (und die diesen durch anderweitige positive Gesetzesvorschriften gleichgestellten) Angelegenheiten, nämlich

a) die Führung des Handels- und Genossenschaftsregisters (unten § 40);

b) eine Reihe von Geschäften, die mit der Registerführung zusammenhängen, und zwar

1. die Erzwingung von gewissen Anmeldungen, Unterschriftszeichnungen und Urkundseinreichungen zum Handels- und Genossenschaftsregister,

---

[1]) §§ 11 RGes. vom 31. Mai 1891, 188 RFG., § 12 Abs. 2 preuß. Ges. vom 20. Juli 1883, Art. 16 II AG. z. BGB.

insbesondere der Anmeldung des Entstehens, der Aenderung und des Erlöschens einer Firma, §§ 2, 29, 31, 14 HGB., vgl. weiter §§ 33, 35, 53, 106, 107, 108, 125, 143, 144, 148, 150, 157, 161, 162, 175, 195, 201, 234, 244, 259, 265, 273, 280, 284, 285, 286, 289, 291, 293, 296, 302, 303, 304, 307, 309, 320, 323, 325, 327, 330, 333 HGB., §§ 7, 12, 39, 40, 41, 52, 54, 57, 58, 65, 67, 68, 80 des RGes. vom 20. April 1892 (in der Fassung vom 20. Mai 1898) betr. die Gesellschaften mit beschränkter Haftung, §§ 14, 28, 78, 79, 84, 85, 89, 157 GenG., in Verbindung mit §§ 14, 319, 325 HGB., 160 GenG., 132 RFG. In den Fällen der §§ 175, 195 Abs. 1, 277 Abs. 1, 280 Abs. 1, 284 Abs. 1, 304 Abs. 3, 305 Abs. 2 HGB., sowie der §§ 7, 54, 57 Abs. 1, 58 Abs. 1 Nr. 3, 80 Abs. 5 des RGes. vom 20. April 1892 findet jedoch, soweit Anmeldungen zum Handelsregister des Sitzes der Gesellschaft (im Gegensatz zu dem der Zweigniederlassung) in Frage kommen, kein Zwang statt, § 319 Abs. 2 HGB., § 79 Ges. vom 20. April 1892, in den Fällen der §§ 11 und 16 GenG. ist jeder Zwang ausgeschlossen, vgl. § 160 GenG.

2. **Die Untersagung des Firmenmißbrauches, §§ 37 HGB., 140 RFG.**

c) **Die Führung einer gewissen Oberaufsicht über die Handelsgesellschaften und Genossenschaften. Unter diesen Gesichtspunkt fallen**

1. **die Zwangsanwendung gegen Korporationsvorsteher, um diese zur Erfüllung bestimmter — mit dem Registerwesen nicht zusammenhängender — Pflichten anzuhalten,**

z. B. zur Vorlegung der Jahresbilanz an Aufsichtsrath und Generalversammlung §§ 260, 263, 299 HGB., zur Führung des Genossenverzeichnisses § 30 GenG., vgl. weiter §§ 240, 246, 267, 272, 302, 320 HGB., §§ 8 Abs. 2, 61, 63, 47, 48, 51 GenG. in Verbindung mit §§ 14, 319, 325 HGB., 160 GenG., 132 RFG.

2. **Die Ernennung und Abberufung von Liquidatoren, Revisoren und gewissen Verwahrern und Vertretern (in einigen Fällen auch die Bewilligung von Vergütungen für diese Personen),**

vgl. §§ 146, 147, 157, 192, 266, 268, 295, 302 HGB., §§ 66, 74 Ges. vom 20. April 1892, §§ 61, 62, 83, 93 GenG., dazu § 145 RFG.

3. eine in gewissen außerordentlichen Fällen eintretende Hülfeleistung zu Gunsten von Gesellschaftsmitgliedern, die sich in einer rechtlich schwachen Stellung befinden (welchem Zwecke übrigens theilweise auch die unter 2) genannten Maßnahmen dienen),

z. B. die Anweisung an den Komplementär einer Kommandit- oder stillen Gesellschaft, dem Kommanditisten bezw. stillen Gesellschafter eine Bilanz mitzutheilen oder Bücher und Papiere vorzulegen §§ 166, 338 HGB., die einer Minderheit der Aktionäre oder Genossen zu ertheilende Ermächtigung, eine Generalversammlung zu berufen, §§ 254 HGB., 45 GenG., dazu § 145 RFG.

4. Die Auflösung der Genossenschaft, wenn die Zahl der Genossen unter sieben sinkt, § 80 GenG.

Das Gericht übt also hier nicht eine fortlaufende Kontrolle, sondern greift nur ausnahmsweise in die Verhältnisse der Handelsgesellschaften und Genossenschaften ein. Wohl aber sind diese theilweise mit Rücksicht auf den von ihnen betriebenen Geschäftszweig der ständigen Kontrolle der Verwaltungsbehörden unterworfen, insbesondere die Hypothekenbanken[1]) und Versicherungsgesellschaften.

d) Endlich gehören zu den Handelssachen einige Angelegenheiten aus dem Gebiete des See-, Binnenschiffahrts- und und Flößereirechtes,

insbesondere das Dispacheverfahren (unten § 43), die Aufnahme der Verklarung (§ 524 HGB.), vgl. ferner §§ 530, 590, 685, 884 HGB. in Verbindung mit § 145 RFG.; §§ 11, 87 BSchG., § 88 des Gesetzes betr. die privatrechtlichen Verhältnisse der Flößerei vom 15. Juni 1895 in Verbindung mit § 148 RFG.

---

[1]) Hypothekenbankgesetz vom 13. Juli 1899 § 3.

Nicht zu den Handelssachen im Sinne der fr. G. gehören dagegen die Führung des Börsen-, Muster- und Schiffsregisters, eigenthümlicherweise auch nicht die Ernennung, Beeidigung und Vernehmung der Sachverständigen in den Fällen der §§ 438, 464, 608 f. HGB.[1])

Der für die fr. G. maßgebende Begriff der „Handelssache" weicht also von dem materiell-rechtlichen und auch von dem civilprozessualen ab. In letzterer Hinsicht sei z. B. daran erinnert, daß Streitigkeiten aus dem Geschmacksmustergesetz (civilprozessuale) Handelssachen sind.[2]) Mit dem materiellen Recht steht übrigens in Einklang, daß die fr. G. die auf Gesellschaften mit beschränkter Haftung und Genossenschaften bezüglichen Angelegenheiten zu den Handelssachen rechnet, denn diesen Korporationsformen kommt Kaufmannseigenschaft zu.

Der praktische Werth des Handelssachenbegriffs für die fr. G. liegt darin, daß Handelssachen, soweit sie vor die Landgerichte kommen, von den Kammern für Handelssachen statt von den Civilkammern bearbeitet werden, § 30 RFG.

Vor dem Erlaß der RFG. war das formelle Handelsrecht größtentheils in den partikularen Einführungsgesetzen zum AHGB., z. B. dem preußischen vom 24. Juni 1861, geordnet. Daneben fanden sich in dem AHGB. selbst vereinzelt Bestimmungen formellen Inhalts, welche, obwohl jetzt sachlich in das RFG. gehörig, aus äußeren Gründen in das HGB. herübergenommen sind, vgl. insbesondere die Art. 12 ff. AHGB., §§ 8 ff. HGB. über die Führung des Handelsregisters. —

Nahe verwandt mit den Handelssachen sind die im achten Abschnitt des Gesetzes zusammen mit dem Güterrechtsregister nach der formellen Seite hin geregelten Vereinssachen. Die Verwandtschaft geht schon aus ihrer Aufzählung hervor, Vereinssachen sind nämlich

a) Die Führung des Vereinsregisters, § 21 BGB.

b) Die Erzwingung gewisser Anmeldungen zum Vereinsregister, § 78 BGB.,

---

[1]) Oben S. 58.

[2]) GVG. § 101 Ziff. 3c, Ges. vom 11. Jan. 1876 § 15.

vgl. BGB. §§ 67 (Vorstandsänderung und -neubestellung), 71 Satzungsänderung), 74 (Vereinsauflösung), 76 (Liquidatoren) sowie die Erzwingung der Einreichung des Mitgliederverzeichnisses (§ 72 BGB.),

c) Die Ausübung einer gewissen Oberaufsicht über den Verein,

vgl. BGB. §§ 29, 48 (vorläufige Bestellung von Vorstandsmitgliedern und Liquidatoren), 37 (Ermächtigung von Mitgliedern zur Berufung einer Generalversammlung), 73 (Auflösung eines aus weniger als drei Mitgliedern bestehenden Vereins).

Mit Ausnahme der §§ 29, 48, 37 BGB., welche für alle rechtsfähigen Vereine gelten, beziehen sich die unter b) und c) genannten Vorschriften nur auf die eingetragenen Vereine.

Den Mißbrauch des Vereinsnamens wie den einer Firma zu untersagen, ist der Richter der fr. G. nicht befugt.

Bei der inneren Gleichartigkeit der Handels- und Vereinssachen, welche noch durch eine weitgehende Uebereinstimmung der einschlägigen Verfahrensvorschriften verstärkt wird, empfiehlt es sich, sie gemeinschaftlich zu behandeln.

An dieser Stelle sind auch die Wassergenossenschaftssachen zu erwähnen. In Preußen werden nämlich nach den §§ 13, 14 des Ges. vom 1. April 1879[1]) bei den Amtsgerichten Register für Wassergenossenschaften geführt, d. h. für Genossenschaften zur Benutzung und Unterhaltung von Gewässern, zur Ent- und Bewässerung von Grundstücken u. dgl. Das Register ist nur für „freie", d. h. auf einem rein privatrechtlichen Vertrage beruhende, nicht für „öffentliche", d. h. zwangsweise durch Beschluß der staatlichen Behörde gebildete und mit Zwangsgewalt ausgestattete Wassergenossenschaften bestimmt. Mit den auf Grund des Genossenschaftsgesetzes errichteten sog. eingetragenen Genossenschaften haben diese Korporationen nichts zu thun.

Die Wassergenossenschaftssachen unterliegen, obschon den Handels- und Vereinssachen sachlich nahestehend,[2]) nicht den für

---

[1]) Dazu Allg. Verf. des JM. vom 9. Sept. 1879, JMBl. S. 373.
[2]) Vgl. auch § 43 Ges. vom 1. April 1879 mit § 302 HGB.

letztere geltenden Regeln, wohl aber den allgemeinen, für die landesrechtlichen Angelegenheiten der fr. G. bestehenden Vorschriften.

II. Das AHGB. übertrug die Führung des Handelsregisters und die anderen Handelssachen den „Handelsgerichten". Welche Behörden als Handelsgerichte anzusehen waren, bestimmten die einzelnen Staaten; manche von diesen, wie Bayern, Sachsen, Hamburg, Bremen, auch Preußen für das Gebiet des rheinischen Rechts,[1]) hatten besondere handelsgerichtliche Behörden, in manchen, z. B. in Württemberg, bestanden an den ordentlichen Gerichten Abtheilungen für Handelssachen, meist aber, insbesondere in dem nichtrheinischen Preußen, waren die ordentlichen Gerichte zugleich „Handelsgerichte". Seit der Justizreorganisation von 1879 waren die Aufgaben des Handelsgerichtes in dem größten Theile Deutschlands den Amtsgerichten, in Bayern, Elsaß-Lothringen und einigen anderen Staaten jedoch den Landgerichten übertragen. Das neue Recht erklärt in allen Handels- und Vereinssachen durch eine Reihe einzelner Vorschriften die Amtsgerichte für zuständig, §§ 125, 145 RFG., § 55 BGB., § 10 Abs. 2 GenG., nebenher geht im Offizial-löschungsverfahren eine konkurrirende Zuständigkeit der Landgerichte (vgl. unten § 42). Insofern das Amtsgericht mit der Registerführung und der (vom Gesetzgeber als Bestandtheil der Registerführung angesehenen) Zwangsausübung gegen Korporations- und Gesellschaftsvertreter befaßt ist, wird es im RFG. als „Registergericht" bezeichnet.

Oertlich zuständig ist in Handels- und Vereinssachen das Gericht, in dessen Bezirk sich der Sitz der Firma (Einzelkaufmann, offene Handelsgesellschaft, Aktiengesellschaft u. s. w.), der Genossenschaft oder des Vereins befindet, §§ 29, 106 Abs. 1, 161 Abs. 2, 195 Abs. 1, 320 Abs. 3 HGB., § 10 Abs. 1

[1]) Außerdem wurde in Königsberg und Danzig das Register von den dortigen „Kommerz- und Admiralitätskollegien" geführt, Instr. des JM. vom 12. Dez. 1861 (JMBl. S. 329), Einl. Ziff. IV. Ueber die genannten Behörden vgl. Starke, Beiträge zur Kenntniß der bestehenden Gerichtsverfassung I, 399 ff.

GenG., §§ 29, 55 BGB. Besitzt eine inländische oder ausländische Firma oder eine Genossenschaft eine Zweigniederlassung im Deutschen Reich, so müssen die erforderlichen Anmeldungen u. s. w. regelmäßig auch bei dem Registergericht des Ortes der Zweigniederlassung bewirkt werden, §§ 13 HGB., 14, 157 Abs. 2 GenG. Die Errichtung der Zweigniederlassung ist in dem Register der Hauptniederlassung (auf die Anzeige des für die Filiale zuständigen Gerichts) von Amtswegen zu vermerken, §§ 131, 147 RFG. Für Zweigniederlassungen der Vereine bestehen entsprechende Vorschriften nicht.

Ueber die örtliche Zuständigkeit in den Fällen des § 11 BSchG. und des § 8 des Flößereigesetzes geben diese Paragraphen selbst Auskunft. Wegen des Dispacheverfahrens vgl. unten § 43. Die Führung des Handelsregisters, und ebenso die des Genossenschafts-, Muster-, Börsen-, Schiffs- und Wassergenossenschaftsregisters kann durch die Landesjustizverwaltung für mehrere Amtsgerichtsbezirke einem Amtsgerichte übertragen werden, § 125 Abs. 2 RFG.,[1] z. B. befinden sich die Register für die Amtsgerichtsbezirke Berlin I und II, Rixdorf und Charlottenburg bei dem Amtsgericht I Berlin.[2]

Allgemein gilt für die Thätigkeit des Registergerichtes, daß es eine von ihm zu erlassende Verfügung, wenn sie von der Beurtheilung eines streitigen Rechtsverhältnisses abhängig ist, aussetzen kann, bis über das Verhältniß im Wege des Rechtsstreits entschieden ist; es kann auch, wenn der Rechtsstreit nicht anhängig ist, einem der Betheiligten eine Frist zur Erhebung der Klage bestimmen, §§ 127, 147, 159 RFG.

Ein Hauptfall für die Anwendung dieser Bestimmung ist, daß das Gericht einer Person den Gebrauch einer für sie anscheinend

---

[1]) Dazu §§ 10 Abs 2 GenG., 9 Abs. 1 RGes. vom 11 Jan. 1876, § 13 des preuß. Ges. vom 1 April 1879, §§ 54 Satz 2 RGes vom 22. Juni 1896, 4 Abs. 2 RGes. vom 22. Juni 1899, 120 Abs 2 BSchG.

[2]) Vgl. Allg. Verf. des JM. vom 4. Dez. 1899 (JMBl. S. 560).

fremden Firma auf Antrag des Inhabers der letzteren untersagt (§ 37 HGB.) und der Betroffene im Gegensatz zu dem Antragsteller behauptet, zu dem Gebrauch der Firma befugt zu sein. Der Registerrichter wird die Betheiligten in solchem Falle zweckmäßig auf den Prozeßweg verweisen und das Ergebniß des Rechtsstreits abwarten.

III. Eine Vorschrift allgemeiner Art besteht endlich noch für solche Handelssachen, welche weder unter die Registerführung noch unter die Zwangsanwendung gegen die Korporationsvorsteher u. s. w. fallen, d. h. also für die oben S. 142 unter c 2 und 3[1]) bezeichneten Angelegenheiten. Ist in diesen nämlich ein Gegner des Antragstellers vorhanden, sind sie also materiell streitiger Natur, so ist vor der Entscheidung der Gegner wenn thunlich zu hören. Die Entscheidung unterliegt der sofortigen Beschwerde, §§ 146, 148 Abs. 1 RFG.

Auch in den S 142 unter d aufgeführten seerechtlichen Sachen muß der Gegner des Antragstellers gehört werden, dagegen ist hier und ebenso in den Fällen des BSchG. und des Flößereigesetzes die Anfechtung einer dem gestellten Antrage stattgebenden Entscheidung ausgeschlossen, §§ 146 Abs. 3, 148 Abs. 2 RFG.

In ähnlicher Weise wie § 146 RFG. ordnet § 160 RFG. an, daß das Gericht thunlichst den Vorstand eines eingetragenen Vereins hören soll, bevor es über das Verlangen eines Mitgliedes, eine Mitgliederversammlung zu berufen (§ 37 BGB.), entscheidet, und daß die Entscheidung der sofortigen Beschwerde unterliegt.

§ 40.

Registerführung.

Das Handelsregister ist aus den Matrikeln der kaufmännischen Zünfte oder Gilden hervorgegangen. Solche Matrikeln finden sich in den italienischen Handelsstädten

---

[1]) Der Fall des § 80 GenG. kommt hier nicht in Betracht.

schon seit dem dreizehnten Jahrhundert.[1]) Sie enthielten Verzeichnisse der Zunftgenossen und bezweckten zunächst nur, die personellen Grenzen der Zunftjurisdiktion festzustellen; den seit dem vierzehnten Jahrhundert aus den Matrikeln sich abzweigenden Gesellschaftsregistern — in welchen nur die Gesellschaften, nicht die Einzelkaufleute Aufnahme fanden — kommt frühzeitig eine gewisse privatrechtliche Bedeutung und öffentlicher Glauben innerhalb der Zunftgenossen zu.[2]) Für die weiten Kreise des Publikums waren die Matrikeln und Gesellschaftsregister, im Gegensatz zu dem modernen Handelsregister, nicht bestimmt. Doch pflegten die Betheiligten und auch die Zunft selbst, erstere z. B. durch briefliche Mittheilungen, letztere durch öffentliche Anschläge u. dgl., Gesellschaftserrichtungen, Prokurenertheilungen u. s. w. bekannt zu geben; in späterer Zeit wird den Kaufleuten vielfach die Pflicht auferlegt, derartige Rechtsveränderungen bei der Gilde, der Börse oder dem Handelsgericht anzuzeigen.[3]) Die Ausbildung des Handelsregisters ist wesentlich ein Ergebniß der neuesten Entwicklung und besonders durch das AHGB. gefördert. Genossenschafts- und Vereinsregister sind Nachahmungen des Handelsregisters.

Die Einrichtung der Register ist im Verwaltungswege geregelt, Art. 29 PrFG., § 161 GenG.

In Preußen[4]) zerfällt das Handelsregister in zwei Abtheilungen, die eine (A.) für die Firmen der Einzelkaufleute, offenen Handelsgesellschaften und Kommanditgesellschaften, die andere (B) für die sonstigen Handelsgesellschaften. Das „Prokurenregister", welches früher im weitaus größten Theile der Monarchie eine besondere Abtheilung des Handelsregisters bildete, ist abgeschafft; die auf Prokuren bezüglichen Eintragungen erfolgen bei der Firma, um deren Pro-

[1]) Lastig, Florentiner Handelsregister des Mittelalters, 1883; derselbe, Markenrecht und Zeichenregister, 1890.

[2]) Lastig, Handelsregister S. 31, 33.

[3]) Vgl. noch ALR. II, 8 §§ 503, 618. Behrend, Lehrbuch des Handelsrechts, 1886, S. 226. Cosack, Lehrbuch des Handelsrechts, 4. Aufl., 1898, S. 42.

[4]) Allg. Verf. des JM. vom 7. Nov. 1899, JMBl. S. 313.

kuristen es sich handelt Bezüglich der Führung des Genossenschafts- und Vereinsregisters hat der Bundesrath die Grundzüge für das ganze Reichsgebiet festgestellt;[1]) die anzuwendenden Formulare sind auch hier durch die einzelstaatlichen Justizverwaltungen vorgeschrieben.[2]) Eine Beilage des Genossenschaftsregisters bildet die für jede Genossenschaft bei dem Gericht der Hauptniederlassung zu führende Liste der Genossen. Formulare des Handelsregisters sind in den Anlagen I und II (S. 239 u. 240) abgedruckt

Die Anmeldungen zur Eintragung in das Register und die zur Aufbewahrung bei dem Gerichte bestimmten Zeichnungen von Unterschriften müssen persönlich vor dem Gericht erfolgen, und zwar ist hier für die Entgegennahme der Erklärungen und Zeichnungen auch der Gerichtsschreiber zuständig §§ 128, 147, 159 RFG., — jedoch genügt die nicht persönliche Einreichung in „öffentlich beglaubigter" Form, §§ 12 HGB., 77 BGB., 157 GenG.

Die Eintragungen dürfen regelmäßig nur auf Antrag bewirkt werden; sie müssen den Tag, an dem sie erfolgt sind, angeben, mit der Unterschrift des zuständigen Beamten versehen sein und dem Antragsteller bekannt gemacht werden (§§ 130, 147, 159 RFG.). Ausnahmsweise sind sie auch von Amtswegen vorzunehmen, insbesondere wenn es sich um die Konkurseröffnung handelt, §§ 32 HGB., 75 BGB., 102 GenG., vgl. ferner unten § 42 über das Offiziallöschungsverfahren.[3])

Die Handels-, Genossenschafts- und Vereinsregister sind öffentlich, §§ 9 HGB., 79 BGB., 156 GenG., auch hat das Gericht der Regel nach die erfolgten Eintragungen durch die Zeitungen bekannt zu machen, §§ 10 HGB., 66 BGB., 156 GenG.; in Handels- und Genossenschaftssachen hat das Gericht im Dezember eines jeden Jahres öffentlich anzu-

---

[1]) Beschluß des Bundesraths vom 3. Nov. 1898, Centralblatt für das Deutsche Reich 1898, 438.

[2]) Vgl. für Preußen Allg. Verf. des JM. vom 6. Nov. 1899, (JMBl. S. 299), vom 8. Nov. 1899 (JMBl. S. 334).

[3]) Siehe auch §§ 131, 147 RFG., 148 Abs. 2 HGB., 76 Abs. 3 BGB., 84 Abs. 2 GenG.

zeigen, in welchen Blättern es seine Bekanntmachungen erlassen will, §§ 11 HGB., 156 GenG.

Die Organe des Handelsstandes, insbesondere also in Preußen die Handelskammern, sind verpflichtet und berechtigt, auf die Richtigkeit und Vollständigkeit des Handelsregisters (nicht des Vereins- und Genossenschaftsregisters) hinzuwirken, sie können dieserhalb Anträge beim Registergericht stellen und genießen auch ein Beschwerderecht, § 126 RFG., ebenso sind in Preußen sämmtliche Gerichtsbehörden, die Staatsanwaltschaft, Polizei- und Gemeindebehörden, Notare und selbst die Steuerbehörden zur Unterstützung des Registergerichts verpflichtet, Art. 3 AG. z. HGB.

§ 41.
Ordnungsstrafverfahren.

Die Dürftigkeit der allgemeinen Gesetzesvorschriften über die Verhängung von Ordnungsstrafen (oben § 22) ist mindestens für das Gebiet des Handelsrechts unangebracht, da der Richter hier häufig über äußerst bedeutsame und verwickelte Fragen — man denke z. B. an die Verhältnisse der Aktiengesellschaften — zu entscheiden hat. Schon die früheren partikularen Einführungsgesetze zum AHGB. hatten in Ergänzung des Art. 26 AHGB., welcher dem Handelsgerichte die Befugniß zur Ertheilung von Ordnungsstrafen beilegte, im Interesse der Rechtssicherheit ein formell ausgestaltetes Ordnungsstrafverfahren geschaffen. Die meisten Staaten, namentlich Preußen[1]) und Bayern,[2]) ließen die Verhängung der Strafe erst dann zu, wenn der Verpflichtete vom Gericht zur Erfüllung seiner (anscheinenden) Pflicht aufgefordert war und der Aufforderung weder Folge geleistet noch begründeten Widerspruch gegen sie erhoben hatte.

---

[1]) Preuß. EG. z. HGB. Art. 5, AG. z. CPO. § 28.

[2]) Bayr. EG. z. HGB. Art. 10 bei Lutz, Protokolle zum AG. z. HGB., Anlageband, Th. III, S. 45. Vgl. überhaupt Schultze-Görlitz, Die Führung des Handels- und Musterregisters S. 71.

In den thüringischen Staaten ließ man dagegen die Strafe ohne weiteres dann eintreten, wenn der Verpflichtete innerhalb von vier Wochen seit dem die Pflicht begründenden Ereignisse dieser nicht nachgekommen war, ohne durch besondere Umstände entschuldigt zu sein.[1])

Das RFG (§§ 132 ff.) folgt im wesentlichen dem preußischen Recht, von welchem es sich hauptsächlich dadurch unterscheidet, daß es die nach letzterem vorgeschriebene Oeffentlichkeit des Verfahrens[2]) beseitigt hat, und zwar gelangt das Ordnungsstrafverfahren des RFG. nicht nur in Handelssachen (einschließlich der Genossenschaftssachen), sondern auch in Vereinssachen zur Anwendung, §§ 160 Abs. 2 GenG., 159 RFG.[3])

In welchen Fällen der Registerrichter Zwang üben darf, ergiebt sich aus dem § 39 Ziff. I ausgeführten. Dort ist bereits bemerkt, daß verschiedene Registeranmeldungen nicht erzwungen werden dürfen, z. B. nicht die Anmeldung einer Aktiengesellschaft oder Genossenschaft zum Register der Hauptniederlassung, §§ 195, 319 Abs. 2 HGB., 11, 160 GenG. Denn da die Aktiengesellschaft bezw. Genossenschaft als solche erst durch die registermäßige Eintragung entsteht, §§ 200 HGB., 13 GenG., wird einerseits den Betheiligten selbst daran gelegen sein, die Eintragung herbeizuführen, und besteht andererseits an letzterer kein staatliches Interesse. Ganz gleichartig liegt die Sache in den anderen Fällen, in denen der Anmeldungszwang ausgeschlossen ist.

Das Verfahren ist durchweg von der Officialmaxime beherrscht. Das Gericht geht von Amtswegen vor, sobald es von einem sein Einschreiten rechtfertigenden Sachverhalte glaubhafte Kenntniß erhält, § 132 RFG.[4]) Diese Kenntniß

[1]) Denkschr. S. 71.

[2]) Preuß. AG. z. HGB. Art. 5 Nr. 3.

[3]) Vgl. weiter unten S. 169.

[4]) Hier und im Folgenden sind die §§ 159 RFG., 160 Abs. 2 GenG., welche die analoge Anwendbarkeit der §§ 132—139 RFG. auf Genossenschafts- und Vereinssachen aussprechen, nicht jedesmal citirt.

kann es aus Mittheilungen der Handelskammern, der Polizei- und anderen Behörden, natürlich aber auch aus Mittheilungen Privater schöpfen.

Solche Private, welche dem Gericht den Anstoß zum Einschreiten geben, — ein förmlicher „Antrag“ kommt hier nicht in Frage —, sind an sich nicht zur Beschwerde gegen die ergehende Entscheidung legitimirt,[1] vielmehr sind sie dies gemäß § 20 RGF. nur dann, wenn ihre Rechte durch die Verfügung beeinträchtigt worden sind, so z. B. wenn der rechtmäßige Inhaber einer Firma mit seinem beim Registergericht angebrachten Gesuch, gegen einen die Firma mißbrauchenden Dritten einzuschreiten, zurückgewiesen wird.

Das Verfahren beginnt damit, daß das Gericht dem Verpflichteten unter Androhung einer Ordnungsstrafe aufgiebt, innerhalb einer bestimmten Frist seiner gesetzlichen Verpflichtung nachzukommen oder die Unterlassung mittelst Einspruchs gegen die Verfügung zu rechtfertigen, § 132 RFG.

Genügt der Verpflichtete innerhalb der Frist seiner Pflicht nicht, und erhebt er auch keinen Einspruch, so ist die angedrohte Strafe festzusetzen und zugleich die frühere Verfügung unter Androhung einer erneuten Ordnungsstrafe zu wiederholen. Dieses Verfahren ist fortzusetzen, bis der Betheiligte seiner Verpflichtung nachkommt (z. B. die vorgeschriebene Anmeldung bewirkt), § 133 RFG.

Gegen die Strafandrohung findet keine Beschwerde statt, der einzige dagegen zulässige Rechtsbehelf ist der aus dem preußischen und bayrischen Recht stammende Einspruch, § 132 RFG. Derselbe ist in der durch die Verfügung bestimmten Frist einzulegen. Gegen ihre Versäumung ist die Wiedereinsetzung in den früheren Stand gegeben, § 137 RFG.

Ein „Rechtsmittel“ im technischen Sinne ist der Einspruch nicht; er steht auf einer Stufe mit dem civilprozessualen Einspruch (§ 338 CPO.) und dem verwaltungsprozeßrechtlichen Antrag auf

[1]) Vgl. KG. 4, 14; 13, 9; 18, 12.

Anberaumung einer mündlichen Verhandlung gegenüber dem Erlasse eines Vorbescheides (§ 64 ALVG.).

Wird Einspruch eingelegt und ergiebt er sich nicht ohne Weiteres als begründet, so hat das Gericht den Empfänger der Strafandrohung zu einem Termine zwecks mündlicher Erörterung der Sache zu laden. Die Zuziehung eines etwa vorhandenen Gegners ist nicht geboten, aber zulässig und oft zweckdienlich. Erscheint die Partei, welche den Einspruch eingelegt hat, in dem Termine nicht, so kann der Richter „nach Lage der Sache", also namentlich unter Berücksichtigung der bei den Akten befindlichen Einspruchsbegründung, über den Einspruch entscheiden, § 134 RFG., aber z. B. auch eine Beweisaufnahme anordnen.

Es treten also nicht, wie nach dem früheren preußischen Rechte,[1]) gegen den Nichterschienenen Versäumnißfolgen ein. Möglicherweise ist freilich in dem Nichterscheinen nach den Umständen des Falles ein zu Ungunsten der Partei sprechendes Moment zu finden, und aus diesem Grunde der Einspruch zu verwerfen. Allerdings sagt § 134 Abs. 2 RFG.: „Das Gericht kann, auch wenn der Betheiligte nicht erscheint, nach Lage der Sache entscheiden", und man könnte hieraus vielleicht schließen, daß der Richter wenigstens befugt, wenn auch nicht verpflichtet sei, Versäumnißfolgen auszusprechen.[2]) Allein der Gesetzgeber will nichts weiter sagen, als daß der Richter im Falle des § 134 Abs. 2 ausnahmsweise auch ohne die im § 134 Abs. 1 vorgeschriebene mündliche Erörterung in der Sache entscheiden darf; weitergehende Nachtheile droht er dem Nichterschienenen nicht an.

Wird der Einspruch für begründet erachtet, so ist die erlassene Verfügung aufzuheben, § 135 Abs. 1 RFG., auch kann eine früher in derselben Sache bereits festgesetzte Strafe — vgl. § 133 RFG. oben S. 152 — aufgehoben oder ermäßigt werden, § 136 RFG. Ist der Einspruch unbegründet, so ist

[1]) Art. 5 § 4 preuß. EG. z. HGB.; wie jetzt schon bayr. EG. z. HGB. Art. 15.

[2]) So anscheinend Staub, Kommentar zum HGB., 6. und 7. Aufl., Anm. 7 zu § 14.

er zu verwerfen, die Strafe festzusetzen und zugleich zur zwangsweisen Durchsetzung des richterlichen Gebots eine erneute strafandrohende Verfügung zu erlassen. Geeignetenfalls kann von der Festsetzung der Strafe abgesehen oder letztere ermäßigt werden (z. B. wenn eine Partei nur deshalb die erforderliche Anmeldung zum Handelsregister nicht bewirkt hatte, weil sie sich rechtsirrthümlich nicht für verpflichtet dazu erachtet hatte).

Gegen den Beschluß, durch welchen die Ordnungsstrafe festgesetzt oder durch welchen der Einspruch verworfen wird, findet die sofortige Beschwerde statt, § 139 Abs. 1 RFG.

Da die Androhung der Strafe nur mit dem Einspruch, nicht mit der Beschwerde angefochten werden kann, ist folgerecht bestimmt, daß wenn die Partei innerhalb der ihr gesteckten Frist weder die strafandrohende Verfügung befolgt noch Einspruch eingelegt hat und in Folge dessen der Straffestsetzungsbeschluß erlassen ist, die sofortige Beschwerde gegen den letzteren nicht darauf gestützt werden kann, daß die strafandrohende Verfügung ungerechtfertigt gewesen sei, § 139 Abs 2 RFG

Die im Vorstehenden dargelegten Regeln erleiden einige sich aus der Natur der Sache ergebende Abänderungen, wenn das Ordnungsstrafverfahren nicht eine Anmeldung oder sonstige Handlung, sondern eine Unterlassung, nämlich die des Firmenmißbrauches, § 37 HGB., herbeiführen soll. In diesem Falle kann natürlich dem betr. Betheiligten nicht aufgegeben werden, „innerhalb einer bestimmten Frist seiner Verpflichtung nachzukommen" (§ 132 RFG.), sondern die Verfügung geht dahin, daß er bei Vermeidung der Ordnungsstrafe sich des Gebrauchs der Firma enthalten oder ihn binnen bestimmter Frist im Wege des Einspruchs rechtfertigen solle (§ 140 Ziff. 1 RFG.), und nur wenn der Betheiligte nach Empfang dieser Verfügung ihr zuwider handelt und ein Einspruch entweder nicht eingelegt oder zurückgenommen oder rechtskräftig verworfen wird, kann die Straffestsetzung erfolgen, § 140 Ziff. 2 RFG.

§ 42.

Offizziallöschungsverfahren.

Nach dem AHGB. konnten Löschungen im Handelsregister nur auf Grund gehöriger Anmeldungen der Betheiligten bewirkt werden. Da es nun in vielen Fällen nicht möglich war, die Anmeldung herbeizuführen, z. B. weil der Betheiligte verstorben war, ließ das Reichsgesetz vom 30. März 1888 die Löschung von Amtswegen bezüglich erloschener Firmen zu, wenn die erforderliche Anmeldung nicht zu erlangen war. Diesen Rechtssatz hat das geltende Recht übernommen (§ 31 Abs. 2 HGB.) und zugleich, eine Streitfrage des früheren Rechtes entscheidend und an den Grundsatz von der Abänderlichkeit der Verfügungen anknüpfend,[1]) bestimmt, daß das Registergericht eine unzulässigerweise bewirkte, wegen Mangels einer wesentlichen Voraussetzung nichtige Eintragung von Amtswegen löschen kann, § 142 RFG. Für die Herbeiführung der Löschungen besteht ein schon in dem Gesetz vom 30. März 1888 vorgeschriebenes besonderes Verfahren, welches wir Offizziallöschungsverfahren nennen wollen.

Auch auf Genossenschafts- und Vereinssachen[2]) ist das Offizziallöschungsverfahren erstreckt, hier jedoch nur soweit, als es sich um die Löschung einer von Anfang an nichtigen (nicht um die einer nachträglich hinfällig gewordenen) Eintragung handelt, §§ 147, 159 RFG.

Lösen sich also gültig eingetragene Genossenschaften oder Vereine später auf, so sind die Gerichte darauf angewiesen, daß der Vorstand die Auflösung zum Register anmeldet, §§ 78 Abs. 2, 79 Abs. 2 GenG., 74 Abs. 2 BGB., während bezüglich der im Handelsregister stehenden materiell erloschenen Firmen das Offizziallöschungsverfahren Platz greift, wenn die vorgeschriebene Löschungsanmeldung nicht erlangt werden kann, § 31 Abs. 2 HGB. Nur die obrigkeitliche Auflösung eines Vereins oder einer Genossen-

---

[1]) Oben S. 50.

[2]) Ebenso unter gewissen Voraussetzungen auf Muster- und Güterrechtsregistersachen, unten S. 161, 164.

schaft — in Vereinssachen auch die „Entziehung der Rechtsfähigkeit“ durch Gericht oder Verwaltungsbehörde — wird von Amtswegen eingetragen, §§ 80, 81, 82 Abs. 1 GenG., §§ 43, 73, 74 Abs. 1 und 3 BGB.

Das Offiziallöschungsverfahren verläuft in folgender Weise: Beabsichtigt das Registergericht die Vornahme einer Löschung, so hat es von seinem Vorhaben den eingetragenen Inhaber der Firma oder dessen Rechtsnachfolger zu benachrichtigen und ihm zugleich eine angemessene Frist zur Geltendmachung eines „Widerspruchs“ — dieser Ausdruck hat, wie bereits nach dem Gesetz vom 30. März 1888, technische Bedeutung — zu bestimmen. Die Frist muß, wenn es sich um die Löschung einer nach der Eintragung untergegangenen Firma (also um den Fall des § 31 Abs. 2 HGB.) handelt, mindestens drei Monate betragen. Sind die Betheiligten oder ihr Aufenthalt nicht bekannt, so ist die Verfügung durch die Zeitungen zu veröffentlichen, §§ 141 Abs. 1 und 2, 142 Abs. 2 RFG.

Ueber den Widerspruch befindet das Registergericht, dessen Entscheidung der sofortigen Beschwerde unterliegt. Die Löschung darf erst erfolgen, wenn fristgerechter Widerspruch nicht erhoben oder wenn die den Widerspruch zurückweisende Verfügung rechtskräftig geworden ist, §§ 141 Abs. 3 und 4, 142 Abs. 3 RFG.

Das geschilderte Verfahren findet nach allgemeinen Grundsätzen[1]) auch dann Anwendung, wenn Eintragungen, die vor dem 1. Januar 1900 bewirkt worden sind, ferner nach preußischem Recht (Art. 2 AG. z. HGB.) auch dann, wenn Eintragungen, die nach dem früheren Landesrecht zulässig, nach dem geltenden Reichsrecht aber unzulässig sind, (z. B. in Hannover die von Minderkaufleuten),[2]) gelöscht werden sollen.

---

[1]) Oben S. 7.

[2]) Vgl. Begr. zum Entwurf des AG. z. HGB. S. 10. Ebenda S. 11 über eine unerhebliche Abweichung des nach Art. 2 AHGB. und des nach Reichsrecht stattfindenden Löschungsverfahrens.

Besondere Vorschriften bestehen für den äußerst folgenschweren Fall, daß eine Aktiengesellschaft, Aktienkommanditgesellschaft, Gesellschaft mit beschränkter Haftung oder eine Genossenschaft oder ein bereits eingetragener Beschluß einer dieser Korporationen als von Anfang an nichtig im Register gelöscht werden soll. Eine solche Korporation kann nämlich nur dann gelöscht werden, wenn ihr gegenüber die Voraussetzungen der in den §§ 309 f. HGB., 75 f. Ges. vom 20. April 1892, 94 f. GenG. geregelten (materiell-rechtlichen) Nichtigkeitsklage vorliegen, (z. B. wenn der Aktiengesellschaftsvertrag die Höhe des Nennbetrages der einzelnen Aktien in unzulässiger Weise bestimmt); zur Löschung eines Beschlusses der gedachten Art ist erforderlich, daß er durch seinen Inhalt zwingende Vorschriften des Gesetzes verletzt **und** seine Beseitigung im öffentlichen Interesse geboten erscheint, auch muß die Frist zur Geltendmachung des Widerspruchs in diesen Fällen (wie nach § 31 Abs. 2 HGB.) mindestens drei Monate betragen, §§ 144, 147 RFG. Diese Besonderheiten gelten nicht für die Löschung von Vereinen und Vereinsbeschlüssen im Vereinsregister. —

Das Offizialöschungsverfahren kann nach einer eigenartigen Bestimmung des Gesetzes statt vom Registergericht auch von der Handels- (oder Civil-) kammer des vorgeordneten Landgerichts erstinstanzlich betrieben werden (ausgenommen den Fall des § 31 Abs. 2 HGB.); es findet alsdann gegen die den Widerspruch zurückweisende Verfügung die sofortige Beschwerde an das Oberlandesgericht, in Preußen und Bayern an das Kammergericht bezw. das oberste Landesgericht unter Ausschluß der weiteren Beschwerde statt, §§ 143, 144, 147, 159, 199 RFG. Den Anstoß zur Uebernahme einer Sache an das Landgericht kann — und wird wohl allein — die Justizverwaltung geben.[1]) Der praktische Sinn der Vorschrift dürfte darin zu finden sein, daß im Offizialöschungsverfahren, wie sich bereits aus dem Gesagten ergiebt, oft Entscheidungen

[1]) Denkschr. S. 73.

von sehr weittragender Bedeutung zu fällen sind und diese unter Umständen dem Einzelrichter entzogen werden sollen.

Hat das Registergericht bereits rechtskräftig entschieden, so kann das Landgericht natürlich eine abweichende Verfügung nicht mehr treffen.

§ 43.

Dispacheverfahren.

Dispache ist die Aufmachung der Rechnung (des Vertheilungsplanes) über die große Haverei, doch wird auch der Vertheilungsplan selbst Dispache genannt. Große Haverei sind alle Schäden, die dem Schiffe oder der Ladung zum Zwecke der Errettung beider aus einer gemeinsamen Gefahr von dem Schiffer oder auf dessen Geheiß vorsätzlich zugefügt werden.[1]) Die große Haverei wird von Schiff und Ladung, im Seerecht auch von der Fracht getragen. Zur Feststellung des von jedem Einzelnen zu tragenden Schadens dient eben die Dispache. Nach welchen materiellen Grundsätzen die Schadensvertheilung erfolgt, ist in den §§ 708 ff. HGB., 85 BSchG. bestimmt und hier nicht zu erörtern. Wir haben es nur mit dem Verfahren zu thun, in welchem die Vertheilung herbeigeführt wird.

Die Aufmachung der Dispache erfolgt im Wesentlichen nicht gerichtlich, sondern liegt in den Händen eines für alle Mal bestellten (im Nothfalle gerichtlich für den einzelnen Fall zu ernennenden) Sachverständigen, des sog. Dispacheurs, §§ 729 HGB, 87 BSchG.

In Binnenschiffahrtssachen stellt im Allgemeinen der Schiffer die Dispache auf, ist aber berechtigt und auf Antrag eines anderen Betheiligten verpflichtet, sie einem Dispacheur zu übertragen.

Dem Gericht, — und zwar ist das Amtsgericht zuständig, § 149 RFG., — gebührt nur eine ergänzende und oberaufsichtliche Thätigkeit.

---

[1]) §§ 700 ff. HGB., 78 ff. BSchG.

Oertlich zuständig ist das Gericht des Ortes, an welchem die Reise endigt, in Seeschiffahrtssachen jedoch zunächst das des Bestimmungsortes, falls dieser erreicht wird, §§ 727 HGB, 86 BSchG., 149 RFG.

Zu den Befugnissen des Gerichts gehört die bereits erwähnte Ernennung eines Dispacheurs für den einzelnen Fall, die Entscheidung, wenn der Dispacheur die Uebernahme der Dispacheaufstellung ablehnt, weil ein Fall der großen Haverei nicht vorliege, § 150 RFG., und die Zwangsanwendung gegen einen Betheiligten, der dem Dispacheur Schriftstücke, zu deren Mittheilung er gesetzlich verpflichtet ist, wie Chartepartieen und Konnossemente,[1]) gutwillig nicht herausgiebt, § 151 RFG.

Ist die Dispache aufgemacht, so findet auf Antrag eines Betheiligten (als Regelfall ist die außergerichtliche Einigung gedacht) eine dem civilprozessualen Vertheilungsverfahren und der nachlaßrichterlichen Erbesauseinandersetzung verwandte gerichtliche Verhandlung über die Dispache statt. Auch hier ladet das Gericht den Antragsteller und die von ihm bezeichneten Betheiligten zu einem Termin; ergiebt sich in demselben ein Einverständniß der Betheiligten über die Dispache, so ist sie zu bestätigen, wodurch sie Vollstreckbarkeit erlangt; ein geladener, aber nicht erschienener Betheiligter wird als zustimmend betrachtet. Ein nicht von allen Betheiligten als berechtigt anerkannter Widerspruch gegen die Dispache muß durch Feststellungsklage des Widersprechenden im Prozeßwege ausgetragen werden, und zwar muß der Widersprechende — ebenso wie im Vertheilungsverfahren, abweichend jedoch von dem Auseinandersetzungsverfahren — binnen einer einmonatlichen, aus erheblichen Gründen zu verlängernden Frist die Klage erheben, widrigenfalls ohne Rücksicht auf seinen Widerspruch die Bestätigung der Dispache erfolgt, §§ 153—158 RFG.[2])

---

[1]) §§ 729 HGB., 87 BSchG.

[2]) Ueber die Kosten des Verfahrens vgl. Art. 30 PrFG.

Vor dem Erlaß des RFG war das formelle Dispacherecht in den landesrechtlichen Ergänzungsgesetzen zum HGB. und zur CPO. geregelt. Das preußische Recht[1]) unterscheidet sich von den §§ 149 bis 158 RFG. dadurch, daß es sich nicht auf das Binnenschiffahrtsrecht bezieht, vor allem aber legt es im Gegensatz zu dem geltenden Recht dem Gericht die Verpflichtung auf, die Verhandlung über die Dispache von Amtswegen einzuleiten und durchzuführen. Im Gegensatz dazu wurde in den Hansestädten die Erledigung der Schadensvertheilung ganz in den Händen der Privatbetheiligten belassen; die Dispache hatte hier nur die Bedeutung eines sachverständigen, rechtlich aber unverbindlichen Gutachtens.[2]) Das Reichsrecht schlägt also einen Mittelweg ein.

Fünftes Kapitel.

§ 44.

Muster-, Börsen- und Güterrechtsregister.

I. Auf Grund des Reichsgesetzes vom 11. Jan. 1876 (Geschmacksmustergesetz) betreffend das Urheberrecht an Mustern und Modellen werden bei dem mit der Führung des Handelsregisters beauftragten Gericht, jetzt also bei dem Amtsgericht, öffentliche Musterregister geführt. Zu diesen Registern sind die sogenannten Geschmacksmuster, d. h. kunstgewerbliche Muster und Modelle anzumelden, wenn sie unter den Schutz des Gesetzes gestellt werden sollen; bei der Anmeldung ist dem Gericht ein Exemplar oder eine Abbildung des Musters oder Modells zu überreichen. Die Eintragung erfolgt ohne vorgängige Prüfung der Berechtigung des Antragstellers oder der Richtigkeit der zur Eintragung angemeldeten Thatsachen, § 10 Ges.; eine etwaige Unzulässigkeit der Eintragung im Prozeßwege geltend zu machen, bleibt den Betheiligten überlassen. („Anmeldeverfahren" im Gegen-

[1]) Art. 57 preuß. EG. z. HGB., § 29 preuß. AG. z. CPO.
[2]) Denkschr. S. 80.

satz zu dem im deutschen Patentrecht — und jetzt auch Waarenzeichenrecht — herrschenden „Vorprüfungsverfahren“.)

Im einzelnen richtet sich die Führung des Musterregisters nach den Bestimmungen des Reichskanzleramts vom 29. Febr. 1876 (Centralblatt für das Deutsche Reich S. 123) Da § 1 dieser Bestimmungen die Vorschriften über die Führung des Handelsregisters für anwendbar erklärt, so wird das Gericht u. a. jetzt, wenn es eine von Anfang an unzulässige, nichtige Eintragung von Amtswegen löschen will, die Regeln über das Offizial-löschungsverfahren (oben § 42) beachten müssen.

Die Musterregister sind in gewisser Hinsicht den Markenregistern, welche auf Grund des Reichsgesetzes vom 30. Nov. 1874 als Theile der Handelsregister gleichfalls bei den Gerichten geführt wurden, nachgebildet. Sie gehen insofern auf die schon gegen Ende des Mittelalters in den italienischen Handelsstädten vorkommenden Markenregister oder besser -verzeichnisse zurück, welche gewöhnlich als bloße Nebeneinträge in die Matrikeln der Kaufmannschaften auftreten. Jetzt wird bekanntlich das Markenregister centralisirt als „Waarenzeichenrolle“ bei dem Patentamt geführt (Gesetz vom 12. Mai 1894). Freilich sind die Gerichte auch für die Geschmacksmusterangelegenheiten nicht die geeigneten Stellen und nur deshalb für zuständig erklärt worden, weil beim Erlaß des Geschmacksmustergesetzes das Reichspatentamt noch nicht errichtet war.

II. Das Börsengesetz vom 22. Juni 1896 stellt sich u. a. die Aufgabe, den Börsenterminhandel einzudämmen, namentlich soll auch das der Börse ferner stehende Publikum von demselben zurückgehalten werden. Zu diesem Zwecke wurde das Börsenregister geschaffen. Nach § 66 des Börsengesetzes wird nämlich durch ein Börsentermingeschäft ein klagbares Schuldverhältniß nur dann begründet, wenn zur Zeit des Geschäftsabschlusses beide Theile im Börsenregister eingetragen waren.

---

[1]) Vgl. Lastig, Markenrecht und Zeichenregister S. 169.

Unter Börsentermingeschäften versteht das Gesetz Kauf- und sonstige Anschaffungsgeschäfte auf eine festbestimmte Lieferungszeit oder mit einer festbestimmten Lieferungsfrist, wenn sie unter börsenmäßigen Geschäftsbedingungen abgeschlossen sind und die Terminspreise an der betreffenden Börse amtlich festgestellt („notirt") werden.

Das Börsenregister, welches in zwei selbständige Theile, den einen für Waaren und den anderen für Werthpapiere, zerfällt, wird von den Amtsgerichten geführt[1]) und ist öffentlich, § 56 des Börsengesetzes, die Eintragungen sind durch die Zeitungen bekannt zu machen, § 62 Ges.

Nach § 58 Abs. 2 des Börsengesetzes (Art. 14 Ziff. III EG. z. HGB.) können Ehefrauen nur mit ehemännlicher Genehmigung die Eintragung im Börsenregister und damit die Verpflichtungsfähigkeit für Börsentermingeschäfte erlangen —, einer der wenigen Fälle, in denen das geltende Recht die Verfügungsfähigkeit der Ehefrau noch beschränkt.

Eine Ausnahme läßt das Gesetz für „Handelsfrauen" zu. Da nun das neue HGB. den Begriff der Handelsfrau nicht mehr kennt, muß dafür der entsprechende Begriff des AHGB. eingesetzt werden. Es sind daher solche Frauen von dem Erforderniß der ehemännlichen Einwilligung befreit, die mit Genehmigung ihres Ehemannes gewerbsmäßig Handelsgeschäfte betreiben, Art. 6/7 AHGB.

Für eine nicht unbeschränkt geschäftsfähige Person kann nur der gesetzliche Vertreter die Eintragung beantragen, Vormünder und Pfleger bedürfen hierzu vormundschaftsrichterlicher Genehmigung, § 58 Abs. 1 und 3 des Börsengesetzes. Eine den Erfordernissen des § 58 nicht genügende Eintragung ist von Amtswegen zu löschen, wenn der Mangel nicht in der Zwischenzeit behoben wird, § 64 des Börsengesetzes; das Offiziallöschungsverfahren (oben § 42) findet hierbei keine Anwendung.

---

[1]) Die Einrichtung des Börsenregisters ist für das Reich in einheitlicher Weise erfolgt, Bekanntmachung des Reichskanzlers vom 9. Okt. 1896, JMBl. S. 327.

Die Gerichte haben nach dem Beginne eines jeden Jahres eine Liste der im Register eingetragenen Personen aufzustellen und dem Amtsgericht I Berlin einzusenden. Letzteres fertigt dann eine „Gesammtliste" der eingetragenen Personen an und macht sie durch den Reichsanzeiger bekannt, § 65 des Börsengesetzes. Diese Gesammtliste hat auch privatrechtliche Bedeutung, § 67 Abs. 2 des Börsengesetzes; insbesondere gilt eine im Register bereits gelöschte Person bis zum Ablaufe eines Monats seit der nächsten auf die Löschung folgenden Veröffentlichung einer Gesammtliste als fortdauernd eingetragen, sofern nicht zur Zeit des Geschäftsabschlusses der andere Theil — was ihm bewiesen werden muß — von der Löschung Kenntniß hatte.

III. Das Güterrechtsregister ist bestimmt, gewisse, auch für Dritte wichtige Abweichungen von der normalen Gestaltung der vermögensrechtlichen Verhältnisse unter Ehegatten und die Aufhebung solcher Abweichungen aufzunehmen.

Zu den letzteren gehört die Ausschließung oder Aenderung des gesetzlichen Güterstandes durch den Ehevertrag (§ 1435 Abs. 1 BGB., vgl. auch für ausländische Eheleute Art. 16 EG z. BGB.), das Vorhandensein von Vorbehaltsgut (§§ 1371, 1431 Abs. 1 BGB), der Eintritt der Gütertrennung (§ 1431 Abs. 1 BGB.), die Beschränkung oder Ausschließung der Schlüsselgewalt (§ 1357 BGB.), der ehemännliche Einspruch gegen den selbständigen Betrieb eines Erwerbsgeschäftes durch die Frau (§ 1405 BGB.), vgl. ferner §§ 1431 Abs. 2, 1470, 1545, 1548, 1549 BGB., aus dem preußischen Recht Art. 44 ff (64) AG z. BGB.

Das Register bezweckt, einem jeden, der mit einem Ehegatten in rechtsgeschäftlichen Verkehr tritt, die Möglichkeit zu geben, sich über die entstehende Rechtslage zu vergewissern. Demgemäß ist das Register öffentlich, § 1563 BGB., auch sind die Eintragungen durch die Zeitungen bekannt zu machen, § 1562 BGB., vor allem aber ist in materiellrechtlicher Hinsicht bestimmt, daß die eintragungsbedürftigen Rechtsverhältnisse einem Dritten gegenüber nur dann wirksam sind, wenn die Eintragung zu der maßgebenden Zeit (z. B. zur Zeit des Vertragsschlusses mit dem Dritten) bereits erfolgt war oder wenn der Dritte, was ihm bewiesen werden muß, von dem Rechtsverhältniß Kenntniß hatte, § 1435 BGB.[1]) Die Eheleute (oder unter Umständen, z. B. im Falle des § 1405 BGB., der Ehegatte) haben daher ein dringendes Interesse daran, die Eintragung herbeizuführen, da sie sich durch deren Unterlassung nur selbst schädigen; ähnlich wie in den oben S. 151 berührten handelsrechtlichen Fällen findet deshalb hier keinerlei gerichtlicher Anmeldezwang statt.

Die Eintragungen haben bei dem Amtsgerichte zu geschehen, in dessen Bezirk der Ehemann seinen Wohnsitz hat, § 1558 BGB., und sind bei Verlegung des letzteren in dem Register des für den neuen Wohnsitz maßgebenden Amtsgerichtes zu wiederholen, § 1559 BGB., da dem Publikum nicht zugemuthet werden kann, in jedem einzelnen Falle den ersten Wohnsitz des Mannes zu erforschen und das auswärtige Gericht, zu dem dieser Wohnsitz etwa gehört, um Einsichtnahme des Registers oder Ertheilung einer Abschrift anzugehen.[2])

Die Eintragungen (einschließlich der Löschungen) erfolgen regelmäßig nur auf Antrag, §§ 1560 f. BGB., doch findet das oben im § 42 geschilderte Offiziallöschungsverfahren statt, wenn eine Eintragung wegen Mangels einer wesentlichen Voraussetzung unzulässig war, § 161 RFG.

Bezüglich der Registerführung für mehrere Amtsgerichtsbezirke durch ein Amtsgericht gilt das oben S. 146 für das Handelsregister Bemerkte auch hier.[3])

---

[1]) Dieser im § 1435 BGB. für einen einzelnen Fall ausgesprochene Satz hat allgemeine Bedeutung, da § 1435 auf die anderen Fälle güterregisterlicher Eintragungen durchweg für anwendbar erklärt worden ist.

[2]) Motive zum ersten Entwurf des BGB. IV, 556.

[3]) Ueber die Einrichtung des Registers ist der bundesräthliche Beschluß vom 3. Nov. 1898 (Centralblatt für das Deutsche Reich S 438) und für Preußen die Allg. Verf. des JM. vom 6. Nov. 1899 (JMBl. S. 299) zu vergleichen.

Schon das ältere preußische Recht[1]) forderte für gewisse vermögensrechtliche Geschäfte unter Eheleuten, insbesondere unter bestimmten Voraussetzungen für die Einführung oder Ausschließung der allgemeinen Gütergemeinschaft die öffentliche gerichtliche Bekanntmachung; von letzterer hing — ähnlich wie nach geltendem Recht von der registerlichen Eintragung — in gewissem Umfange die Wirksamkeit des Geschäftes gegen Dritte ab Ein Register ehegüterrechtlicher Natur wurde für Preußen geschaffen durch das sog. „Vorrechtsregister" (§ 25 AG z. KO. vom 6. März 1879). In dieses konnten gewisse durch die Reichsjustizgesetze beseitigte oder beeinträchtigte Pfand- und andere Vorzugsrechte der Ehefrau eingetragen und dadurch für einen Zeitraum von 20 Jahren konservirt werden. Das Register ist jetzt geschlossen. Uebrigens war in Preußen früher eine jetzt aufgehobene Abtheilung des Handelsregisters für die Eintragung der Einführung oder Aufhebung der allgemeinen Gütergemeinschaft bestimmt, Art. 20 preuß. EG. z. HGB., §§ 83 ff der Instruktion vom 12. Dez. 1861 Einrichtungen nach Art des Güterrechtsregisters bestanden landesgesetzlich früher schon in Bremen und Oldenburg.[2])

Sechstes Kapitel.

§ 45.

Schiffsregister.

I. Das Schiffsregister entstand in England als ein Erzeugniß der merkantilistischen Handelspolitik, welche im Interesse der heimischen Schiffahrt und des heimischen Schiffsbaues die Einfuhr fremdländischer Waaren englischen oder doch in England gebauten Schiffen vorzubehalten strebte und ihren klassischen Ausdruck in der Navigationsakte vom 9. Oktober 1651 gefunden hat. Für die Durchführung dieser Politik empfahl es sich, die Schiffe nach Eigenthumsverhält-

[1]) §§ 323, 422 ff ALR. II, 1, preuß. Ges vom 20 März 1837.
[2]) Motive zum Entwurf eines BGB. IV, 554.

nissen und Bauart amtlich zu verzeichnen. Demgemäß traten die Schiffsregister bald nach Erlaß der Navigationsakte in England auf.[1]) Von hier aus verbreiteten sie sich nach anderen Staaten und wurden, auch nachdem die merkantilistische Wirthschaftspolitik allgemein aufgegeben worden war, wegen der den heimischen Schiffen überall verbliebenen Sonderrechte, insbesondere des Rechtes zur Führung der nationalen Flagge, als zweckmäßig beibehalten. In Folge dessen schrieb auch das AHGB. Art. 432 ff. die Einrichtung eines Registers für Seeschiffe vor; das Register sollte im Wesentlichen die zur Feststellung der Identität, Eigenthumsverhältnisse und Nationalität der Schiffe erforderlicher Angaben aufnehmen und war hauptsächlich bestimmt, über die Befugniß zur Führung der Landesflagge Auskunft zu ertheilen und als Unterlage für die Ausfertigung von Seepässen und anderen Schiffspapieren zu dienen; es verfolgte also im Anschluß an die geschichtliche Entwickelung lediglich öffentlichrechtliche Zwecke.[2]) Die einzelnen deutschen an der See belegenen Staaten (mit Ausnahme von Hamburg) gingen jedoch dazu über, in ihren Einführungsgesetzen zum AHGB. dem Register privatrechtliche Bedeutung beizulegen, sie gestalteten es nämlich als Schiffshypothekenbuch aus, indem für die Verpfändung, genauer für die Verhypothecirung der Seeschiffe die Form der Eintragung des Pfandrechts in das Schiffsregister vorgeschrieben wurde.[3])

Diese neue Form trat an die Stelle der älteren „symbolischen Verpfändung“, welche nach §§ 300 ff. ALR. I, 20 durch die Uebergabe beglaubigter Abschriften gewisser das Schiff betreffenden Urkunden und einen auf diese Urkunden gesetzten gerichtlichen oder notariellen Verpfändungsvermerk vollzogen wurde. Neben der Be-

[1]) Vgl. Abbot (Lord Tenterden), A treatise of the law relative to merchant ships and seamen, 1881, 38 ff.; Maclachlan, On the law of merchant shipping, 1876, 68 ff.

[2]) Vgl. Protokolle zum AHGB. S. 1481 ff

[3]) So namentlich preußisches EG. z. HGB. Art. 59. Vgl. auch Mittelstein, Deutsches Schiffspfandrecht und Schiffsgläubigerrecht, 1889.

stellung einer Schiffshypothek blieb in Preußen (§ 300 ALR. I, 20) die Bestellung eines Faustpfandrechts am Schiffe zulässig.

An die Stelle der Vorschriften des AHGB. ist später das Gesetz vom 25. Okt. 1867 über die Nationalität der Kauffahrteischiffe und ihre Befugniß zur Führung der Bundesflagge getreten, nach mehrfachen Abänderungen in neuer Redaktion erlassen als Gesetz betreffend das Flaggenrecht der Kauffahrteischiffe vom 22. Juni 1899 (Flaggengesetz).

Nach dem Vorbilde des Registers für Seeschiffe ist durch das BSchG. ein Register für Binnenschiffe eingeführt worden. Dieses trägt jedoch von vornherein vorwiegend privatrechtlichen Charakter und ist hauptsächlich für die Eintragung von Schiffshypotheken bestimmt (ein „Flaggenrecht" giebt es im Binnenschiffahrtsverkehr nicht).

Das Schiffspfandrecht ist jetzt nach der materiellen Seite in den §§ 1259 ff. BGB., nach der formellen Seite in den §§ 100 ff. RFG. im engsten Anschluß an das Immobiliarsachenrecht geregelt. Im Uebrigen wird über die Führung des Seeschiffsregisters in den §§ 4 ff. des Flaggengesetzes vom 22. Juni 1899, über die der Binnenschiffsregister in den §§ 119 ff. BSchG. Bestimmung getroffen.

II. Die Schiffsregister, welche öffentlich sind, werden bei den Amtsgerichten, die in dieser Eigenschaft „Registergericht" oder „Registerbehörde" heißen, geführt, §§ 4, 5 des Flaggengesetzes, 120, 121 BSchG.[1])

Doch sind landesgesetzliche Ausnahmen zulässig, § 27 des Flaggengesetzes, § 120 Abs. 2 BSchG. In Hamburg werden die Register von der „Deputation für Handel und Schiffahrt", einer Verwaltungsbehörde, in den mecklenburgischen Städten Rostock und Wismar von den Magistraten geführt.

Oertlich zuständig für die Eintragung eines bestimmten Schiffes ist die Registerbehörde des Heimathshafens (§ 6 des

---

[1]) Ueber die Vereinigung mehrerer Register bei demselben Amtsgericht oben S. 146.

Flaggengesetzes) oder des Heimathsortes (§ 122 BSchG.), d. h. des Hafens oder Ortes, von dem aus die Schiffahrt betrieben wird.

In das Seeschiffsregister sind die zur Führung der Reichsflagge befugten „Kauffahrteischiffe" — d. h. die zum Erwerb durch die Seefahrt bestimmten Schiffe — einzutragen, § 1 des Flaggengesetzes. Die Reichsflagge darf ein Schiff nur dann führen, wenn es im ausschließlichen Eigenthume von Reichsangehörigen steht, § 2 des Flaggengesetzes. Im Binnenschiffsregister sind Dampfschiffe und andere Schiffe mit eigener Triebkraft, deren Tragfähigkeit mehr als 15 000 kg beträgt, und sonstige Schiffe mit einer Tragfähigkeit von mehr als 20 000 kg zu verzeichnen, § 119 BSchG. In den Registern sind die wichtigsten thatsächlichen und rechtlichen Verhältnisse des Schiffes anzugeben, so Name und Gattung des Schiffes, die Ergebnisse der amtlichen Schiffsvermessung — bei Binnenschiffen nur die Tragfähigkeit und eventuell die Stärke des Motors —, Ort und Zeit der Erbauung, Heimathshafen bezw. Heimathsort, Namen und nähere Bezeichnung des Rheders bezw. Schiffseigenthümers, der Rechtsgrund der Erwerbung des Schiffes; alle diese Thatsachen und Rechtsverhältnisse sind bei dem Registerrichter anzumelden und ihm glaubhaft zu machen. §§ 7, 8 Flaggengesetz, 124 BSchG. Ueber die Eintragung wird eine Urkunde — Schiffscertifikat bei Seeschiffen, Schiffsbrief bei Binnenschiffen — ausgestellt; das Schiffscertifikat ist an Bord jederzeit mitzuführen, §§ 10, 11 des Flaggengesetzes, 125 BSchG. Treten in den eingetragenen Thatsachen oder Rechtsverhältnissen Veränderungen ein, so sind letztere zur Eintragung im Register anzumelden, gleichzeitig sind die Schiffscertifikate oder -briefe einzureichen, damit die Aenderung auf ihnen vermerkt werden kann, §§ 13—15 des Flaggengesetzes, § 126 BSchG. Das Gleiche gilt, wenn ein Binnenschiff zu Grunde geht oder reparaturunfähig wird, § 126 BSchG.; Seeschiffe müssen in solchem Falle und ebenso wenn sie das Recht zur Führung der Reichsflagge verlieren, unter gleichzeitiger Vernichtung des Schiffscertifikates, im Register gelöscht werden, § 13 des Flaggengesetzes. Uebrigens ist materiell eine Aenderung in den eintragsbedürftigen Rechtsverhältnissen, insbesondere den Eigenthumsverhältnissen des Schiffes von der registerlichen Eintragung unabhängig.

Die Anmeldungen zu den Registern und die Einreichung der Schiffscertifikate und -briefe sind durch gesetzlichen Zwang gesichert. Im Seeschifffahrtsrecht tritt nämlich eine kriminelle Strafe ein, wenn der Verpflichtete innerhalb einer Frist von sechs Wochen seit Kenntnißnahme des die Pflicht begründenden Ereignisses letzterer nicht genügt; führt er binnen sechs Wochen nach Rechtskraft des ihn verurtheilenden Erkenntnisses die Anmeldung immer noch nicht herbei, so werden weitere und zwar höhere kriminelle Strafen gegen ihn verhängt, § 20 des Flaggengesetzes. Die Einreichung der Schiffscertifikate und im Binnenschifffahrtsrecht überhaupt die Anmeldung zum Register wird dagegen im Wege des Ordnungsstrafverfahrens (oben § 41) erzwungen, §§ 15 des Flaggengesetzes, 127 BSchG.

Im Binnenschifffahrtsrechte erstreckt sich der Zwang auch auf die Anmeldung des Schiffs zum Register; im Seerecht gilt dies nicht, da der Rheder ohnehin das dringendste Interesse an der Eintragung hat, um die Reichsflagge führen zu können. Die Einreichung des Schiffsbriefes im Falle des § 126 Abs. 3 BSchG. kann das Gericht nach den allgemeinen Grundsätzen über die Vollziehung von Verfügungen (oben § 22) durchsetzen.

III. Ganz andere Grundsätze wie die unter II entwickelten hat der Gesetzgeber für das Schiffspfandrecht aufgestellt. Dieses entsteht nämlich, abweichend insbesondere vom Schiffseigenthum, erst durch die Eintragung im Schiffsregister, § 1260 BGB.

Das Schiffsregister zeigt daher große Aehnlichkeit mit den vielfach und namentlich auch in Preußen vor der Einführung des Grundbuchsystems in Gebrauch gewesenen Hypothekenbüchern. Eintragungen in letztere hatten bezüglich der Hypotheken konstitutive

Wirkung, nicht aber bezüglich der Eigenthumsverhältnisse; um die Richtigkeit der Angaben des Buchs aufrecht zu erhalten, wurden daher die Eigenthümer — wie jetzt im Schiffsregisterrecht — zur Anmeldung der Eigenthumsveränderungen gezwungen (sogen. Besitztitelberichtigung).

Die §§ 100 ff. RFG., welche die formelle Seite des Schiffspfandrechtes regeln, geben im wesentlichen und meist wörtlich die entsprechenden Regeln der GBO. wieder. Unterschiede bestehen hauptsächlich in folgenden Beziehungen: Ueber die Schiffshypothek wird ein Hypothekenbrief **nicht** ausgestellt, nur ist die Eintragung der Hypothek — wie jede andere Eintragung — baldthunlichst auf dem Schiffscertifikat oder dem Schiffsbrief zu vermerken, § 120 Abs. 1 RFG. Wird jedoch eine Urkunde über die Pfandforderung vorgelegt, so ist auf dieser die Eintragung mit einer kurzen Bezeichnung der dem Pfandrechte vorangehenden oder gleichstehenden Rechte unter Beifügung des Gerichtssiegels und der Unterschrift des zuständigen Beamten[1]) zu vermerken, § 120 Abs. 2 RFG. Hierin liegt immerhin etwas dem Hypothekenbriefe Aehnliches.

Ferner genießt das Register, auch soweit es sich um eingetragene Pfandrechte handelt, nicht allgemein den öffentlichen Glauben des Grundbuchs. Nur wenn eine Schiffshypothek **zu Unrecht gelöscht** worden ist, gilt sie ausnahmsweise auch als **materiell** erloschen zu Gunsten Dritter, welche das Eigenthum an dem Schiffe oder ein nachstehendes Recht in gutem Glauben erworben haben, § 1262 Abs. 2 Satz 1. Dagegen würde z. B. der gutgläubige dritte Erwerber einer wegen Arglist anfechtbaren Schiffshypothek der Anfechtung nicht entgehen, auch wenn zur Zeit des Erwerbes ein „Widerspruch“ wegen des Anfechtungs-

[1]) In Preußen müssen Richter und Gerichtsschreiber den Vermerk unterschreiben, § 5 der Allg. Verf. des JM. vom 11. Dez. 1899 (JMBl. S. 753).

rechtes nicht eingetragen war; noch weniger genießen die auf die Eigenthumsverhältnisse bezüglichen Registereintragungen öffentlichen Glauben.

Endlich kommt noch in Betracht, daß das Schiffsregister, wie bemerkt, öffentlich ist, während das Grundbuch nur von demjenigen eingesehen werden darf, der ein berechtigtes Interesse darlegt, § 11 GBO.

Im übrigen herrscht wesentlich Uebereinstimmung in Betreff der pfandrechtlichen Eintragungen in Schiffsregister und Grundbuch. So erfolgen Eintragungen im Register regelmäßig nur auf Antrag, und zwar muß derjenige sie bewilligen, dessen Recht von ihr betroffen wird; die Bewilligung und die sonstigen zur Eintragung erforderlichen Erklärungen müssen vor der Registerbehörde zu Protokoll gegeben oder durch öffentliche oder öffentlich beglaubigte Urkunden nachgewiesen werden; andere nicht gerichtskundige Voraussetzungen der Eintragung, z. B. unter Umständen die durch Erbgang erworbene Berechtigung oder die juristische Persönlichkeit des Antragstellers, bedürfen des Nachweises durch öffentliche Urkunden, §§ 100, 101, 107 RFG., vgl. §§ 13, 19, 29 GBO. Die Vormerkung und der Widerspruch sind dem Registerrecht gleichfalls bekannt, § 103 RFG., nicht minder die Befugniß des Gerichtes, bei Eintragungen, die unter Verletzung einer gesetzlichen Vorschrift erfolgt sind und eine Unrichtigkeit des Registers herbeigeführt haben, von Amtswegen einen Widerspruch einzutragen, und ihrem Inhalte nach unzulässige Eintragungen von Amtswegen zu löschen, § 119 RFG., 54 GBO. Die Beschwerde gegen eine Eintragung ist unzulässig, § 122 RFG., vgl. § 71 Abs. 2 GBO. u.s.w.

Siebentes Kapitel.

Die gerichtliche und notarielle Urkunde.

§ 46.

Allgemeines, insbesondere Geschichtliches.[1]

I. Oeffentliche Urkunden sind solche, welche von einer mit öffentlichem Glauben ausgestatteten Stelle aufgenommen sind und daher erhöhte Beweiskraft genießen.

Dem römischen Rechte war der Begriff der öffentlichen Urkunde fremd.[2] Wenn in der späteren Kaisergesetzgebung, namentlich auch in der leoninischen Konstitution über den Vorzug gewisser Pfandrechte[3] mancherlei Urkunden als „publice confecta", anderwärts auch als „publica" bezeichnet werden, so sind darunter Urkunden zu verstehen, welche in der Oeffentlichkeit, insbesondere von einem gewerbsmäßigen Urkundenschreiber wie dem tabellio (unten § 55) aufgenommen wurden; ihnen kam erhöhte Beweiskraft ebensowenig wie den Tabellionen öffentlicher Glaube zu.

Auch das bestimmten Behörden beigelegte ius actorum (acta = Protokoll) gehört nicht hierher. Sache jener Behörden war es, Eingaben und Urkunden nicht auf-, sondern (unter Protokollirung des Vorganges) entgegen zu nehmen, und an die zuständige

---

[1]) Brunner, Das Gerichtszeugniß und die fränkische Königsurkunde in den Festgaben für Heffter, 1883, S. 135 ff.; derselbe, Zur Rechtsgeschichte der römischen und germanischen Urkunde, 1880; derselbe, Deutsche Rechtsgeschichte II, 420 ff.; Planck, Deutsches Gerichtsverfahren im Mittelalter, 1879, II, 193 ff.; Breßlau, Handbuch der Urkundenlehre 1889, besonders I, 476 ff.; derselbe, Urkundenbeweis und Urkundenschreiber 1886 (in den „Forschungen zur deutschen Geschichte" Bd. 26); Weißler, Das Notariat der preußischen Monarchie, 1896, S. 3 ff.; derselbe, Reform der vorbeugenden bürgerlichen Rechtspflege in Oesterreich, 1900, S. 13 ff.

[2]) Weißler, Reform S. 13 ff.

[3]) l. 11 C. qui potiores 8, 17; siehe auch Nov. 73; weitere Quellenstellen bei Wetzell, System des ordentlichen Civilprozesses, 1878, S. 232 Anm. 43 und 44.

Stelle zu befördern, vereinzelt vielleicht auch aufzubewahren.[1]) Dafür, daß den Protokollen eine erhöhte Beweiskraft zugekommen wäre, besteht kein Anhalt.[2]) Im gemeinen Recht wurde freilich der Begriff der öffentlichen Urkunde den römischen Quellen allgemein untergelegt, und wurden namentlich die instrumenta publica und publice confecta in diesem Sinne gedeutet.

Für das ältere deutsche Recht kann zunächst von einem Urkundenbeweise überhaupt nur bedingt gesprochen werden. Wurde eine Urkunde im Rechtsstreit angefochten („gescholten"), so kam es zum Beweise über ihren Inhalt, wie wenn sie nicht vorhanden gewesen wäre, insbesondere zum Zeugenbeweise durch Eid der in der Urkunde benannten Zeugen, nach einigen Rechten auch des Schreibers.[3]) Ausgeschlossen war nur nach dem Grundsatze „der König lügt nicht", die Anfechtung einer Königsurkunde, sofern deren Echtheit feststand (weshalb sie auch der Zeugenbenennung nicht bedurfte);[4]) sie ist daher voll beweisend und als öffentliche Urkunde zu betrachten. Dagegen trugen die Gerichtsurkunden, abgesehen von denen des Königsgerichtes, diesen Charakter zur Zeit der Volksrechte noch nicht; wurde die Gerichtsurkunde angefochten, so mußte ihr Inhalt gerade so mit den gewöhnlichen Beweismitteln bewiesen werden, wie der jeder anderen Urkunde.[5]) Dies änderte sich nun in der Zeit der Rechtsbücher mit der Entwickelung des Siegelwesens und des Gerichtszeugnisses. Man verlegte in dieser Periode den Beweiswerth der Urkunde nicht mehr in die Benennung der Zeugen (und die Unter-

---

[1]) Weißler, Das Notariat der preußischen Monarchie S. 114 Anm. 2; derselbe, Reform der vorb. bürgerl. Rechtspflege S. 14 ff.; daselbst auch S. 16 ff. über den Ausdruck publica fides.

[2]) Daß l. 31 pr. C. de don. 8, 53 nicht in diesem Sinne verstanden werden darf, zeigt § 1 derselben Konstitution.

[3]) Schröder, Deutsche Rechtsgeschichte, 3. Aufl., 1898, S. 255; Brunner, Deutsche Rechtsgeschichte a. a. O.

[4]) Brunner, Gerichtszeugniß S. 152 ff.; Deutsche Rechtsgeschichte a. a. O. Dagegen jetzt Weißler, a. a. O. S. 22.

[5]) Brunner, Gerichtszeugniß S. 140 ff.

schrift des Schreibers), sondern in das angehängte Siegel,[3]) und stellte den Satz auf, daß der Gegner des Urkundenproduzenten die Echtheit seines angeblichen Siegels mit seinem Eineide abschwören könne; diese Möglichkeit war dem gerichtlichen Siegel gegenüber ausgeschlossen; wurde seine Echtheit bestritten, so konnte sich der Produzent auf das Gerichtszeugniß berufen. Dieses in der fränkischen Zeit noch nicht allgemein angewendete Beweismittel unterscheidet sich von dem formalen Zeugenbeweis des älteren Rechtes sehr wesentlich dadurch, daß der Richter als solcher (mit 2 oder 6 Dingleuten), mithin unter Umständen auch über Vorgänge, die vor seiner Amtszeit liegen, den Eid leistet, und daß nicht der Inhalt der Urkunde, sondern die ordnungsmäßige gerichtliche Hingabe und Besiegelung das Schwurthema bildet[2]); und während das Privatzeugniß — wenigstens nach sächsischem Recht — ein Eid der Partei mit Zeugen ist, schwört diese bei dem Gerichtszeugniß nicht mit.[3]) Durch das Gerichtszeugniß wird nun der Inhalt der Urkunde unwiderleglich[4]) bewiesen. Die gerichtliche Urkunde ist daher in der Zeit der Rechtsbücher eine beweisrechtlich bevorzugte, mithin öffentliche; in thatsächlicher Beziehung kommt hier noch in Betracht, daß gegenüber der Autorität des amtlichen Siegels die Bedeutung des mündlichen Gerichtszeugnisses mehr und mehr in den Hintergrund trat,[5]) also die Urkunde an sich in ihrem Beweiswerth gestärkt wurde.

Bezüglich der sogenannten Schöffen- oder Stadtbücher, in welche Prozeßergebnisse, Akte der fr. G. u. s. w eingetragen wurden und die, weil unter strenger amtlicher Aufbewahrung und Kontrolle stehend, eine besonders hohe Sicherheit boten, führte diese Entwickelung noch im Mittelalter zu einer Ausschaltung des münd-

---

[1]) Schröder a. a. O S. 686 ff; Weißler, Das Notariat der preußischen Monarchie S. 7.

[2]) Planck a. a. O S. 199.

[3]) Brunner, Gerichtszeugniß S. 136.

[4]) Planck a. a. O. S. 180 ff.

[5]) Planck a. a. O. S. 199.

lichen Gerichtszeugnisses;[1]) die Eintragungen waren für sich voll beweisend und daher öffentliche Urkunden in ganz modernem Sinne.

Die sonach im spätmittelalterlichen deutschen Recht zu Tage tretende Ausbildung der öffentlichen Urkunde wurde mächtig durch das kanonische Recht gefördert. Es hängt dies mit der Entwickelung des Notariats (unten § 55) zusammen. Für die notariellen Urkunden hauptsächlich wurde der Satz geschaffen, daß die Echtheit eines instrumentum publicum bis zum Beweise des Gegentheils vermuthet werde.[2]) Die Entwickelung wurde zum Abschluß gebracht durch das gemeine Recht, nach welchem öffentliche Urkunden im Gegensatz zu den privaten für und gegen Jedermann vollständigen Beweis lieferten.

Die Privaturkunden hatten im gemeinrechtlichen Beweissystem eine sehr unsichere Stellung, namentlich wurde der Beweiswerth der Privaturkunde sehr in Frage gestellt durch den Satz „scriptura privata pro scribente non probat", d. h. eine für den Aussteller günstige Privaturkunde hat keine beweisende Kraft, denn sonst, vermeinte man, könne sich jeder Betrüger einen Beweis schaffen.[3])

II. Die CPO. stellt im § 415 den Begriff der öffentlichen Urkunde dahin fest: Oeffentlich sind solche Urkunden, welche **von einer öffentlichen Behörde innerhalb der Grenzen ihrer Amtsbefugnisse oder von einer mit öffentlichem Glauben versehenen Person innerhalb des ihr zugewiesenen Geschäftskreises in der vorgeschriebenen Form aufgenommen sind.**

Diese (formale) Definition steht mit der an die Spitze unserer Ausführungen (oben S. 172) gestellten (materiellen)[4]) nicht in

---

[1]) Planck S. 199 ff.

[2]) Weißler a. a. O. S. 25.

[3]) Bayer, Vorträge über den gemeinen deutschen Civilprozeß, 1842, S. 493; Wetzell, a. a. O. S. 223.

[4]) Die materielle Definition ist auch in § 123 AGO. I, 10 gewählt.

Widerspruch, sondern geht nur von einem anderen Gesichtspunkt aus wie letztere. Denn auch nach dem geltenden Recht genießt die öffentliche Urkunde erhöhte Beweiskraft, einerseits auf Grund der §§ 415 ff. CPO., dann aber auch außerhalb des Civilprozesses (z. B. können im Grundbuchwesen und im Erbscheinverfahren — oben S. 138 — vielfach bestimmte Thatsachen nur durch öffentliche Urkunden bewiesen werden). Dem gesteigerten Beweiswerth entspricht der strengere Standpunkt, welchen der Strafgesetzgeber gegenüber Fälschungen öffentlicher Urkunden einnimmt, §§ 267 ff. StGB.

Unter den Arten der öffentlichen Urkunden sind namentlich die amtlichen Protokolle hervorzuheben. Protokolle sind Darstellungen eines Vorganges, die unmittelbar während des letzteren und auf Grund eigener Wahrnehmung abgefaßt sind.

Unterscheiden lassen sich die öffentlichen Urkunden nach den Behörden oder Beamten, von denen sie ausgestellt sind. Z. B. werden Patenturkunden vom Patentamt, Doktordiplome von den Universitäten, Geburts-, Heiraths- und Sterbeurkunden von den Standesbeamten ertheilt. Hauptsächlich liegt das öffentliche Urkundswesen in den Händen der Gerichte und Notare; begrifflich aber sind die gerichtlichen und notariellen Urkunden nur Unterarten der öffentlichen.

Häufig läßt das bürgerliche Recht für eine Beurkundung ausschließlich die gerichtliche oder notarielle Form zu (unten S. 184). Mehrfach erfordert es aber lediglich die „öffentliche" Beurkundung. Für die Vornahme der letzteren sind alsdann die Gerichte und Notare zuständig, wenn ihnen — möglicherweise neben anderen Behörden, vgl. Art. 32 PrFG. — durch Reichs- oder Landesgesetz die Befugniß dazu beigelegt ist. So versagt § 1718 BGB. die exceptio plurium concumbentium demjenigen, der nach der Geburt des Kindes seine Vaterschaft in einer öffentlichen Urkunde anerkannt hat; letztere kann in diesem Falle gemäß §§ 167 Abs. 2, 191 RFG., Art. 70 AG. z. BGB. von den Amtsgerichten, Notaren und Standesbeamten aufgenommen werden. Aehnliches gilt für die öffentliche Beglaubigung, siehe unten S. 192.

Ferner sind zu unterscheiden die Urschriften (Originale), Ausfertigungen und Abschriften der Urkunden. Die Ausfertigungen — inhaltlich ebenso wie die Abschriften wörtliche Wiedergaben der Urschrift — werden in feierlicher Form ausgestellt und sind bestimmt, im Verkehre die Urschriften zu ersetzen, da letztere gewöhnlich bei den Akten verbleiben. Die Ausfertigungen gerichtlicher und notarieller Urkunden, (zu denen auch schriftliche Verfügungen gehören, oben S. 50), müssen von dem Gerichtsschreiber bezw. Notar unterschrieben und mit dem Gerichts- bezw. Dienstsiegel versehen werden, § 182 RFG., Art. 18, 61 Abs. 1 PrFG.

Siegel ist der Abdruck des Petschafts oder sonstigen geeigneten Werkzeuges in einen weichen mit der Urkunde verbundenen selbständigen Stoff (besonders Siegellack). Nicht identisch mit dem Siegel ist der — allerdings in gewissen Fällen[1]) ausreichende — Stempel, d. h. der unter bloßer Anwendung eines Farbstoffes unmittelbar auf die Urkunde gebrachte Abdruck des Siegelzeichens.[2])

Abschriften gehören an sich nicht zu den öffentlichen Urkunden; insofern sie öffentlich beglaubigt sind — unten S. 194 —, hat jedoch der Beglaubigungsvermerk die Kraft einer öffentlichen Urkunde. Im Civilprozesse genießen sogar die beglaubigten Abschriften öffentlicher Urkunden mit gewissen Einschränkungen dieselbe Beweiskraft wie die Originale, § 435 CPO.

Im älteren und besonders im gemeinen Rechte wurde der Partei die Originalurkunde (instrumentum) ausgehändigt. Den Notaren war zwar durch das Gewohnheitsrecht und später ausdrücklich durch die Reichsnotariatsordnung I, § 5 vorgeschrieben, ein (formloses) Protokoll über den Urkundsakt, welches als Grundlage für die Ausstellung des instrumentum dienen sollte, aufzu-

[1]) § 183 RFG., Art. 54, 115 Abs. 3 PrFG.

[2]) So der Beschluß des K.G. vom 2. April 1900 (JMBl. 1900, 404), der einen lebhaften Streit zum Austrag brachte. Vgl. auch die Allg. Verf. des JM. vom 24. Jan. 1900 (JMBl. S. 45) und vom 6. April 1900 (JMBl. S. 297).

nehmen und zurückzubehalten; doch war dasselbe nicht (wie jetzt, unten S. 187) als das Originalinstrument anzusehen, es genoß überhaupt keinen öffentlichen Glauben, ja, seine Aufnahme gehört nicht einmal zu den wesentlichen Erfordernissen der Notariatsurkunde.[1]) Die Lehre von der Herstellung und Beweiskraft der beglaubigten Abschriften und Ausfertigungen war im gemeinen Recht höchst dunkel und kontrovers. Zu erwähnen sind die den modernen Ausfertigungen verwandten Exemplifikationen (auch Exemplationen), d h. gerichtliche oder mit richterlicher Autorität durch den Notar ertheilte solenne Abschriften öffentlicher oder privater Urkunden mit der Kraft der Urschrift. Sie wurden propter vetustatem (instrumenti) vel propter aliam iustam causam[2]) und nach einer vorgängigen Anerkennung des Originals durch die Betheiligten und Zuziehung der Interessenten (Exemplifikationsverfahren) ausgestellt.[3]) Der gemeinrechtliche Ausdruck für Beglaubigung ist Vidimation (von dem „vidimus" des Urkundsbeamten)

Im Auslande wird nach den Grundsätzen des internationalen Rechtsverkehrs eine deutsche öffentliche Urkunde nur dann anerkannt, wenn sie oder genauer die Unterschrift und Amtseigenschaft des Richters, Notars u. dgl. von einem diplomatischen Vertreter des fremden Staates beglaubigt („legalisirt") ist. Der regelmäßige Weg, eine Legalisation gerichtlicher oder notarieller Urkunden herbeizuführen, ist der, daß die Unterschrift und Amtseigenschaft des Richters oder Notars zunächst durch den Landgerichtspräsidenten beglaubigt, und sodann auf diplomatischem Wege (durch Vermittelung des Justizministeriums und des Auswärtigen Amtes) die Legalisation durch den Konsul (seltener den Gesandten) des

[1]) Oesterley, Das deutsche Notariat I, 450 ff., II, 332 ff, 344. Weißler, Das Notariat der preußischen Monarchie S. 261

[2]) c. 16 X de fide instrum. 2, 22 — die Hauptstelle für diese Lehre.

[3]) Claproth, Theor. prakt. Rechtswissenschaft S. 524. Nettelbladt, Praktische Rechtsgelahrtheit S. 468 ff. Oesterley, a. a. O., I, 330 ff., II, 506 ff Puchta, Handbuch II, § 220. Siehe auch Art. 144 Ziff. 4 PrFG.

fremden Staates erwirkt wird.[1]) Umgekehrt ist auch im Deutschen Reich die amtliche Anerkennung öffentlicher Urkunden des Auslands erst bei einer Legalisation durch einen deutschen Konsul (oder Gesandten) gesichert, § 438 CPO. § 2 RGes. betr. die Beglaubigung öffentlicher Urkunden vom 1. Mai 1878.

Diese Regeln sind mehrfach durch Verträge oder Abkommen mit anderen Staaten, insbesondere mit Oesterreich-Ungarn,[2]) vereinfacht.

Oeffentliche Urkunden eines Bundesstaates, auch wenn sie von einem Notar oder sonst von einer nicht auf Grund von Reichsgesetzen eingerichteten Amtsstelle herrühren, bedürfen schon seit dem RGes. vom 1. Mai 1878 (§ 1) behufs der Verwendung in anderen Bundesstaaten keiner Legalisation.

III. Das RFG. behandelt die gerichtlichen und notariellen Urkunden in seinem zehnten Abschnitt (§§ 167 ff.), das PrFG. in seinem vierten Abschnitt (Art. 31 ff.). Die genannten Bestimmungen beziehen sich jedoch nur auf die Urkunden der fr. G. (vgl. Art. 31 PrFG.), nicht auf die in anderen Verfahrensarten (Civilprozeß, Strafprozeß u. s. w.) entstehenden (wie die in den §§ 159 ff. CPO., 271 ff. StPO. geregelten Verhandlungsprotokolle, die Urtheile u. s. w.).

Das gerichtliche und notarielle Urkundswesen der freiwilligen Gerichtsbarkeit mit welchem wir uns hiernach allein zu beschäftigen haben, bildet einen selbständigen und eigenartigen Zweig der juristischen Thätigkeit, namentlich insofern es sich um rechtsgeschäftliche Urkunden handelt. Aufgabe des Juristen ist hier, für den oft in laienhafter

---

[1]) § 43 AG. z. GVG. Allg. Verf. des JM. vom 20. April 1895, JMBl. S. 131, Weißler Das Notariat der preußischen Monarchie S. 363 ff. Jastrow Formularbuch und Notariatsrecht I, 232 ff.

[2]) Staatsvertrag vom 25. Febr. 1880, RGBl. 1881 S. 4, und vom 13. Juni 1881, RGBl. S. 253.

und ungeschickter Weise vorgebrachten Willen der Betheiligten die angemessene Formulirung zu finden; die Zwecke, das Sachverhältniß klarzustellen und künftigen Streitigkeiten vorzubeugen, — die von manchen als charakteristische Merkmale der gesammten fr. G. angesehen werden [1]), — treffen für die Urkundsaufnahme unbedingt zu. Darum gilt es, bei Abfassung der Urkunden alle praktisch möglichen Eventualitäten zu berücksichtigen und ihnen zu begegnen; der Urkundsbeamte muß also eine gewisse „Findigkeit" entfalten, weshalb man in der gemeinrechtlichen Doktrin seine Thätigkeit als „iurisprudentia cautelaris" oder „heurematica" bezeichnete. —

Für die gerichtlichen und die notariellen Urkunden gelten die gleichen Regeln, weshalb sie in den Gesetzen sowie auch in unserer Darstellung gemeinschaftlich behandelt werden.

IV. Die Frage, ob im einzelnen Falle das Gericht oder der Notar oder beide zur Urkundsaufnahme berufen sind, ist für die verschiedenen Bundesstaaten verschieden zu beantworten.

Das Reichsrecht beschäftigt sich im allgemeinen nur mit den Urkunden über Rechtsgeschäfte (unten § 47). Insoweit stellt es grundsätzlich den Betheiligten frei, sich nach ihrer Wahl der gerichtlichen oder notariellen Beurkundungsform zu bedienen,[2]) ermächtigt aber durch Art. 141 EG. z. BGB. die Landesgesetze zu bestimmen, daß für die Beurkundung von Rechtsgeschäften, die nach dem BGB. gerichtlicher oder notarieller Beurkundung bedürfen, entweder nur die Gerichte oder nur die Notare zuständig sein sollen.[3]) Da nun

[1]) Oben S. 3.

[2]) Vgl. z. B. § 313 Satz 1 BGB.: „Ein Vertrag, durch den sich der eine Theil verpflichtet, das Eigenthum an einem Grundstück zu übertragen, bedarf der gerichtlichen oder notariellen Beurkundung." Weitere Beispiele unten S. 184.

[3]) Die von Stammler und früher auch von Weißler (DJZ. 1897, 434, 462) vertretene Auffassung, daß Art. 141 EG. z. BGB. auch die landesgesetzlichen Vorschriften unberührt lasse, nach denen für gewisse Schenkungen nur die gerichtliche oder nur die

die Aufnahme nicht rechtsgeschäftlicher Urkunden überhaupt grundsätzlich Gegenstand der Landesgesetzgebung ist (siehe S. 191), so sind die einzelnen Bundesstaaten in der Lage, das gesammte Urkundswesen der fr. G. ausschließlich den Notaren oder ausschließlich den Gerichten zu übertragen. Ersteres haben denn auch insbesondere Bayern, Baden und Elsaß-Lothringen,[1]) von dem Vorbehalt des Art. 141 EG. z. BGB. Gebrauch machend, gethan, was mit der besonderen Stellung des Notariats in diesen Staaten zusammenhängt;[2]) Preußen, Württemberg, Sachsen, Hessen und andere Staaten haben es dagegen bei der konkurrirenden Zuständigkeit der Gerichte und Notare, also bei dem Reichsrecht belassen; eine ausschließliche Zuständigkeit der Gerichte findet sich nur hie und dafür einzelne Angelegenheiten.

Soweit nun die Gerichte Urkunden der fr. G. aufnehmen können (man spricht hier oft von „gerichtlichem Notariat"), sind die Amtsgerichte sachlich zuständig, § 167 Abs. 1 RFG.

Einzelne einfachere Beurkundungen, z. B. die Aufnahme von Wechselprotesten, Inventuren, die Beglaubigung von Abschriften, können nicht nur von dem Richter, sondern auch von dem Gerichtsschreiber vorgenommen werden, vgl. § 70 AG. z. GVG., Art. 35, 36 PrFG.; der Richter kann im einzelnen Falle die Erledigung der Angelegenheit dem Gerichtsschreiber übertragen, Art. 38 PrFG., ähnliches gilt bezüglich des Gerichtsvollziehers, § 74 AG. z. GVG., Art. 38 PrFG.

---

notarielle Form — z. B. im Gebiet des gemeinen Rechts für Schenkungen über 500 solidi die erstere — zugelassen wurde, kann jetzt als endgültig überwunden gelten, vgl. besonders Eck, DJZ. 1898, 16; Meisel, DJZ. 1898, 42 und die Kommentare zum RFG. von Schulze-Görlitz S. 332 und von Weißler selbst S. 201, siehe auch Reichstagskommissionsbericht zum RFG. S. 1361 f.

[1]) Vgl. Art. 15 des bayr. AG. z. GVG., Art. 167 des bayr. AG. z. BGB.; § 34 des bad. Rechtspolizeigesetzes; § 44 des elsaß-lothring. AG. z. RFG.

[2]) Unten S. 231.

In den durch das EG. z. BGB. dem Landesrecht vorbehaltenen Materien, insbesondere in Lehns-, Familienfideikommiß- und Familienstiftungssachen, können auch die Land- und Oberlandesgerichte, sofern ihnen die fr. G. in Bezug auf jene Angelegenheiten obliegt,[1]) Urkunden aufnehmen. Eine solche Beurkundung kann statt durch das Kollegium durch einen beauftragten oder ersuchten Richter bewirkt werden, Art. 37 PrFG.

Urkundsbefugniß kommt auch den Kriegsgerichtsräthen und Oberkriegsgerichtsräthen des Heeres und der Marine zu.[2])

Das gerichtliche Notariat gehört, soweit die Beurkundung von Rechtsgeschäften in Frage kommt, zu den reichsrechtlichen Angelegenheiten der fr. G., insbesondere ist daher auch auf diesem hochwichtigen Gebiete die Rechtseinheit durch das Reichsgericht[3]) zu wahren.

Freilich ist diese Frage äußerst bestritten. Allein auch wenn man mit den Gegnern (Dorner, Weißler, Fuchs u. a.) annehmen will, daß die §§ 126 Abs. 3, 128 BGB., überhaupt die zahlreichen Vorschriften des BGB., welche die gerichtliche oder notarielle Form erfordern, sowie selbst § 167 Abs. 1 RFG. die Zuständigkeit der Gerichte (bezw. Notare) zur Beurkundung von Rechtsgeschäften weniger begründen als voraussetzen, so muß doch bei sinngemäßer Würdigung des gesetzgeberischen Willens angenommen werden, daß jene Zuständigkeit, eben weil sie eine unumgängliche Voraussetzung für die Anwendung des Reichsrechts bildet, durch letzteres wenngleich nicht explicite, so doch implicite auch begründet worden ist.[4]) Hieran wird unzweifelhaft durch Art. 141 EG. z. BGB. nichts geändert, da dieser das Landesrecht nur er-

[1]) Unten § 49.

[2]) Preuß. Ges. vom 8. Juni 1860, betreffend die Befugniß der Auditeure zur Aufnahme von Akten der fr. G. u. s. w., § 39 des Reichsmilitärgesetzes vom 2. Mai 1874, Art. 129 PrFG., § 20 des EG. zur Militärstrafgerichtsordnung vom 1. Dez. 1898, § 184 RFG.

[3]) Oben S. 70.

[4]) Jastrow, ZfCP. 25, 520, Aron ebenda 27, 320. Derselben Ansicht sind namentlich auch die Materialien zum PrFG., Begr. S. 3, Komm.Ber. S. 41. Die Meinungen der Kommentatoren sind getheilt.

mächtigt, die an sich vorhandene reichsrechtliche Zuständigkeit auszuschließen.

Oertliche Zuständigkeitsregeln sind im Urkundswesen weder praktisch geboten noch gesetzlich aufgestellt. Wer ein Rechtsgeschäft oder eine Thatsache beurkunden lassen will, kann sich dazu an jeden sachlich zuständigen Richter oder Notar wenden. Ja es sind sogar, wie wir bereits gesehen haben,[1] Beurkundungen auch dann nicht ungültig, wenn sie der Urkundsbeamte außerhalb der Grenzen seines Bezirks aufgenommen hat, Art. 39 PrFG.

Insofern in gewissen Fällen Erklärungen gegenüber einem örtlich bestimmten Gericht persönlich abgegeben werden müssen, ist natürlich nur dieses für die Beurkundung der Erklärung zuständig; so kann nur der Richter des Wohnortes die Erklärung des Austritts aus der Kirche oder einer Synagogengemeinde entgegennehmen und beurkunden, §§ 1, 8 preuß. Ges. vom 14. Mai 1873, § 2 des preuß. Ges. vom 28. Juli 1876. Auf einem anderen Felde liegt der eine örtliche Zuständigkeit für die Aufnahme von Familienschlüssen begründende Art. 2 § 3 AG. z. BGB. Auflassungen können im allgemeinen nur vor dem für das betr. Grundstück überhaupt zuständigen Grundbuchamt erklärt und von letzterem beurkundet werden, § 925 BGB.,[2] vgl. jedoch Art. 143 EG z. BGB. und für Rheinpreußen Art. 26 AG z. BGB.

Für die weitere Erörterung ist im Anschluß an das Gesetz zweckmäßig zu unterscheiden zwischen Urkunden über Rechtsgeschäfte (§ 47) und solchen über „sonstige Thatsachen" (§ 48), Art. 31 PrFG.

Einige dürftige gemeinsame Regeln über die äußere Urkundsform und über die amtliche Vernichtung alter Urkunden[3]) geben die Art. 63—65 PrFG.

---

1) Oben S. 33

2) Analog §§ 1015, 1017 BGB, Art. 37 Ziff. I und XIII, 38 § 5, 40 AG. z. BGB.

3) Ueber die Vernichtung gerichtlicher Urkunden Allg. Verf. des JM. vom 6. Sept. 1900, JMBl. S. 569, §§ 9 ff.

§ 47.

Urkunden über Rechtsgeschäfte.

I. Die Lehre von den gerichtlichen und notariellen Urkunden über Rechtsgeschäfte ist in den §§ 168—182 RFG. ausführlich geregelt. Ergänzende partikulare Vorschriften — vgl. besonders für Preußen Art. 40, 41 PrFG. — sind zwar zulässig, aber ihre Verletzung bleibt ohne Einfluß auf die Gültigkeit der Urkunde, § 200 Abs. 2 RFG., ebenso bezüglich der Testamente und Erbverträge Art. 151 EG. z. BGB. Die §§ 168—182 RFG. (in Preußen nicht minder die ergänzenden Art. 40 bis 52 PrFG.) finden im allgemeinen auch auf rechtsgeschäftliche Urkunden aus solchen Rechtsgebieten Anwendung, welche wie das Bergrecht, Lehnrecht, Agrarrecht, durch das EG. z. BGB. der Landesgesetzgebung überlassen sind, doch kann letztere abweichende Vorschriften treffen, § 189 RFG.

Die gerichtliche oder notarielle Beurkundung von Rechtsgeschäften kommt in folgenden Fällen vor:

a) wenn das Gesetz für ein Rechtsgeschäft die gerichtliche oder notarielle Form verlangt.

Beispiele:[1] 1. aus dem BGB. §§ 313 (Grundstücksveräußerung), 518 (Schenkungsversprechen), 1434 (Ehevertrag), 1750, 1770 (Annahme an Kindesstatt und ihre Aufhebung), 2276 (Erbvertrag), 2371, 2385 (Erbschaftskauf); 2. aus dem HGB. § 182 (Aktiengesellschaftsvertrag); 3. aus dem preußischen Landesrecht § 94 des Allg. Berggesetzes vom 24. Juni 1865 (Errichtung eines Gewerkschaftsstatuts).

b) wenn das Gesetz für ein Rechtsgeschäft die öffentliche Beurkundung verlangt; denn die notarielle oder gerichtliche Form ist grundsätzlich für alle Rechtsgeschäfte zugelassen, § 167 RFG., Art. 31 PrFG.

Beispiel: § 1718 BGB. (Anerkennung der unehelichen Vaterschaft), vgl. dazu § 167 Abs 2 Satz 2 RFR., siehe ferner §§ 1720 BGB., 29 Satz 1 GBO., 107 Abs. 1 RFG.

---

[1] Eine sorgfältige Zusammenstellung aller hierhin gehörigen Fälle giebt Fuchs, Kommentar zum RFG. S. 402 ff.

c) wenn die Betheiligten freiwillig die gerichtliche oder notarielle Beurkundung wählen.

Hat der Anspruch, über den die Urkunde errichtet ist, die Zahlung einer bestimmten Geldsumme oder die Leistung einer bestimmten Quantität anderer vertretbarer Sachen zum Gegenstande, oder handelt es sich um einen Anspruch aus einer Hypothek, Grundschuld oder Rentenschuld, so kann sich der Schuldner in der Urkunde rechtswirksam der sofortigen Zwangsvollstreckung unterwerfen, § 794 Ziff. 5 CPO. (vollstreckbare Urkunde, instrumentum guarentigiatum).

II. Das Verfahren bei der Aufnahme gerichtlicher und notarieller Urkunden gestaltet sich folgendermaßen:

a) Was zunächst die mitwirkenden Personen anlangt, so gehören zu denselben nothwendig nur der Urkundsbeamte (Richter, Notar) und derjenige, „dessen Erklärung beurkundet werden soll", d. i. der „Betheiligte" im technischen Sinne, § 168 Satz 2 RFG.

Der Begriff des Betheiligten ist hier also rein formell gefaßt; schließt jemand z. B. einen notariellen Vertrag durch einen Bevollmächtigten ab, so ist dieser der „Betheiligte"

Der Zuziehung von Zeugen oder eines von dem Urkundsbeamten verschiedenen Protokollführers bedarf es im allgemeinen nicht.

Anders nach älterem Recht.[1]) Schon die römischen Tabellionen pflegten zur Aufnahme von Urkunden Zeugen, meist zwei, zuzuziehen. Im Anschluß hieran und entsprechend der civilprozessualen Beweisregel, „durch zweier Zeugen Mund wird allerwegs die Wahrheit kund", forderte das gemeine Recht für die Errichtung einer notariellen Urkunde durchweg die Zuziehung von zwei Zeugen.

Nur wenn ein Betheiligter nach der Ueberzeugung des Richters oder Notars taub, blind, stumm oder sonst am

---

[1]) Oesterley, Das deutsche Notariat I, 31, 241, 369, 447; II, 395 ff.; siehe auch die Reichsnotariatsordnung von 1512 I, §§ 3, 6, 10, 11, 13, 20.

Sprechen verhindert ist, so muß der Richter einen Gerichtsschreiber oder zwei Zeugen, der Notar einen zweiten Notar oder zwei Zeugen zuziehen, § 169 RFG.; an die Stelle dieser Hülfspersonen tritt jedoch ein vereideter Dolmetscher, wenn mit einem Betheiligten, der stumm oder sonst am Sprechen verhindert ist, auch eine schriftliche Verständigung nicht hergestellt werden kann, § 178 RFG.

Eines vereideten Dolmetschers bedarf es auch dann, wenn ein Betheiligter erklärt, der deutschen Sprache nicht mächtig zu sein, und der Urkundsbeamte nicht selbst die fremde Sprache beherrscht, § 179 RFG., oben S. 35.

Für Richter, Notare, Gerichtsschreiber, Zeugen und Dolmetscher gelten eine Reihe besonderer Ausschließungsgründe, neben welchen die oben § 8 dargestellten allgemeinen Regeln keine Anwendung finden. Die Ausschließungsgründe in Urkundssachen sind theils zwingend, so daß bei ihrer Nichtbeachtung die Urkunde ungültig ist,[1]) theils instruktionell.

Kraft zwingenden Rechtes darf ein Betheiligter oder ein Vollmachtgeber, Mündel, Ehegatte, naher Verwandter oder Verschwägerter eines Betheiligten nicht als Richter, Notar, Gerichtsschreiber, Zeuge oder Dolmetscher mitwirken, §§ 170, 180 RFG., ebensowenig eine durch das zu beurkundende Rechtsgeschäft begünstigte Person oder ein naher Verwandter oder Verschwägerter dieser Person, §§ 171, 180 RFG. Nichtig ist die Urkunde auch, wenn ein Gerichtsschreiber, zweiter Notar, Zeuge oder Dolmetscher mit dem Richter oder ersten Notar nahe verwandt oder verschwägert oder seine Ehefrau ist, §§ 172, 180 RFG. Lediglich instruktionell ist vorgeschrieben, daß Minderjährige, Ehrlose, Meineidige, ferner auch Dienstboten und Gehülfen des Urkundsbeamten nicht als Zeugen oder Dolmetscher verwendet werden sollen, §§ 173, 180 RFG. Personen weiblichen Geschlechtes sind nicht ausgeschlossen.

Nach römischem Rechte konnten die intestabiles, d. h. ursprünglich auf Grund der 12 Tafeln Personen, die zu einem Rechts-

---

[1]) Abweichend von der allgemeinen Regel des § 7 RFG., oben S. 29.

geschäft als Solennitätszeugen (es kamen hier hauptsächlich die mündlichen solennen Geschäfte in Betracht) zugezogen waren, nachher aber für dasselbe nicht mit ihrem Zeugniß eintraten, in späterer Zeit bestimmte Verbrecher, wie Beamte, die wegen Erpressung (repetundae) verurtheilt waren, Ehebrecher, Pasquillanten, nicht fernerhin Solennitätszeuge sein.[1] Besondere Regeln wurden für die Testamentszeugenschaft entwickelt; von ihr waren insbesondere Frauen, Minderjährige, stumme, taube und geisteskranke Personen ausgeschlossen.[2] Im gemeinen Recht, in welches die Intestabilität nicht überging, herrschte die größte Unsicherheit. Man wendete die römischen Sätze über Testamentszeugen auf die Urkundszeugen analog an, ging auf die „Natur der Sache" zurück und forderte wohl auch für die Urkundszeugen die Eigenschaften der Prozeßzeugen.[3])

b) Die Beurkundung erfolgt in der Weise, daß über die Verhandlung ein Protokoll in deutscher Sprache aufgenommen wird, § 175 RFG., welches den Betheiligten in Gegenwart der sonst mitwirkenden Personen (Zeugen u. s. w.) — § 174 RFG. — vorzulesen und von den Betheiligten, falls sie es genehmigen, desgleichen auch von den anderen mitwirkenden Personen zu unterschreiben ist, § 177 RFG.

Bei Analphabeten ist ein Zeuge zuzuziehen, § 177 Abs. 2 RFG. Zu dem Fall, daß ein tauber Betheiligter zugleich Analphabet ist, vgl. noch Art. 41 Abs. 2 PrFG.

In das Protokoll wird nun die rechtsgeschäftliche Erklärung der Betheiligten aufgenommen, sie bildet seinen eigentlichen Kern, § 176 Ziff. 3 RFG.; das Protokoll ist selbst die „gerichtliche" oder „notarielle" Urkunde über das Rechtsgeschäft;[4]) über die für den Rechtsverkehr bestimmten Protokollausfertigungen unten zu d).

Zulässig ist es, in der rechtsgeschäftlichen Erklärung auf besondere Schriftstücke (z. B. auf einen von den Betheiligten mit-

---

[1]) Pernice, Labeo I, 240.
[2]) Vgl. besonders § 6 I. de testam. ordin. 2, 10.
[3]) Oesterley a. a. O. II, 398 ff.
[4]) Abweichend von dem älteren Recht, oben S. 177.

gebrachten Vertragsentwurf, dessen Inhalt bindend werden soll) Bezug zu nehmen und das Schriftstück dem Protokoll als Anlage beizufügen; alsdann wird die in Bezug genommene Schrift „Theil" des Protokolles, § 176 Abs. 2 RFG., und also von dem öffentlichen Glauben des letzteren mit ergriffen.

Das Protokoll soll angeben, ob der Richter die Betheiligten kennt, und wenn dies nicht der Fall ist, in welcher Weise er sich Gewißheit über ihre Persönlichkeiten verschafft hat, § 176 Abs. 3 RFG.

Wegen des sonstigen Protokollinhaltes wird auf die in den Anlagen V und VI (S. 248) beigefügten Formulare sowie auf das Gesetz selbst (§§ 176—179 RFG., Art. 40, 41 PrFG.) verwiesen.

c) Entstehen dem Urkundsbeamten Zweifel darüber, ob ein Betheiligter die zu dem Rechtsgeschäft erforderliche Geschäftsfähigkeit oder Einsicht besitzt, oder ob das Rechtsgeschäft sonst gültig ist, so hat er den Betheiligten seine Zweifel mitzutheilen, Art. 40 Abs. 1 PrFG. Verstößt der Inhalt des Geschäftes gegen ein Strafgesetz oder ist das Geschäft offenbar ungültig (d. h. nichtig oder anfechtbar), so hat der Beamte die Beurkundung abzulehnen, Art. 40 Abs. 2 PrFG.[1])

d) Die Urschrift des Protokolles bleibt in der Verwahrung des Gerichts oder Notars, Art. 42 PrFG. Für das Publikum sind die Ausfertigungen bestimmt, durch welche, wie bemerkt, die Urschrift in jeder Hinsicht ersetzt wird. Gewöhnlich setzen die Parteien in der Urkunde selbst fest, wer eine Ausfertigung erhalten soll, vgl. die Anlage V. Wo dies nicht der Fall ist, muß denjenigen Personen auf Antrag eine Ausfertigung ertheilt werden, welche das Rechtsgeschäft in eigenem Namen vorgenommen haben oder in deren Namen das Rechtsgeschäft von anderen vorgenommen worden

[1]) Aehnlich auch die meisten anderen partikularen Rechte, vgl. bayr. Notariatsgesetz Art. 16, 28; württemb. AG. z. BGB. Art. 108; sächs. Vo. vom 24. Juli 1899 § 48; bad. Rechtspolizeigesetz § 65; hess. AG. z. RFG. Art. 75 f.

ist — also den Parteien in materiellem Sinne, nicht dem „Betheiligten" des § 168 RFG. (oben S. 185) — und den Rechtsnachfolgern der genannten Personen, Art. 49 PrFG. Bei Urkunden nicht rechtsgeschäftlicher Natur (§ 48 des Leitfadens) steht dagegen im Zweifel — wie gleich hier bemerkt werden mag — der Anspruch auf die Ausfertigung demjenigen, welcher den formellen Antrag auf Aufnahme der Urkunde gestellt hat, und seinen Rechtsnachfolgern zu, Art. 61 PrFG.

Wer eine Ausfertigung verlangen kann, darf auch die Urschrift einsehen oder sich eine einfache oder beglaubigte Abschrift ertheilen lassen. Inwieweit die Urkunde für dritte Interessenten zugänglich ist, bestimmt sich nach § 34 RFG. (oben S. 37); nur für notarielle Urkunden über Rechtsgeschäfte (vgl. dagegen Art. 61 Abs. 2 Satz 3 PrFG.) ist der Kreis der zur Einsicht der Urkunde u. s. w. Berechtigten etwas enger als nach § 34 RFG. gezogen, Art. 50 PrFG. Weigert sich ein Notar, einem Interessenten den Inhalt eines Protokolls zugänglich zu machen, so kann der Antragsteller die Entscheidung des Landgerichts anrufen, Art. 51 Abs. 2 PrFG.; dies gilt jedoch, wahrscheinlich in Folge eines Versehens des Gesetzgebers,[1]) nicht für notarielle Urkunden über andere Gegenstände als Rechtsgeschäfte.

e) Für die Errichtung der ordentlichen gerichtlichen und notariellen Testamente (§ 2231 Ziff. 1 BGB.) und der Erbverträge gelten die besonderen Vorschriften der §§ 2232 ff., 2276 ff. BGB. Doch sind diese Bestimmungen meist Wiederholungen derjenigen des RFG. und decken sich theilweise wörtlich mit ihnen. Der Hauptunterschied liegt darin, daß der Richter oder Notar bei der Testaments- oder Erbvertragserrichtung stets noch andere Urkundspersonen, nämlich der Richter einen Gerichtsschreiber oder zwei Zeugen, der Notar einen zweiten Notar oder zwei Zeugen zuziehen muß, § 2233 BGB.

Da die Testamente und Erbverträge zu den Rechtsgeschäften gehören, finden auf ihre Errichtung die allgemeinen reichs- und

[1]) Jastrow, Formularbuch, Anm. 7 zu Art. 61 PrFG. (I, 112).

landesrechtlichen Vorschriften über die Beurkundung von Rechtsgeschäften Anwendung, soweit sich nicht aus den §§ 2232 ff., 2276 ff. BGB. ein anderes ergiebt, so z. B. § 176 Abs. 3 RFG. (Identitätsfeststellung); der Wortlaut des § 168 RFG. („unbeschadet der Vorschriften des BGB. über die Errichtung von Testamenten und Erbverträgen") spricht für diese Auffassung.[1])

Die Testamente und Erbverträge fallen auch unter den Art. 141 EG. z. BGB. (oben S. 180). Dies wird von manchen mit Berufung darauf bestritten, daß die Testamente und Erbverträge nach den Gesetz gewordenen Beschlüssen der Reichstagskommission zur Berathung des BGB. auch der privatschriftlich-holographischen Form (§ 2231 Ziff. 2 BGB.) fähig seien und daher nicht mehr „der gerichtlichen oder notariellen Form bedürfen". Allein so sehr darf man sich an die Worte des Gesetzes nicht klammern. Unzweifelhaft sollte sich Art. 141 EG. z. BGB. vor der Beschlußfassung der Reichstagskommission — und zwar nicht in letzter Linie — auf Testamente und Erbverträge beziehen;[2]) daß man aber durch die Zulassung der holographischen Form das sachlich damit garnicht zusammenhängende Recht der einzelnen Bundesstaaten zur Ausschließung der gerichtlichen Urkundsbefugniß habe einengen wollen, ist weder an sich wahrscheinlich noch durch die parlamentarischen Materialien irgendwie bestätigt. Auch zwingt der Wortlaut des Gesetzes nicht zu solcher Auffassung; denn die Testamente und Erbverträge bedürfen in der That der gerichtlichen oder notariellen Beurkundung, sofern nämlich nicht die holographische Form gewählt wird. Hiermit übereinstimmend haben Bayern, Baden und Elsaß-Lothringen das gerichtliche Testament ausgeschlossen.[3])

---

[1]) So die herrschende Meinung; abweichend insbesondere Endemann, DJZ. 1899, 82.

[2]) Vgl. Art. 91 Abs. 2 und 3 des ersten Entwurfs zum EG. z. BGB., Motive zum EG. z. BGB. S. 233, zum BGB. Bd. V S. 288 f., Kommissionsprotokolle zum BGB. S. 8936 f.

[3]) Badisches Rechtspolizeigesetz § 35 Ziff. 2 und 3; Bayern und Elsaß-Lothringen drücken sich nicht so deutlich aus, geben aber ihren Standpunkt durch gänzliche Nichterwähnung des gerichtlichen Testamentes, insbesondere bei Regelung der Testamentsverwahrung (Art. 1 Abs. 2 bayr. Notariatsgesetz, § 128 elsaß-lothr. AG.

§ 48.
Sonstige Urkunden.

I. Betreffs der gerichtlichen und notariellen Urkunden über andere Gegenstände als Rechtsgeschäfte enthält das Reichsrecht keine allgemeinen Vorschriften. In dieser Beziehung ist daher das Landesrecht, für Preußen der „sonstige (nämlich nicht rechtsgeschäftliche) Urkunden" überschriebene dritte Titel des vierten Abschnitts des PrFG. (Art. 53 ff.) — neben den grundsätzlich für alle gerichtlichen und notariellen Urkunden geltenden Zuständigkeitsregeln, Art. 31 ff. PrFG., oben § 46 — maßgebend. Demgemäß ist die gerichtliche Aufnahme nicht rechtsgeschäftlicher Urkunden eine landesrechtliche Angelegenheit der fr. G., Ausnahmen bilden jedoch die gerichtliche Beglaubigung von Unterschriften und Handzeichen und die Herstellung von Theilhypothekenbriefen (unten II a und b).

Im Zweifel sollen auch Beurkundungen nicht rechtsgeschäftlicher Art in Protokollform erfolgen, Art. 55 PrFG.; alsdann bleibt die Urschrift, sofern es sich nicht um einen Wechselprotest handelt, Art. 62 PrFG., bei dem Urkundsbeamten, und die Betheiligten erhalten nur Ausfertigungen,[1]) Art. 61 PrFG. Ausnahmsweise bedarf es jedoch bei einfachen Beurkundungen, wie Zustellungen, — welche auch von Notaren bewirkt werden können, Art. 31 Abs. 2 PrFG. —, Abschriftsbeglaubigungen, Lebensbescheinigungen, Zeitsicherstellungen (vgl. S. 195) u. dgl. keiner Protokollaufnahme, nur muß auch in diesen Fällen die Urkunde nach Ort und Zeit datirt, vom Richter (bezw. Gerichtsschreiber, unten zu II) oder Notar unterschrieben sein und, sofern sie den Betheiligten in Urschrift

---

z. RFG.) zu erkennen, vgl. auch die Begründungen zu den betr. Gesetzentwürfen in den Verhandlungen der bayr. Kammer der Abgeordneten 1898/99 Beil. Bd. XX S. 424, 429 und des elsaß-lothr. Landesausschusses 1899, XXV Session, Theil II, Beil. Bd. I S. 48.

[1]) Näheres hierüber und über die Einsichtnahme der Protokolle oben S. 177, 189.

ausgehändigt wird, mit Siegel oder Stempel versehen werden, Art. 54 PrFG.

Die im Vorstehenden dargelegten Regeln der Art. 53—62 PrFG. wollen nicht für solche gerichtliche Beurkundungen gelten, welche einen Theil eines anderen Verfahrens, insbesondere eines vormundschafts- oder nachlaßrichterlichen bilden, Art. 53 PrFG.

Diese Einschränkung bezweckt hauptsächlich, daß der Vormundschafts- und Nachlaßrichter nicht über jede Verhandlung, deren Ergebniß er aktenkundig machen will, ein förmliches Protokoll aufzunehmen braucht, wozu ihn sonst Art. 55 PrFG. zwingen würde. Er soll sich mit einem formlosen Aktenvermerk begnügen dürfen.[1]

II. Die Gegenstände nicht rechtsgeschäftlicher Natur, welche der gerichtlichen oder notariellen Beurkundung fähig sind, lassen sich nicht erschöpfend aufzählen.[2] Doch darf der Richter und Notar immer nur Thatsachen (Art. 31 PrFG.) und zwar natürlich nur solche, die Gegenstand seiner eigenen Wahrnehmung gewesen sind, beurkunden;[3] eines Urtheils hat sich der Urkundsbeamte zu enthalten, er kann z. B. nicht bescheinigen, daß eine Uebersetzung richtig sei oder daß Handelsbücher ordnungsmäßig geführt seien.[4] Dagegen ist er nicht darauf beschränkt, Handlungen zu beurkunden, sondern kann auch das Vorhandensein anderer Thatumstände rechtswirksam bescheinigen.

Beispiele für zulässige Beurkundungen nicht rechtsgeschäftlicher Art sind die folgenden:[5]

a) Die öffentliche Beglaubigung von Unterschriften und Handzeichen. Sie ist (wie noch die Herstellung des Theilhypothekenbriefes, unten zu b) reichsgesetzlich geregelt, insbesondere durch das Reichsrecht den Gerichten und Notaren überwiesen, §§ 167, 183 RFG. Die öffent-

[1]) Begr. S. 40.
[2]) Begr. S. 27.
[3]) Vgl. bad. Rechtspolizeigesetz § 66.
[4]) Vgl. Weißler, Notariat der preuß. Monarchie S. 85.
[5]) Begr. S. 27 f.

liche Beglaubigung der Unterschriften — die gerichtliche und notarielle ist „öffentlich" [1]) — spielt bekanntlich im geltenden Privatrecht, insbesondere im Grundbuchverkehr, eine sehr bedeutsame Rolle.[2]) Das Handzeichen dient Personen, welche wegen körperlicher Schwäche oder Unkenntniß nicht schreiben können, als Ersatzmittel der Unterschrift. Es findet sich im deutschen Recht schon von alters her und wird gewöhnlich in der Form von drei Kreuzen vollzogen. Die öffentliche Beglaubigung eines Handzeichens muß namentlich dann stattfinden, wenn ein Rechtsgeschäft der Schriftform bedarf und ein Kontrahent — bei einseitigen Rechtsgeschäften der Erklärende — die Urkunde mit dem bloßen Handzeichen unterzeichnet.[3])

Die Beglaubigung der Unterschrift oder des Handzeichens geschieht durch einen unter die Unterschrift zu setzenden und mit dem amtlichen Siegel oder Stempel zu versehenden Vermerk folgender Art:

Die vorstehende Unterschrift des Kaufmanns Friedrich Schultze zu Berlin beglaubigt

Berlin, den 1. April 1900. Franz Paul Müller,
(L. S.) Notar im Bezirk des Kgl. Kammergerichts.

und darf nur erfolgen, wenn die Unterschrift oder das Handzeichen in **Gegenwart** des Richters oder Notars vollzogen oder anerkannt wird, § 183 RFG. Landesgesetzlich ist dem Urkundsbeamten instruktionell untersagt, von dem Inhalte der Urkunde, unter der sich die Unterschrift oder das Handzeichen befindet, Kenntniß zu nehmen; entstehen ihm Zweifel an der unbeschränkten Geschäftsfähigkeit der Person, von der die Unterschrift oder das Handzeichen stammt, so soll er dies in dem Beglaubigungsvermerk feststellen, Art. 60 PrFG.

[1]) Oben S. 176.

[2]) GBO. §§ 29, 30, 32; vgl. im übrigen die Zusammenstellung bei **Fuchs**, Kommentar zum RFG., S. 411. Vereinzelt fordern die Gesetze ausdrücklich die gerichtliche oder notarielle Beglaubigung, vgl. **Fuchs** a. a. O. S. 411 Anm. h.

[3]) §§ 126, 127 BGB.; vgl. weiter § 129 BGB., 416, 440 Abs. 2 CPO., Art. 94 WO.

Die Befugniß der Gerichte (nicht der Notare) zur Beglaubigung von Unterschriften und Handzeichen kann landesgesetzlich ausgeschlossen werden, (§ 191 Abs. 2 RFG., dies ist z. B. in Bayern und Elsaß-Lothringen geschehen.[1]) Andererseits sind für die öffentliche Beglaubigung namentlich von Unterschriften nach dem Landesrecht vielfach andere, z. B. polizeiliche Behörden zuständig.[2])

b) Die Herstellung des Theilhypothekenbriefes im Falle einer Theilung der Hypothekenforderung, §§ 1152 BGB., 61 GBO. — gleichfalls eine reichsrechtliche Angelegenheit der fr. G. Der Theilhypothekenbrief kann außer vom Grundbuchamt von jedem Gericht oder Notar hergestellt werden. Er stellt im wesentlichen eine beglaubigte Abschrift des Stammdokumentes dar, muß sich als Theilhypothekenbrief bezeichnen, den Betrag der Theilforderung angeben, mit Unterschrift und Siegel versehen sein, § 61 GBO.[3]), und wird nach erfolgter Herstellung durchaus wie ein gewöhnlicher Hypothekenbrief behandelt.

c) Die Beglaubigung von Urkundsabschriften und -auszügen; zu ihr sind im allgemeinen auch die Gerichtsschreiber befugt, Art. 35 PrFG., sie erfolgt durch einen unter die Abschrift oder den Auszug zu setzenden Vermerk folgender Art

Die Uebereinstimmung vorstehender Abschrift mit der mir in der Urschrift vorgelegten Hauptschrift beglaubigt

Berlin, den 20. Febr. 1901. Ernst Scharf,

(L. S.) Notar im Bezirk des Kgl. Kammergerichts.

Etwaige Mängel (Durchstreichungen u. dgl.) der Hauptschrift sind in dem Beglaubigungsvermerke anzugeben, Art. 57, 59 PrFG.

---

[1]) Bayr. AG. z. BGB. Art. 167 Nr. 1; elsaß-lothr. AG. z. RFG. § 48.

[2]) Vgl. auch Art. 115, 122, 123 PrFG.

[3]) Siehe auch Allg. Verf. des JM. vom 20. Nov. 1899 (JMBl. S. 349) §§ 37—42 und Anlage C dazu.

d) **Die Sicherstellung der Zeit, zu welcher eine Privaturkunde ausgestellt ist.**

Beispiel:

Der vorstehende Kaufvertrag ist mir heute Vormittag um 11 Uhr vorgelegt worden. Auf der ersten Seite des Vertrages waren die zweite und dritte Textzeile durchstrichen.

Berlin, den 2. Juli 1900. Ernst Scharf,

(L. S.) Notar im Bezirk des Kgl. Kammergerichts.

Vgl. Art. 58 PrFG. Auch hier ist der Gerichtsschreiber zuständig, Art. 36, 59 PrFG.

e) **Die Beurkundung des Herganges bei Versammlungen.** Das Gesetz verlangt die gerichtliche oder notarielle Beurkundung für Beschlüsse der Generalversammlungen von Aktien- und Kommanditaktiengesellschaften,[1]) der im Reichsgesetz vom 4. Dez. 1899 betr. die gemeinsamen Rechte der Besitzer von Schuldverschreibungen bezeichneten Gläubigerversammlungen[2]) und für die Wahlen der Gewerkschaftsrepräsentanten und Grubenvorstände;[3]) die Korporationssatzungen erfordern die gleiche Form aber auch häufig für die Mitgliederversammlungen von Vereinen, Aufsichtsrathssitzungen u. s. w.

f) **Die Beurkundung (Bescheinigung) von sonstigen Thatsachen,** z. B. die Ausstellung von Lebensattesten, wie solche u. A. von den Behörden und Versicherungsgesellschaften verlangt werden, wenn es sich um die Erhebung von Pensionen oder Leibrenten handelt.

In den bisher aufgezählten Fällen handelte es sich um reine Beurkundungen. Es ist aber zulässig und namentlich in der notariellen Praxis häufig, daß der Urkundsbeamte an

---

[1]) §§ 259, 320 Abs. 3 HGB. Uebrigens ist bestritten, ob hier nicht eine rechtsgeschäftliche Beurkundung vorliegt, vgl. besonders Jastrow, Archiv für bürgerl. Recht 13, 361.

[2]) Unten § 53.

[3]) Allg. Berggesetz vom 24. Juni 1865, § 18 Abs. 3.

dem Zustandekommen des von ihm zu beurkundenden Vorganges selbst mitwirkt, Art. 31 PrFG.

Diese Mitwirkung läßt sich natürlich nicht unter den Begriff der Beurkundung bringen. Der Ausdruck „insbesondere“ im Art. 31 Abs. 1 Satz 3 PrFG.[1]) ist daher schief. Immerhin rechtfertigt es sich, nach dem Vorgange des Gesetzes und der Gesetzesmaterialien[2]) die hier fraglichen Angelegenheiten in dem Kapitel über das Urkundswesen zu behandeln, da sie im allgemeinen nur insoweit sie zu einer Beurkundung führen, in das Gebiet der fr. G. gehören. Liegt jedoch auch abgesehen von der Beurkundung ein Akt der fr. G. vor, — so insbesondere bei der Eidesabnahme im Falle des Art. 34 PrFG. —, so ist es systematisch richtiger, diesen Akt, obschon auch er beurkundet wird, nicht beim Urkundswesen zu behandeln, denn das Wesentliche ist in dem angeführten Beispiel die Eidesabnahme. Art. 34 ist daher, abweichend von der Anordnung des Gesetzes — Art. 34 steht in dem Abschnitt über „Gerichtliche und notarielle Urkunden“ — im § 18 dieses Leitfadens zur Erörterung gelangt. Aehnlich verhält es sich mit der freiwilligen Versteigerung, vgl. einerseits Art. 31, 33 PrFG., auch § 181 RFG., andererseits § 50 dieses Leitfadens.

An Beispielen seien folgende genannt:

g) die durch Gesetze, Satzungen und Verloosungsbedingungen häufig vorgeschriebene Verloosung unter (richterlicher oder) notarieller Mitwirkung, Aufsicht und Beurkundung. Es handelt sich hierbei praktisch weniger um die Lotterieen als um die Ausloosung von Schuldverschreibungen zum Behufe der Schuldentilgung (indem durch das Los in gewissen Zeiträumen, z. B. alljährlich, eine festgesetzte Anzahl von Schuld-

---

[1]) Die betr. Stelle des Gesetzes lautet: „. . . Die Zuständigkeit der Amtsgerichte und Notare umfaßt die Befugniß zur öffentlichen Beurkundung . . . . . Sie erstreckt sich insbesondere auch auf die Vornahme freiwilliger Versteigerungen, auf die Mitwirkung bei Abmarkungen sowie auf die Aufnahme von Vermögensverzeichnissen.“

[2]) Begr. S. 28.

verschreibungen bestimmt wird, welche zurückzuzahlen sind (vgl. Anlage VII, S. 252). Aehnliches wie von der Verloosung gilt bezüglich der Vernichtung von Werthpapieren (z. B. der von Anleihepapieren, wenn die Anleihe zurückgezahlt ist).

h) Die Aufnahme von Wechselprotesten und anderen Protesten, vgl. WO. Art. 87—90, HGB. §§ 571, 587, 588, 596 603, 605, 646, 689, BSchG. §§ 28, 33, 39, 47, 51.

i) Die zur notariellen Zuständigkeit gehörige Bewirkung und Beurkundung von Zustellungen, Art. 31 Abs. 2 PrFG., wichtig namentlich für Zustellungen innerhalb eines im Auslande geführten Rechtsstreits, sofern nach den Vorschriften des fremden Rechtes die Zustellung durch den Gerichtsvollzieher nicht genügen würde.[1]) Die notarielle Zustellung erfolgt nicht nach den Regeln der CPO., insbesondere giebt es hier keine Ersatzzustellung (§§ 181 ff. CPO.).

k) Die Aufnahme von Vermögensverzeichnissen, insbesondere von Nachlaßinventaren; letztere werden nicht nur zum Zwecke der Nachlaßsicherung,[2]) sondern namentlich auch zur Wahrung der beschränkten Erbenhaftung errichtet, §§ 2002 f. BGB.

l) Die Beurkundung einer Abmarkung und die Mitwirkung bei letzterer, § 919 BGB., Art. 31 PrFG.[3])

---

[1]) Begr. S. 28. [2]) Oben S. 122.

[3]) Gegen die herrschende Meinung, welche diesen Fall zu den nicht rechtsgeschäftlichen Beurkundungen rechnet — vgl. Art. 31 PrFG. —, Jastrow, Formularbuch und Notariatsrecht Anm. 8 zu Art. 31 PrFG., (I, 81).

Achtes Kapitel.

Einzelne Angelegenheiten.

§ 49.

Lehns-, Fideikommiß- und Stiftungssachen.

I. In Lehnssachen hat von Alters her eine ausgedehnte fr. G., welche, ursprünglich neben der streitigen Lehnrechtspflege, von dem Lehnshof ausgeübt wurde, bestanden. In Preußen waren nach der AGO. die Landesjustizkollegien Lehnshöfe,[1]) jetzt sind es die Civilsenate der Oberlandesgerichte,[2]) vereinzelt die Civilkammern der Landgerichte.[3]) Heute hat das Lehnswesen, dessen Blütheperiode in die Zeit der Hohenstaufen fällt, bekanntlich nur noch eine verschwindende praktische Bedeutung. In Preußen ist durch Art. 40 der Verfassungsurkunde — abgeändert durch Art. 1 und 2 des Gesetzes vom 5. Juni 1852 — die fernere Errichtung von Lehen untersagt sowie die „Auflösung des bestehenden Lehnsverbandes“, d. i. die Umwandlung der vorhandenen Lehen in Allode oder Familienfideikommisse, verheißen und durch spätere Gesetze größtentheils auch durchgeführt worden. Demgemäß besteht jetzt die wichtigste Aufgabe der Lehnshöfe in der Mitwirkung an der Auflösung des Lehnsverbandes, z. B. haben sie in den Rechtsgebieten, in denen die Auflösung der Lehen gesetzlich vorgeschrieben ist, die Erklärung des letzten Lehnsbesitzers entgegenzunehmen, ob er das Lehen in ein Allod oder in ein Familienfideikommiß umgewandelt wissen will,[4]) und da, wo die Umwandlung durch Familien-

[1]) § 45 AGO. III, 1.

[2]) Besonders Vo. vom 30. April 1815 (GS. S. 85) § 6; Vo. vom 2. Jan. 1849 (GS. S. 1) § 25 Ziff. 4; Ges. vom 26. Mai 1873 § 26; vom 19. Juni 1876 § 3; vom 16. März 1877 § 3; AG. z. GVG. § 49 Ziff. 1 und 2.

[3]) Ges. vom 3. Mai 1876 § 3; 28. Mai 1877 § 19; AG. z. GVG. § 41.

[4]) Vgl. die preuß. Gesetze vom 4. März 1867, 23. Juli 1875, 3. Mai 1876, 19. Juni 1876, 16. März 1877, 28. März 1877.

schluß, also durch den Willen der Betheiligten herbeigeführt wird, den Familienschluß aufzunehmen und zu bestätigen;[1]) sie sind, wenn das Lehen erloschen ist, zuständig zur Ausstellung einer Bescheinigung hierüber, auf Grund deren die Lehnseigenschaft im Grundbuch gelöscht wird.[2]) Soweit Lehen noch fortbestehen,[3]) reichen die Befugnisse der Lehnshöfe weiter, z. B. haben sie den Lehnsvormund zu bestellen[4]) u. dgl.

II. In Familienfideikommißsachen wird ähnlich wie in Lehnssachen von den Civilsenaten der Oberlandesgerichte als „Fideikommißbehörden" eine fr. G. ausgeübt.[5]) Dieselbe äußert sich insbesondere in der Ertheilung der zur grundbuchmäßigen Verwerthung bestimmten Bescheinigungen über die Berechtigung des Fideikommißfolgers und über das Erlöschen der Fideikommißeigenschaft,[6]) in der Aufnahme, Bestätigung und Ausfertigung der Familienschlüsse[7]) und in der Mitwirkung bei der Auseinandersetzung zwischen Fideikommißfolger und Allodialerben.[8])

Zweifelhaft und bestritten ist, ob die örtliche Zuständigkeit dem Richter des (letzten) Wohnsitzes des Stifters oder dem iudex rei sitae gebührt; vom Standpunkte des geltenden Rechtes erscheint letzteres das Richtigere.[9])

---

[1]) §§ 9 des Edikts vom 9. Okt. 1807 (GS. S. 170), 21, 2 Ges. vom 15. Febr. 1840. Die Herbeiführung derartiger Familienschlüsse ist vielfach erleichtert, vgl. die preuß. Gesetze vom 15. Mai 1852, 10. Juni 1856, 23. März 1857.

[2]) Art. 19 AG. z. GBO.

[3]) Vgl. besonders Art. 3 Ges. vom 5. Juni 1852.

[4]) § 167 ALR. I, 18.

[5]) § 1 Ges. vom 5. März 1855; Vo. vom 26. Juni 1867 (GS. S. 1073) § 25 Ziff. IV.; Vo. vom 26. Juni 1867 (GS. S. 1085) § 14 Ziff. IV; Ges. vom 26. Mai 1873 § 26. Ges. vom 12. Juli 1896 § 2, Art. 17 AG. z. GBO., § 49 AG. z. GVG.

[6]) Art. 16 AG. z. GBO.

[7]) § 2 Ges. vom 15. Febr. 1840.

[8]) §§ 26 ff. AGO. I. 46 — einer der wenigen Fälle, in denen die AGO. noch zur Anwendung gelangt, Art. 144 Ziff. 1 PrFG.

[9]) Ges. vom 5 März 1855 § 1, ebenso Dernburg, Lehrbuch des Preuß. Privatrechts I, § 276; abweichend Foerster-Eccius, Theorie und Praxis des Preuß. Privatrechts IV, § 242 Anm. 25.

In Ermangelung einer Fideikommißbehörde ist das Amtsgericht für die Ausstellung des Scheins über die Berechtigung des Fideikommißfolgers zuständig.[1])

III. Stiftungen stehen im allgemeinen unter der Oberaufsicht des Staates, insbesondere bedarf die Errichtung einer Stiftung seiner Genehmigung, § 80 BGB. Die hierauf bezügliche staatliche Thätigkeit ist an sich verwaltungsrechtlicher Natur und wird daher von Verwaltungsbehörden ausgeübt. Eine Ausnahme besteht für die dem preußischen Recht eigenthümlichen Familienstiftungen, welche früher in den §§ 21 ff. ALR. II, 4, jetzt in den Art. 1—4 AG. z. BGB. geregelt sind. Familienstiftungen sind solche Stiftungen, die nach der Stiftungsurkunde ausschließlich dem Interesse der Mitglieder einer bestimmten Familie oder mehrerer bestimmten Familien dienen, Art. 1 § 1 AG. z. BGB. Daß der Zweck einer Familienstiftung dem öffentlichen Interesse widerstreitet, erscheint ausgeschlossen. Ihre staatliche Anerkennung ist daher nicht in das freie Ermessen der Behörden gestellt, sondern an die Erfüllung gewisser formaler Voraussetzungen geknüpft. Die Prüfung, ob letztere im einzelnen Falle vorhanden sind, ist eine Angelegenheit der fr. G. und daher den Gerichten überwiesen.[2]) Das Gericht darf die „Genehmigung" — wie das Gesetz mit Rücksicht auf § 80 BGB. sagt, richtiger wäre „Bestätigung"[3]) — nur dann versagen, wenn rechtliche Bedenken entgegenstehen, z. B. der Stifter nicht voll geschäftsfähig ist, oder wenn die Stiftungsurkunde nicht deutlich oder nicht bestimmt genug gefaßt ist oder wenn sie keine ausreichenden Bestimmungen über die Bestellung eines Vorstandes enthält. Zuständig ist das Amtsgericht, in dessen Bezirk die Stiftung ihren Sitz haben soll, Art. 1 AG. z. BGB. Demselben Gericht gebührt regelmäßig auch die Beaufsichtigung der Stiftung. Die Aufsicht

[1]) Art. 18 Abs. 2 AG. z. GBO.

[2]) Vgl. Begründung zum Entwurf des AG. z. BGB. S. 3.

[3]) Oben S. 49. Der Regierungsentwurf des AG. z. BGB. hatte denn auch von „Bestätigung" gesprochen.

äußert sich vornehmlich darin, daß die Familienschlüsse, — welche behufs der Aenderung der Verfassung sowie der Aufhebung der Stiftung erforderlich sind —, der gerichtlichen Aufnahme und „Genehmigung" (richtiger Bestätigung, Art. 2 § 13 AG. z. BGB.) bedürfen Für die Herbeiführung des Familienschlusses ist ein besonderes Verfahren, dessen Mittelpunkt ein gerichtlicher Verhandlungstermin bildet, vorgeschrieben. Nicht erschienene Betheiligte können unter ähnlichen Voraussetzungen wie im Erbesauseinandersetzungsverfahren als zustimmend erachtet, Familienmitglieder, deren Leben oder Aufenthalt unbekannt ist, durch Aufgebot ausgeschlossen werden. Die gesetzlichen Verfahrensregeln können durch Stiftungsurkunde oder Familienschluß abgeändert werden; erstere kann das Gericht auch mit der Verwaltung der Stiftung betrauen. Vgl. über all dies Art. 2 AG. z. BGB.

Der Justizminister kann die Aufsichtführung und Verwaltung dem Landgericht oder Oberlandesgericht auftragen, welches dadurch auch für die Genehmigung der Stiftung zuständig wird, Art. 1 § 1 Abs. 2 AG. z. BGB.

Auch die Verwaltung und Beaufsichtigung anderer Stiftungen als Familienstiftungen kann unter Umständen Gerichten obliegen.[1])

§ 50.

Freiwillige Versteigerung.

I. Freiwillige Versteigerungen, d. h. Versteigerungen auf Antrag des Eigenthümers oder sonstigen Verfügungsberechtigten (Gegensatz: Zwangsversteigerung), können von den Amtsgerichten und Notaren bewirkt werden. Sie erfolgen in der Regel öffentlich. Praktisch kommt neben der freiwilligen Versteigerung von Grundstücken, die wir unter II. noch näher betrachten werden, hauptsächlich die von beweglichen Nachlaßgegenständen in Betracht. Der Justizminister

[1]) Kab.Ordre vom 3. Januar 1845 und Bericht des Staatsministeriums vom 23. Dezember 1844 (JMBl. 1845, 26); § 29 AG. z. GVG.

kann die Gerichte (nicht Notare) anweisen, Versteigerungen nur unter gewissen Voraussetzungen vorzunehmen, Art. 31 Abs. 3 PrFG.; eine solche Anweisung ist bisher nicht ergangen.

Auch die Gerichtsvollzieher können freiwillige Versteigerungen beweglicher Sachen vornehmen, § 74 Ziff. 2 AG. z. GVG. Ihnen wird der Richter die Erledigung derartiger Geschäfte zweckmäßiger Weise meist übertragen, Art. 38 PrFG., auch der Dorfgerichte u. s. w. kann er sich zu diesem Zwecke bedienen, Art. 38, 109, 111, 122, 123 PrFG.

In Ostfriesland, in Harlingerland sowie im Regierungsbezirk Osnabrück können zur Vornahme und Beurkundung freiwilliger öffentlicher Versteigerungen (auch von Grundstücken) „beeidigte Auktionatoren" (mit Beamteneigenschaft) angestellt werden, Art. 125 PrFG.

Bei der gerichtlichen oder notariellen Beurkundung freiwilliger Versteigerungen gelten nur solche Bieter als Betheiligte, welche, — insbesondere weil ihnen der Zuschlag ertheilt ist[1] —, an ihr Gebot gebunden bleiben, § 181 RFG. Namentlich brauchen daher die anderen Bieter das Versteigerungsprotokoll nicht zu unterschreiben.

Der Schwerpunkt dieser Bestimmung liegt auf dem Gebiete des Immobiliargüterrechts. Bei der Versteigerung beweglicher Sachen kann eine Bindung des Bieters auch ohne jede Beurkundung herbeigeführt werden; soll dagegen das Eigenthum an einem Grundstücke auf einen anderen übertragen werden, so ist dazu eine ordnungsmäßige gerichtliche oder notarielle Urkunde erforderlich, § 313 BGB. Im Bezirk des rheinischen Rechts kann im Versteigerungstermine vor dem Richter oder Notar auch sogleich die Auflassung erklärt werden, Art. 26 AG. z. BGB.

II. Die freiwillige Versteigerung eines Grundstücks soll von den Amtsgerichten und Notaren nur dann vorgenommen

[1] § 156 BGB.

werden, wenn das Grundstück in ihrem Amtsbezirke belegen ist oder wenn es zu einer Nachlaß- (oder gütergemeinschaftlichen) Masse gehört, bezüglich deren vor dem Gericht oder Notar das Auseinandersetzungsverfahren schwebt, Art. 33 PrFG.

Die Wahl des bei der Versteigerung einzuschlagenden Weges ist den Notaren völlig anheimgestellt, dem Richter ertheilt der fünfte Abschnitt des PrFG (Art. 66—76) eine nähere Anweisung.

Die freiwillige Grundstücksversteigerung bildete von jeher einen besonderen Zweig der nichtstreitigen Rechtspflege und ist namentlich in den §§ 66 ff. AGO. I, 52 geregelt worden.[1])

Wer die freiwillige Versteigerung eines Grundstücks beantragt, hat seine Befugniß zur Verfügung über das Grundstück nachzuweisen, Art. 66 Abs. 1 PrFG.; mehrere Verfügungsberechtigte, insbesondere Miteigenthümer, müssen den Antrag einstimmig stellen.

Will ein Miteigenthümer die Versteigerung zwecks Aufhebung der Gemeinschaft auch gegen den Willen der anderen Miteigenthümer durchsetzen, so muß er dazu den Weg der Zwangsversteigerung einschlagen, §§ 180 ff. ZwVG. Ebenso verhält es sich mit der Versteigerung auf Antrag des Konkursverwalters, §§ 172 ff. ZwVG., überhaupt in allen durch das ZwVG. geregelten Fällen.

Die für das weitere Verfahren aufgestellten (an das Zwangsversteigerungsgesetz sich anschließenden) Regeln sind lediglich instruktionell und unterliegen der Abänderung durch die Betheiligten, Art. 66 Abs. 2 PrFG. Hervorzuheben ist,

---

[1]) Vgl. ferner VO. betr. das Verfahren bei freiwilligen Subhastationen vom 6. April 1839 (GS S. 125) nebst justizministerieller Instruktion vom 20 Mai 1839 (JMBl. S. 190) sowie das im § 36 bereits erwähnte rheinpreußische Gesetz vom 22. Mai 1887 §§ 25 ff. Alles dies ist jetzt beseitigt durch Art. 144 Ziff. 1, 12, 20 PrFG.

daß im Allgemeinen zwischen der Terminsanberaumung und dem Termine ein Zeitraum von höchstens sechs Monaten, zwischen der Bekanntmachung der Terminsbestimmung und dem Termine ein Zeitraum von mindestens sechs Wochen liegen soll, Art. 67 Abs. 2. Die Terminsbestimmung ist durch eine Zeitung bekannt zu machen und an die Gerichtstafel anzuheften, Art. 69 PrFG. Die Einsicht der zu den Versteigerungsakten zu bringenden Abschrift des Grundbuchblattes, der — von dem Antragsteller zu beschaffenden — Auszüge aus den Steuerbüchern und der sonstigen von den Betheiligten eingereichten Nachweisungen über das Grundstück ist jedem gestattet, Art. 71 PrFG. Der Richter hat den Versteigerungstermin (Art. 72—74 PrFG.) selbst abzuhalten.

Doch kann der Justizminister für solche Bezirke, in denen dazu ein Bedürfniß besteht, die Amtsgerichte ermächtigen, mit Zustimmung der Betheiligten die Versteigerung, sofern sie außerhalb der Gerichtsstelle erfolgen soll, einem Gerichtsschreiber zu übertragen, Art. 38 Abs. 3 PrFG. Eine solche Ermächtigung ist bisher noch nicht ertheilt. In Hohenzollern und einzelnen hessischen Gebieten sind gewisse Gemeindebeamte zuständig, auf Antrag der Betheiligten und im Auftrage des Gerichts Grundstücksversteigerungen vorzunehmen und zu beurkunden, Art. 112 PrFG., vgl. auch das oben S. 202 über die Zuständigkeit der „beeidigten Auktionatoren" Bemerkte. Durch die Urkunde des Gerichtsschreibers (Art. 38 Abs. 3 PrFG.), des Gemeindebeamten (Art. 112 PrFG.) oder beeidigten Auktionators (Art. 125 PrFG.) wird die im § 313 BGB. vorgeschriebene gerichtliche oder notarielle Beurkundung der Grundstücksversteigerung ersetzt, vgl. Art. 142 EG. z. BGB.

Das ganze Versteigerungsverfahren beruht auf dem Willen des Antragstellers. Derselbe kann insbesondere jeden Augenblick die Einstellung des Verfahrens herbeiführen, Meistgebote, wenn sie ihm nicht ausreichend erscheinen, zurückweisen, und hat selbst den Zuschlag zu ertheilen (Art. 74 Abs. 2 PrFG.).

§ 51
Taxation.[1])

Die sichere Feststellung des Werthes eines Grundstücks kann bei vielen Vorgängen des wirthschaftlichen Lebens in Frage kommen, z. B. wenn es sich um den Verkauf, die Beleihung oder Enteignung des Grundstücks handelt. Besonders wichtig ist das Taxwesen für landwirthschaftliche Grundstücke, hier aber auch besonders schwierig, da der ortsübliche Wohnungsmiethszins, der in den Städten meist die einfache und sichere Grundlage der Werthberechnung bildet, auf dem Lande sich weder mit gleicher Sicherheit bestimmen läßt noch in demselben Umfange zur Werthermittelung herangezogen werden kann.

Für die Aufnahme von Grundstückstaxen sind im Geltungsbereiche des ALR. neben den verschiedensten anderen Behörden und Beamten — wie öffentlichen Kredit- und Feuerversicherungsanstalten, kommunalen Taxationsbeamten — auch die Gerichte befugt, und zwar ist der gerichtlichen Werthfeststellung die wichtige Bedeutung beigelegt, daß sie als Grundlage für die Entscheidung über die Mündelsicherheit einer Kapitalsanlage dienen kann, Art. 73 § 1 AG. z. BGB. Maßgebend für das gerichtliche Verfahren ist immer noch der sechste Titel des zweiten Theiles der AGO. — der einzige Titel der AGO., welcher noch gegenwärtig in vollem Umfange zur Anwendung gelangt, Art. 144 Ziff. 1 PrFG. Er ist überschrieben „Von dem Verfahren bei Aufnehmung gerichtlicher Taxen" und bezieht sich auch auf die Taxe beweglicher Sachen, welche jedoch praktisch nur eine geringe Bedeutung besitzt.

Wo die AGO. nicht gilt, kann die Taxation durch königliche Verordnung einer Behörde, die von Grundstücken besonderen staatlich anzustellenden Sachverständigen übertragen werden. Die von der

[1]) Keller, Die gerichtliche Taxation nach preußischem Recht 1896.

Behörde oder dem Sachverständigen besorgte Taxe soll einer gerichtlichen gleichstehen, Art. 127 PrFG. Die königliche Verordnung ist noch nicht ergangen.

Die Aufnahme der Grundstückstaxe erfolgt unter der Leitung des Richters, der hierzu sachverständige Taxatoren zuziehen muß. Letztere müssen entweder ein für alle Mal oder für den einzelnen Fall vereidigt sein (§ 4 l. c.); die Regel des § 15 RFG., daß über die Beeidigung richterliches Ermessen entscheide, greift hier nicht Platz. Der Richter hat die Taxatoren in der Beschaffung des für die Abgabe der Taxe nothwendigen Thatsachenmaterials zu unterstützen, er muß insbesondere für die Vorlegung der Wirthschaftsbücher, Rechnungen u. dgl. Sorge tragen (§ 8 l. c.), er kann geeignetenfalls zur eidlichen Vernehmung von Zeugen und Sachverständigen schreiten (§ 8 l. c.), überhaupt sich aller zulässigen Beweismittel (§ 17 des Leitfadens) bedienen. Ueber das gesammte Abschätzungsverfahren hat der Richter ein ausführliches Protokoll aufzunehmen (§ 9 l. c.) und auf der Grundlage desselben das eigentliche „Taxationsinstrument" auszustellen (§§ 10, 11).

Zu ermitteln ist bei landwirthschaftlichen Grundstücken der „Ertragswerth" (nicht der Grundwerth), § 12, es muß also zunächst der durchschnittliche Ertrag des Landgutes festgestellt und dieser dann nach bestimmten Grundsätzen kapitalisirt werden. Diese sogenannte Ertragstaxe entspricht auch der neueren Taxationslehre und Gesetzgebung.[1]) Des Näheren sind für die gerichtliche Abschätzung von Landgütern die provinziell verschiedenen „Taxationsprinzipien" der einzelnen landschaftlichen Kreditinstitute für maßgebend erklärt, §§ 13, 14; dies gilt jedoch nur noch insoweit, wie jene Systeme den Ertragswerth zur Grundlage nehmen.[2])

---

[1]) Vgl. z. B. v. d. Goltz in Schönbergs Handbuch der politischen Oekonomie, 4. Aufl., 1896, II, 99; BGB. §§ 1515, 2049, 2312.

[2]) Jastrow, Allg. Gerichtsordnung S. 341; ebenda sind die noch geltenden Taxationsprinzipien bezeichnet. Bezüglich der

Wesentlich vereinfacht wird das Verfahren, wenn das abzuschätzende Grundstück den Werth von 15 000 Mark nicht übersteigt. Hier kann das Amtsgericht die Werthermittelung ganz in die Hände der Taxatoren legen. Als Taxatoren werden in diesem Fall auf dem Lande vorzugsweise die Dorfgerichtsmitglieder, in Städten sachkundige Einwohner, auf Antrag der Betheiligten und geeignetenfalls auch ohne solchen geprüfte Taxatoren zugezogen. Die mit der Werthermittelung beauftragten Personen haben dann die Taxe eidlich zu richterlichem Protokoll zu geben; Taxatoren, die ein für alle Mal vereidigt sind — und dahin sind auch die Dorfgerichtsmitglieder zu rechnen [1]) — können sich nach dem Ermessen des Gerichts auch damit begnügen, die Taxe schriftlich einzureichen und deren Richtigkeit in dem Schriftstück eidesstattlich zu versichern. Auf der Grundlage des Protokolles bezw. des eingereichten Schriftstückes stellt dann das Gericht das Taxationsinstrument auf. [2])

Bei der Abschätzung von Schiffen und anderen beweglichen Sachen ist erklärlicher Weise nicht der Ertragswerth, sondern der Sachwerth im engeren Sinne maßgebend, §§ 18, 19 AGO. II, 6.

§ 52.

Hinterlegung und Verwandtes.

I. Die öffentliche Hinterlegung verfolgt sehr verschiedene Zwecke, und zwar sowohl solche materiellrechtlicher wie prozessualer Natur. Insbesondere dient sie als Surrogat der

---

Schätzung von Nachlaßgrundstücken vgl. Art. 83 AG. z. BGB. Besondere Grundsätze gelten nach Agrarrecht, namentlich nach Anerbenrecht, vgl. die S. 132 Anm. 1 aufgeführten Gesetze.

[1]) Reskript des JM. vom 14. April 1841 (JMBl. S. 152).

[2]) Vgl. im einzelnen § 86 ALR. II, 7; Anhang § 437 zu § 12 AGO. II, 6, abgeändert durch Gesetze vom 15. Juni 1840 (GS. S. 131) und 4. Mai 1857 (GS. S. 445); Revidirte Instruktion für die Dorfgerichte vom 11. Mai 1854 (JMBl. S. 206) §§ 83—87; Verf des JM. vom 27. Juli 1857 (JMBl. S. 282) und 20. Dez. 1899 (JMBl. S. 806) § 59.

Erfüllung,[1]) als Sicherungsmittel für den Gläubiger des Hinterlegenden,[2]) als vorläufige Maßregel bis zum Austrag eines Streits mehrerer Berechtigter,[3]) als Mittel zur Abwendung der Zwangsvollstreckung[4]) oder der Untersuchungshaft[5]) u. s. w Sie entstammt dem römischen Recht. Hier war sie vorwiegend privatrechtlich und als Erfüllungssurrogat im Interesse des Schuldners gestaltet. Sie erfolgte in Rom nicht bei öffentlichen Behörden, sondern bei den argentarii (Banquiers) und in den Tempeln, später den Kirchen, daneben anscheinend auch in öffentlichen Lagerhäusern (horrea), die Alexander Severus errichtet haben soll.[6]) Nach dem gemeinen[7]) und dem älteren preußischen Recht wurde die öffentliche Hinterlegung dagegen bei den Gerichten bewirkt, so insbesondere nach der Allgemeinen Depositalordnung vom 15. September 1783. Diese unterschied das Judicial- oder gerichtliche und das Pupillar- oder vormundschaftliche Depositorium. Ersteres war für Hinterlegungen aus prozessualen Gründen und wegen Ungewißheit in der Person des Gläubigers bestimmt, in letzteres flossen die Mündelvermögen. Innerhalb eines jeden Depositoriums wurden die vorhandenen baren Gelder, gleichgültig von wem sie stammten, zu je einem „Generaldepositorium" vereinigt und von Amtswegen mündelsicher zinsbar angelegt.

Der Umstand, daß die Depositalverwaltung, seitdem der Grundsatz der Trennung von Justiz und Verwaltung zu allgemeiner Anerkennung gelangt war, den Gerichten schlecht

---

1) §§ 372, 383 BGB.

2) Z. B. §§ 1392, 1667, 1716, 1814 BGB., 108, 713, 987 CPO, 419 StPO.

3) §§ 660 BGB. 75, 805, 827, 853 CPO. u. s. w.

4) §§ 713, 720, 923, 934 CPO.

5) § 118 StPO

6) Muther, Sequestration und Arrest im römischen Recht 1856, S. 368; Ulrich, Die Deposition und Dereliktion behufs der Befreiung des Schuldners 1877, S. 30 ff.; Aelius Lampridius, Vita Alexandri Severi cap. 39

7) Z. B. Claproth, Theoretisch-praktische Rechtswissenschaft S 238 ff

anstand, der Erlaß der preußischen Vormundschaftsordnung vom 5. Juli 1875, welche die Pupillardepositorien beseitigte, damit den Generaldepositorien den weitaus größten Theil ihres Bestandes entzog und den Vormündern die Verwaltung des Mündelvermögens wiedergab, ferner das Bedürfniß, das Depositalwesen für die ganze Monarchie einheitlich zu regeln, und endlich die Justizreorganisation von 1877/1879 führten eine durchgreifende Neuordnung des Hinterlegungswesens herbei Sie erfolgte, durch ein mit der Vormundschaftsordnung zusammenhängendes Gesetz vom 19. Juli 1875 vorbereitet, durch die noch jetzt geltende, gemäß Art. 84 AG. z. BGB. unerheblich abgeänderte Hinterlegungsordnung vom 14. März 1879.[1])

Die öffentliche Hinterlegung geschieht hiernach grundsätzlich nicht mehr bei den Gerichten, sondern bei den Bezirksregierungen (in Berlin bei der „Ministerial-, Militär- und Baukommission") als sogenannten „Hinterlegungsstellen"; nur einzelne Verrichtungen sind den Amtsgerichten vorbehalten worden.

In den meisten anderen Bundesstaaten — dieselben sind größtentheils im Anschluß an das BGB. zu einer Neuregelung des Hinterlegungswesens geschritten — sind die Gerichte, und zwar in der Regel ausschließlich die Amtsgerichte (so in Bayern, Sachsen, Mecklenburg), zum Theil daneben auch die anderen ordentlichen Gerichte (so in Württemberg und Hessen) zu Hinterlegungsstellen erklärt. In Baden ist der „Verwaltungshof" und in Elsaß-Lothringen die „Staatsdepositenverwaltung" zuständig.

[1]) Ausgaben der Hinterlegungsordnung unter Berücksichtigung des neuesten Rechtes sind von Aron und Bartels veranstaltet.

[2]) Art. 76 bayr. AG. z. GVG. nebst bayr. Hinterlegungsordnung vom 18. Dez. 1899; Sachsen VO. vom 24 Juli 1899 §§ 101 ff.; Mecklenburg. Hinterlegungsordnung vom 9 April 1899 § 2; Württemberg. AG. z. BGB. Art. 143 ff; Hessen VO. vom 19. Aug. 1899 (Reg.-Blatt S. 581) § 1; Badische Hinterlegungsordnung vom 30. Juli 1899 § 1; Elsaß-Lothr. Ges. vom 1 Nov. 1899 § 1.

Nach preußischem Rechte sind die Gerichte, und zwar die Amtsgerichte, noch in folgenden beiden Beziehungen mit Hinterlegungssachen befaßt:

a) Der öffentlichen Hinterlegung fähig sind nach dem BGB.[1]) nur Geld, Urkunden und Kostbarkeiten. Die ordentlichen Hinterlegungsstellen nehmen nun ausschließlich Geld, Werthpapiere auf den Inhaber, Präsentationspapiere (z. B. Wechsel, Sparkassenbücher) und Kostbarkeiten an, § 1 Hinterl.-Ordn. Für die Hinterlegung aller anderen Werthpapiere, z. B. der Hypothekenbriefe und sonstigen Urkunden sind dagegen die Amtsgerichte Hinterlegungsstellen, § 87 Hinterl.-Ordn.

Andere Gegenstände als Geld, Urkunden und Kostbarkeiten können nicht öffentlich hinterlegt werden. Die handelsrechtliche, „in einem öffentlichen Lagerhause oder sonst in sicherer Weise" zu bewirkende Hinterlegung von Waaren[2]) gehört nicht hierher; sie braucht, auch soweit die Waaren in Urkunden oder Kostbarkeiten bestehen, nicht bei einer amtlichen Hinterlegungsstelle zu erfolgen.

b) Auch solche Gegenstände, deren Entgegennahme an sich den ordentlichen Hinterlegungsstellen gebührt, können bei den Amtsgerichten in „vorläufige Verwahrung" genommen werden, jedoch nur in dringenden Fällen und auf Grund besonderer Anordnung des Richters, §§ 70 ff. Hinterl.-Ordn.; die vorläufige Verwahrung gilt, wie § 72 Hinterl.-Ordn. sagt, „in dem Verhältnisse zwischen den Betheiligten", zumal also im Sinne des bürgerlichen Rechts, als Hinterlegung.[3]) Das Gesetz zählt selbst eine Reihe von Beispielen dafür auf, wann „Dringlichkeit" als vorliegend und daher die vorläufige Verwahrung als zulässig zu erachten ist. Insbesondere ist dies immer der Fall, wenn von der Hinterlegung die

---

[1]) § 372 BGB., Art. 146 EG. z. BGB. (argumentum e contrario!), Begr. zum preuß. AG. z. BGB. S. 174; vgl. schon § 4 der Depositalordnung vom 15. Dez. 1783.

[2]) §§ 373, 437, 601, 646 HGB.

[3]) Etwas Aehnliches in § 69 Abs. 2 ZwVG.

Vollstreckbarkeit einer Entscheidung, die Zwangsvollstreckung oder ihre Abwendung, die Freilassung eines Angeschuldigten oder der Aufschub der Strafvollstreckung abhängt, § 74 Hinterl.Ordn. Das Amtsgericht kann jederzeit die in vorläufige Verwahrung genommenen Gegenstände an die ordentliche Hinterlegungsstelle abführen; es muß dies thun, wenn die Herausgabe an den Empfangsberechtigten voraussichtlich nicht binnen sechs Monaten von dem Zeitpunkte der Annahme an erfolgen wird, § 82 Hinterl.Ordn.

II. Ergänzt wird das Rechtsinstitut der öffentlichen Hinterlegung in gewisser Hinsicht durch die gerichtliche Bestellung eines Verwahrers. In den Fällen nämlich, wo einer unter mehreren Forderungsberechtigten für sich allein vom Schuldner nur die Hinterlegung der geschuldeten Sache verlangen kann, — z. B. wenn mehrere, ohne Gesammtgläubiger zu sein, eine untheilbare Leistung zu fordern haben, § 432 BGB.[1] —, ist dann, wenn die geschuldete Sache sich zur öffentlichen Hinterlegung nicht eignet, von dem Amtsgericht, in dessen Bezirk sich die Sache befindet, für diese auf Antrag des Gläubigers ein Verwahrer zu bestellen. Dasselbe Gericht entscheidet auch über eine dem Verwahrer zu gewährende Vergütung. Vor der Bestellung des Verwahrers und der Entscheidung über die Vergütung sind die Betheiligten thunlichst zu hören, § 165 RFG. Die Ablieferung der Sache an den Verwahrer kann nur im Prozeßwege durchgesetzt werden.[2])

Nicht hierher gehört die Bestellung eines Verwalters im Falle des § 1052 BGB. (hier soll der Verwalter zur Sicherheit des Eigenthümers statt des — rechtskräftig zur Sicherheitsleistung verurtheilten — Nießbrauchers den Nießbrauch ausüben, ähnlich § 2128 BGB.). Die Bestellung eines solchen Verwalters erfolgt in Ausführung des auf Sicherheitsleistung lautenden Erkenntnisses[3])

---

[1]) Vgl. weiter §§ 1217, 1281, 2039 BGB.

[2]) Oben S. 75.

[3]) Denkschrift S. 85.

und daher durch das Zwangsvollstreckungsgericht; die juristische Stellung des Verwalters ist mit der eines Zwangsverwalters (§§ 146 ff. ZwVG.) zu vergleichen.

Auch die durch das Registergericht zu bewirkende Bestellung eines Verwahrers für Bücher und Schriften einer aufgelösten Handelsgesellschaft oder Genossenschaft — §§ 157 Abs. 2, 302 Abs 2 HGB, 74 des RGes vom 20. April 1892, 93 GenG. — fällt unter einen anderen Gesichtspunkt, vgl. oben S. 141.

III. Ein Seitenstück zu der öffentlichen Hinterlegung bildet die öffentliche Zustellung im Falle des § 132 BGB. Wenn nämlich jemand, der eine (privatrechtliche, nicht prozessuale) Willenserklärung abgeben will, sich über die Person des Erklärungsgegners in einer unverschuldeten Unkenntniß befindet, oder wenn der Aufenthalt des Erklärungsgegners unbekannt ist, so kann letzterem die Erklärung in gleicher Weise wie nach der CPO. eine öffentliche Ladung zugestellt werden. Doch ist die öffentliche Zustellung von dem Amtsgericht,[1]) welchem darzuthun ist, daß die Voraussetzungen des § 132 BGB. vorliegen, zu bewilligen. Die Zustellung wird sodann unter entsprechender Anwendung der §§ 204 ff. CPO. — jedoch im nichtstreitigen Verfahren — von Amtswegen bewirkt. Die ganze Einrichtung verfolgt ebenso wie die öffentliche Hinterlegung den Zweck, die Verhinderung einer Partei zur Entgegennahme einer der anderen Partei günstigen Rechtshandlung für die zur Vornahme der Handlung bereiten Partei durch die Mitwirkung der öffentlichen Gewalt unschädlich zu machen.

Des umständlichen Weges der öffentlichen Zustellung bedarf es nicht, wenn die Erklärung, um deren Abgabe es sich handelt, die Kündigung einer Hypothek, Grundschuld oder Rentenschuld ist. Alsdann ist dem Grundstückseigenthümer, wenn die Voraussetzungen des § 132 BGB. vorliegen oder wenn er auch nur im Inlande keinen Wohnsitz

[1]) Ueber die örtliche Zuständigkeit vgl. § 132 Abs. 2 Satz 2 BGB.

hat, auf Antrag des Gläubigers durch das Amtsgericht, in dessen Bezirk das Grundstück liegt, ein Vertreter zu bestellen, dem gegenüber die Kündigung erklärt werden kann, § 1141 Abs. 2 BGB. Auch diese Vorschrift knüpft an prozessuale Vorbilder an, vgl. §§ 57, 58, 494 Abs. 2, 787 CPO.

§ 53.

Gläubigerversammlungen.

Durch das Reichsgesetz vom 4. Dez. 1899, betr die gemeinsamen Rechte der Besitzer von Schuldverschreibungen, ist als Organ zur Vertretung der Interessen solcher Besitzer deren ordnungsmäßig einberufene Versammlung (Gläubigerversammlung) geschaffen. Es handelt sich hierbei um gleichartige, regelmäßig im Wege der öffentlichen Anleihe emittirte Schuldverschreibungen desselben Schuldners, z B. um Prioritäten einer Aktiengesellschaft, Pfandbriefe einer Hypothekenbank (Obligationen öffentlichrechtlicher Körperschaften fallen nicht unter das Gesetz, § 24 desselben). Die Versammlung kann im Interesse der gesammten Gläubiger mit Wirkung auch für und gegen die nicht Erschienenen Beschlüsse fassen, z. B. einen gemeinsamen Vertreter, etwa zur Führung eines Rechtsstreits bestellen, zur Abwendung des Konkurses oder der Zahlungseinstellung des Schuldners sogar Gläubigerrechte in gewissem Umfange aufgeben oder beschränken.

Für die fr. G kommen die Gläubigerversammlungen ebenso wie die Generalversammlungen von Aktiengesellschaften und Genossenschaften insofern in Betracht, als der Richter der fr G. unter besonderen Voraussetzungen Personen, welche zur Theilnahme an der Versammlung befugt sind, ermächtigen kann, letztere zu berufen.[1]) In der Regel ist es nämlich Sache des Schuldners, die Versammlung einzuberufen; derselbe ist hierzu verpflichtet, wenn Gläubiger, deren Schuldverschreibungen zusammen den zwanzigsten Theil

[1]) Ueber die gerichtliche oder notarielle Beurkundung der Versammlung oben S 195.

der umlaufenden Schuldverschreibungen erreichen, oder ein von der Versammlung bestellter Vertreter es verlangen, § 3 des Gesetzes. Kommt der Schuldner nun seiner Verpflichtung nicht nach, so kann das Amtsgericht, in dem der Schuldner seinen Wohnsitz oder seine gewerbliche Niederlassung hat, die genannte qualifizirte Minderheit oder den Vertreter zur selbständigen Einberufung der Versammlung ermächtigen und zugleich über den Vorsitz in der letzteren Bestimmung treffen, § 4 des Gesetzes. Dasselbe Gericht ist zuständig, auf Antrag einer qualifizirten Minderheit von Gläubigern einen von der Gläubigerversammlung bestellten Vertreter nach thunlichster Anhörung desselben und des Schuldners aus wichtigen Gründen zu entlassen, § 16 des Gesetzes.

Der deutsche Gesetzgeber hatte ein Vorbild in dem österreichischen Gesetz vom 24. April 1874, betr. die gemeinsame Vertretung der Rechte der Besitzer von auf Inhaber lautenden oder durch Indossament übertragbaren Theilschuldverschreibungen u. s. w.[1]) Doch ist dieses Gesetz nicht wie das deutsche auf dem Gedanken der Gläubigerselbsthilfe aufgebaut, sondern es legt entsprechend einem die österreichische Gesetzgebung überhaupt beherrschenden Grundzuge den Schutz der privaten Interessen in die Hände der Staatsgewalt.[2]) Den Gläubigern wird nämlich nach dem österreichischen Gesetz vom Gericht ein Kurator bestellt, wenn der Schuldner in Konkurs verfallen ist oder „wenn ihre Rechte wegen des Mangels einer gemeinsamen Vertretung gefährdet oder die Rechte eines anderen in ihrem Gange gehemmt würden" Der Kurator handelt für die Gläubiger durchaus selbständig, wie ein Pfleger für seinen Pflegling; einem Gläubigerausschuß, der nach einer Novelle vom 5. Dez. 1877 unter gewissen Voraussetzungen zu bilden ist, kommt nur eine berathende und gutachtliche Stimme zu.

---

[1]) Vgl. hierzu und zu dem Folgenden die Begr. zum Entwurf des Ges. vom 4. Dez. 1899, Reichstagsdrucksachen, 1898/1899 Nr. 105, besonders S. 30 ff.

[2]) Aehnliches hatten wir oben S. 111 bei der Verlassenschaftsabhandlung gesehen.

Auch in einigen deutschen Bundesstaaten waren mehrfach gesetzlich Organisationen von Gläubigern, besonders von Pfandbriefgläubigern und Besitzern von Theilhypotheken auf den Inhaber geschaffen. In Preußen hatte das Gesetz vom 19 Aug. 1895 betr. das Pfandrecht an Privateisenbahnen und Kleinbahnen die Versammlung der Besitzer von Bahnpfandschuldbriefen (die im Bahngrundbuch eingetragene Bahnpfandschuld kann in Theilschuldverschreibungen auf den Inhaber zerlegt werden) als Rechtsinstitut anerkannt, übrigens die Beschlüsse der Versammlung unter scharfe obrigkeitliche Aufsicht gestellt und insbesondere gerichtliche Bestätigung der Beschlüsse erfordert. An die Stelle der einschlägigen Bestimmungen des Gesetzes vom 19 Aug. 1895 sind jetzt die des Gesetzes vom 4. Dez. 1899 getreten.[1]) Unberührt gelassen durch das Reichsrecht — vgl. § 25 des Ges. vom 4. Dez. 1899 — ist die unter gerichtlicher Leitung durchzuführende Zwangsliquidation, vermöge deren die abgesonderte Befriedigung der Bahnpfandgläubiger aus den einzelnen Bestandtheilen des Bahnunternehmens erstrebt wird, wenn die obrigkeitliche Genehmigung für den Betrieb der Bahn erloschen ist. Die Antheilnahme des Gerichts an der Zwangsliquidation gehört jedoch nicht der fr. G, sondern dem Vollstreckungsrechte an und ist daher hier ebensowenig darzustellen wie die gemäß § 18 des RGes. vom 4. Dez. 1899 von dem Konkursrichter zu entfaltende Thätigkeit.

§ 54.

Verschiedenes.

I. Offenbarungseid. Nach den Grundsätzen des bürgerlichen Rechtes tritt eine Pflicht zur Leistung des Offenbarungseides ein, wenn Grund zu der Annahme besteht, daß

a) der Verwalter die Verwaltungsrechnung (§ 259 BGB.),
b) der zur Herausgabe eines Vermögensinbegriffes oder zur Auskunftsertheilung über ihn Verpflichtete das Verzeichniß des Vermögensinbegriffes (§ 260 BGB.),

[1]) Siehe die 214 Anm. 1 genannte Begr. S. 29 Irrthümlich betrachten auch die neueren Darstellungen der fr. G. die preußischen Vorschriften noch in vollem Umfange als geltendes Recht.

c) der Hausgenosse des Erblassers die Auskunft über die Führung erbschaftlicher Geschäfte und über den Verbleib von Nachlaßgegenständen (§ 2028 BGB.),

d) der Miterbe die Auskunft über den Empfang ausgleichungs- (kollations-) pflichtiger Zuwendungen (§ 2057 BGB.)

nicht mit der erforderlichen Sorgfalt ertheilt hat. Weigert sich der Verpflichtete, den Eid zu leisten, so muß er dazu im Wege der Klage gezwungen werden; alsdann nimmt ihm das Prozeßgericht den Eid nach den Regeln der CPO. ab, § 889 CPO. Will der Verpflichtete dagegen gutwillig schwören, so erfolgt die Eidesleistung vor dem Richter der fr. G., und zwar vor dem Amtsgericht des Ortes, an welchem die Pflicht zur Rechnungslegung oder Auskunftsertheilung zu erfüllen ist; hat der Verpflichtete seinen Wohnsitz oder Aufenthalt im Inlande, so kann er den Eid auch vor dem Amtsgericht des Wohnsitzes oder Aufenthaltes leisten, §§ 261, 2028, 2057 BGB. Zu dem Termin, welcher auf Verlangen sowohl des Gläubigers wie des Schuldners anzuberaumen ist, sind beide Theile zu laden; erforderlich ist jedoch die Gegenwart des Gläubigers im Termine nicht, §§ 163, 79 RFG.

Die genannten Vorschriften gelten auch für den Offenbarungseid, mit welchem der Erbe auf Verlangen des Nachlaßgläubigers das Nachlaßinventar zu bestärken hat; doch ist dieser Eid vor dem Nachlaßgericht zu leisten, §§ 2006 BGB., 79 RFG.[1])

Ganz anderen Regeln untersteht der prozeßrechtliche Offenbarungseid wegen fruchtloser Zwangsvollstreckung, vgl. §§ 899 ff. CPO.

II. Pfandrechtliche Angelegenheiten. Nach dem BGB. erfolgt die Befriedigung des Pfandgläubigers aus der Pfandsache wie nach gemeinem Recht durch Privatverkauf. Zur größeren Sicherheit des Schuldners schreiben nun die §§ 1233 ff. BGB. für die Art und Weise des Pfandverkaufs

---

[1]) Vgl. auch Art. 147 Abs. 2 EG. z. BGB.

gewisse Regeln vor, z. B. soll das Pfand, wenn es keinen Markt- oder Börsenpreis hat, im Wege der öffentlichen Versteigerung und nur unter der Bedingung veräußert werden, daß der Käufer den Kaufpreis sofort erlegt, §§ 1235, 1238 Abs. 1 BGB. Die gesetzlichen Regeln können sich jedoch im einzelnen Falle als unnütz oder unbequem erweisen. Aus diesem Grunde giebt § 1246 BGB. jeder Partei das Recht, eine von dem Gesetz abweichende Art des Pfandverkaufs zu verlangen, wenn sie nach billigem Ermessen den Interessen der Betheiligten entspricht, und zwar erfolgt die Entscheidung, wenn eine gütliche Einigung nicht zu erzielen ist, nicht durch das Prozeßgericht, sondern zur Beschleunigung des Verfahrens durch den Richter der fr. G., welcher zuvor die Betheiligten thunlichst hören soll, § 166 RFG. Das Gesagte gilt sowohl für das vertragsmäßige wie für das gesetzliche (§ 1257 BGB.), für das bürgerliche wie für das kaufmännische Pfandrecht einschließlich des uneigentlichen Pfandrechts des Kommissionärs an seinem eigenen Kommissionsgute, § 398 HGB., unter gewissen Voraussetzungen auch für das kaufmännische Zurückbehaltungsrecht, § 371 HGB.

Diese Regelung schließt sich geschichtlich an Art. 310 Abs. 2 AHGB. an, wonach das Handelsgericht unter bestimmten Voraussetzungen dem Pfandgläubiger die Bewilligung ertheilte, sich aus dem Pfande ohne die namentlich nach preußischem Rechte erforderliche vorgängige Ausklagung des Schuldners bezahlt zu machen.

III. Höfe- und Landgüterrollen. Höferollen giebt es in der Provinz Hannover und im Herzogthum Lauenburg,[1]) Landgüterrollen in den Provinzen Brandenburg, Schlesien, Schleswig-Holstein und im Regierungsbezirk Kassel.[2]) Beide Arten von Rollen verfolgen den Zweck, die in ihnen eingetragenen Grundstücke dem Anerbenrecht zu unterwerfen; die Eintragung erfolgt auf den freien Antrag des Eigenthümers.

---

[1]) Ges. vom 2. Juni 1874 §§ 5 ff., vom 21. Febr. 1881 §§ 5 ff.

[2]) Ges. vom 10. Juli 1883 §§ 1 ff., vom 24. April 1884 §§ 1 ff., vom 2. April 1886 §§ 1 ff., vom 1. Juli 1887 §§ 1 ff.

Der Unterschied der Höfe- und Landgüterrollen liegt darin, daß erstere nur für „Höfe", d. h. bäuerliche, mit einem Wohnhaus versehene Besitzungen, letztere dagegen für alle „Landgüter", d. h. Grundstücke, die dem Betriebe der Land- und Forstwirthschaft dienen, bestimmt sind; die „Landgüter" müssen eine nach dem Grundsteuerreinertrage bestimmte Größe aufweisen.

Uebrigens sind die Höferollen öffentlich, während die Landgüterrollen nach Art der Grundbücher nur dem zugänglich sind, der ein rechtliches Interesse darlegt. An einem inneren Grunde für diesen Unterschied fehlt es.

Die Höfe- und Landgüterrollen werden von den Amtsgerichten geführt. Zuständig zur Vornahme einer Eintragung ist das Gericht, in dessen Bezirk das Gut liegt, auf welches sich die Eintragung bezieht.

Eine eigenartige Aufgabe stellt demselben Gericht die Landgüterordnung für den Regierungsbezirk Kassel vom 1. Juli 1887. Nach letzterer muß das Gericht, wenn der Gutseigenthümer verstorben ist, ohne die Person des Anerben zu bestimmen, und die Miterben sich nicht darüber einigen können, wer das Gut erhalten soll, auf Antrag die Betheiligten zu einem Einigungsversuche laden. Bleibt dieser erfolglos, so bestimmt ein besonderer für diesen Fall zusammenzuberufender Familienrath unter Vorsitz des Richters nach näherer Maßgabe der gesetzlichen Vorschriften, welcher Erbe das Gut erhalten und wie die anderen Erben abgefunden werden sollen.

Uebrigens treffen die Höferechtsgesetze und Landgüterordnungen sowie die beiden Anerbengesetze vom 8. Juni 1896 für Renten- und Ansiedelungsgüter und vom 2. Juli 1898 für Westfalen auch einige in den Thätigkeitskreis des Nachlaßgerichts einschlagende Vorschriften. Hierzu mag bemerkt werden, daß nach den beiden Anerbenrechtsgesetzen die in Frage kommenden Grundstücke dem Anerbenrecht nicht auf freiwilligen Antrag des Eigenthümers und durch Eintragung in die Höferolle, sondern unabhängig vom Willen des Eigenthümers durch einen auf Ersuchen der zuständigen

Behörde (in Westfalen des Spezialkommissars) im Grundbuch einzutragenden Vermerk unterworfen werden.

IV. Domänenangelegenheiten. Der Zusammenbruch Preußens im Jahre 1806 und die folgende Neuordnung des Staatswesens machten die Veräußerung und Verpfändung von Domänen zur Tilgung und Sicherung von Staatsschulden erforderlich. Durch Hausgesetz vom 17. Dez. 1808[1]) und 6. Nov. 1809 wurden hierfür gewisse etatsrechtliche Grundsätze vorgeschrieben. Mit der Nachprüfung, ob im einzelnen Falle diese Grundsätze befolgt seien, wurden die Landesjustizkollegien als Hypothekenbehörden der Domänen und späterhin die Oberlandes- (Appellations-) Gerichte betraut.[2])

Die Ueberweisung einer derartigen, etwa der Oberrechenkammer gebührenden Aufgabe an die Gerichte muthet fremdartig an, kann aber bei der Dehnbarkeit des Begriffs der fr G.[3]) trotz § 4 EG z. GVG. wohl nicht als unzulässig bezeichnet werden. Auch sind die Sondervorschriften über die Veräußerung und Verpfändung der Domänen nicht etwa durch das BGB. beseitigt worden, denn sie gehören dem öffentlichen Recht an.[4])

---

[1]) Gesetzsammlung 1806—1810, S. 604. Auf die nach 1808 erworbenen Domänen bezieht sich dieses Gesetz nicht.

[2]) Vgl. besonders die Verfügungen des JM. vom 10 März 1814, 21. April 1832 und 16. Juni 1834 in Kamptz Jahrbüchern für die preußische Gesetzgebung Bd. 3 S. 11, Bd. 39 S. 461 und Bd. 45 S. 512, ferner § 25 Ziff. 6 VO. vom 2. Jan. 1849 (GS. S. 49), Verf. des JM. vom 14. Juli 1849 (JMBl. S. 345), § 49 Ziff. 1 AG. z. GBG., sowie Koch, Recht und Hypothekenwesen der preußischen Domänen S. 140 ff.

[3]) Oben S. 3.

[4]) Dernburg, Das bürgerliche Recht, 1898, III, 30.

Anhang.

Das Notariat.[1])

§ 55.

Geschichtliches.[2])

Schon im alten Rom bestand nach dem bekannten Ausspruche Ciceros[3]) die Thätigkeit der Juristen (iurisconsulti) neben dem respondere (Ertheilen von Rechtsgutachten) und dem agere (Vornahme von Prozeßhandlungen) im cavere,

---

[1]) Das Notariat hat eine umfangreiche Litteratur Hervorgehoben seien: Oesterley, Das deutsche Notariat, 2 Bde, 1842 und 1845; Weißler, Das preußische Notariat 1888; derselbe, Das Notariat der preußischen Monarchie 1896, Zeitschrift für das Notariat (herausgegeben vom Verein für das Notariat in Rheinpreußen, seit 1856). Aus der oben S 18 ff verzeichneten Litteratur gehören auch hierher Merkels „Das Notariat und die willkürliche Gerichtsbarkeit", Jastrows „Formularbuch und Notariatsrecht" und die „Zeitschrift für das Notariat und die freiwillige Rechtspflege der Gerichte in Bayern" Eine treffliche Litteraturzusammenstellung bei Weißler, Das Notariat der preußischen Monarchie S 60 ff.; unsystematisch ist Pappafava, Geschichte und Bibliographie des Notariats, Zara 1895. Für das geltende Recht Werner-Kroschel, Das deutsch-preußische Notariat 1900.

[2]) Grundlegend Oesterley a. a. O Bd I (Geschichte des Notariats); vgl. ferner Merkel a a O S. 5 ff; Weißler, Das Notariat der preußischen Monarchie S. 3 ff, derselbe, Reform der vorb bürgerl. Rechtspflege S. 23 ff.; Pappafava a. a. O; Jastrow, a. a O. S. 5 ff

[3]) Cicero de oratore I, 48, 212, vgl. auch pro Murena 9, 19.

d. h. der Abfassung rechtsgeschäftlicher Erklärungen. In der späteren Kaiserzeit traten die tabelliones auf, Rechtskonsulenten, welche das Aufsetzen von rechtsgeschäftlichen Urkunden (instrumenta) und Eingaben (libelli) gewerbsmäßig betrieben. Die Tabellionen bildeten eine geschlossene Zunft und hielten in den großen Städten jedermann zugängliche Bureaux oder Stände (stationes). Zur Urkundsaufnahme pflegten sie Zeugen — in der Regel zwei — zuzuziehen. Hierauf beruhte der Beweiswerth ihrer Urkunden, indem die Echtheit der letzteren nöthigenfalls durch die Zeugen, übrigens auch durch den Tabellio selbst erhärtet werden konnte. Oeffentlicher Glauben kam den Tabellionen nicht zu, ebensowenig waren sie staatliche Beamte.

Neben den tabelliones sind die tabularii zu nennen. Diese waren Buchhalter bei den Steuerbehörden und befaßten sich, vielleicht vermöge der in Ausübung ihres Amtes erworbenen Kenntnisse und Gewandtheit, nebenher vielfach mit Urkundsangelegenheiten, theils als bloße Instrumentszeugen, theils in Konkurrenz mit den Tabellionen als Urkundsverfasser.

Unter notarius verstanden die Römer ursprünglich einen Schreibsklaven, der mit den sog. tironischen[1]) Noten (stenographischen Zeichen, Sigeln) Bescheid wußte. Ein ganz anderer Sinn kommt der Bezeichnung notarius in der byzantinischen Beamtenhierarchie zu; sie ist hier der Titel für die in hoher Stellung befindlichen Sekretäre des Kaisers (seltener auch des praefectus praetorio), also für eine Art Staatssekretäre.[2]) In ähnlicher Weise kennt das fränkische Staatsrecht notarii als Mitglieder der Hofkanzlei, welche insbesondere befugt waren, bei Verhinderung des Hofkanzlers an seiner Statt die königlichen Diplome zu beglaubigen.[3]) Ferner

---

[1]) Nach ihrem Erfinder Marcus Tullius Tiro, dem bekannten Freigelassenen Ciceros.

[2]) Oesterley a. a. O S 11; Breßlau, Handbuch der Urkundenlehre I, 153 ff.

[3]) Brunner, Deutsche Rechtsgeschichte II, 116.

ist „notarius“ zur Zeit der Volksrechte eine gebräuchliche Bezeichnung für den Gerichtsschreiber.[1]) In Italien überdauerte das zünftige Tabellionat den Untergang des weströmischen Reiches. Daneben finden sich hier seit der Zeit des langobardischen Reiches notarii als Sekretäre der weltlichen und geistlichen Großen, insbesondere auch des langobardischen Königs.[2]) Diese notarii vermengten sich vielfach mit den tabelliones, vielleicht weil bei dem Rückgang der Schreibenskunde die notarii aus dem Kreise der tabelliones gewählt werden mußten.[3]) Diese Entwicklung wurde nach der Zerstörung des langobardischen Reiches sehr gefördert durch die karolingische Gesetzgebung, welche für alle Grafschaftsgerichte die Einsetzung von Notarien als gerichtlicher Urkundspersonen (Gerichtsschreiber) vorschrieb.[3]) Es vollzog sich daher allmälig eine Umwandlung im Namen und Wesen der Tabellionen; sie nahmen die Bezeichnung „Notare“ an und wurden öffentliche und vereidigte Beamte;[4]) es bildete sich der Satz, daß die Beweiskraft einer Urkunde von notarieller Beglaubigung abhängig sei.[4]) Spätestens seit dem zwölften Jahrhundert legt das kanonische Recht den Notaren öffentlichen Glauben bei, und mit dem kanonischen Recht drang das so ausgebildete italienische Notariat nach Deutschland; hiermit hängt zusammen, daß in Deutschland ursprünglich allgemein die Notare (im neueren Sinne) Geistliche und die Notariatsakte kirchenrechtlicher Natur sind.[5]) Ernannt wurden Notare vom Kaiser und (jedoch nur anfänglich) vom Papst, vor allem aber, und zwar in wachsendem Umfange, durch die kaiserlichen „Hofpfalzgrafen“. Letztere verliehen sehr häufig zum großen Schaden des Publikums das Notariat an unwissende und anrüchige Subjekte, zudem

---

[1]) Brunner II, 186.

[2]) Oesterley S. 72

[3]) Oesterley S. 76; Breßlau a. a. O. I, 460 ff.

[4]) Brunner, Zur Rechtsgeschichte der römischen und germanischen Urkunde S. 24.

[5]) Oesterley I, 404 ff.; Weißler, Das Notariat der preußischen Monarchie S. 16 ff.

herrschte ein im Urkundswesen doppelt gefährlicher Mangel an klaren und allgemein gültigen Gesetzesvorschriften. Diese Mißstände, in Folge deren das Wort des berühmten Postglossators Baldus „imperitia notariorum destruit mundum“ zum Sprichwort wurde,[1]) führten zum Erlaß der Reichsnotariatsordnung vom 8. Okt. 1512. Dieselbe regelt hauptsächlich die Beurkundung von Rechtsgeschäften, insbesondere von Testamenten, und ist weit entfernt, eine vollständige Kodifikation des Notariatsrechtes darzustellen; neben ihr wurden das gemeine Gewohnheitsrecht, das kanonische Recht und sogar die römischen Bestimmungen über die tabelliones zur Anwendung gebracht.

Seit dem Erlaß der Reichsnotariatsordnung wird das Notariat durch die Territorialgewalten fortgebildet. Die bedeutenderen Landesherren waren selbst im Besitze der Hofpfalzgrafenwürde und daher zur Ernennung von Notaren befugt, vor allem gingen sie, das formelle Recht des Kaisers beiseiteschiebend, bald dazu über, die Zulassung der von dem Kaiser und den Hofpfalzgrafen ernannten Notare an die obrigkeitliche „Reception“ oder „Approbation“, die vielfach nur auf Grund eines vorgängigen Examens ertheilt wurde, zu knüpfen. So u. a. die „Kammergerichtsordnung in der Chur- und Mark Brandenburg“ von 1709. Beseitigt wurde das kaiserliche und hofpfalzgräfliche Notariat für Preußen durch die „Instruktion für Notarien in den Königlich Preußischen sämtlichen Provintzien“ vom 11. Juli 1771; sie kennt nur noch Notare, die — nach vorhergegangenem Rechtsstudium und bestandener Prüfung — vom König als solche bestellt sind. Neue Wege schlug der eine Prozeßordnung enthaltende erste Theil des Corpus iuris Fridericianum (1781) ein. Er verwandelte die früheren Advokaten (Prozeßvertreter) in richterliche Beamte, sogenannte Assistenzräthe; die zu Assistenzräthen nicht geeigneten Advokaten wurden „Justizkommissare“, welche zwar nicht für die Prozeßvertretung, wohl aber z. B. für die Vertheidigung und für die Ertheilung

[1]) Oesterley I, 484.

juristischen Rathes zuständig waren und zugleich Notariatsgeschäfte versehen sollten. Die Assistenzräthe konnten dagegen das Notariat nicht bekleiden, während bis dahin die Verbindung von Prozeßvertretung (Advokatur) und Notariat allgemein üblich gewesen war.[1]) Dieses System erwies sich aber in der Praxis als unhaltbar, und noch vor dem Erlaß der AGO., welche die Assistenzräthe gänzlich beseitigte, im übrigen aber die Grundgedanken des Corpus iuris Fridericianum übernahm, hatten die Justizkommissare die Befugniß der Prozeßvertretung erlangt.[2]) So war man an Stelle der früheren thatsächlichen zu einer rechtlichen Verbindung von Advokatur und Notariat gekommen, während man gerade deren Trennung erstrebt hatte.

Einen ganz anderen Verlauf hatte die Entwicklung in Frankreich genommen.[3]) Eigenthümlich ist dem französischen Notariat die ausschließliche Zuständigkeit zur öffentlichen Beurkundung von Rechtsgeschäften, Beglaubigung u. dgl. sowie die Unvereinbarkeit nicht nur mit dem Richteramt, sondern auch mit der Advokatur. Diese Regelung, welche angeblich auf Ludwig IX. den Heiligen (1226—1270) zurückgeht, jedenfalls aber sehr alt ist, entspricht, da das öffentliche Urkundswesen viele Aehnlichkeit mit der Verwaltung zeigt, sehr wohl dem Postulat der Trennung von Justiz und Verwaltung und wurde daher von der Revolutionsgesetzgebung (namentlich einem Ges. vom 16. März 1803) übernommen. Ein bemerkenswerthes Erzeugniß der letzteren sind die aus Wahlen der Notare hervorgehenden Notarskammern (chambres de discipline), welche ähnlich wie unsere Anwaltskammern zugleich die Aufgaben von Interessenvertretungen und Disziplinarbehörden erfüllen.

Bei der französischen Invasion wurde das französische Notariat nach West- und Süddeutschland verpflanzt, erhielt sich hier auch über das Ende der Fremdherrschaft hinaus.

---

1) Weißler, a. a. O. S. 39.
2) Näheres bei Weißler, a. a. O. S. 41.
3) Oesterley II, 43 ff.

und wurde, was Preußen anlangt, durch die „Verordnung und Taxordnung für die Notarien in den niederrheinischen Provinzen" vom 15. April 1822 (auch rheinische Notariatsordnung genannt) im wesentlichen aufrecht erhalten.

Das Ziel der nunmehr folgenden preußischen Gesetzgebung war, die Unterschiede zwischen dem altpreußischen und dem rheinischen Notariate auszugleichen und ein einheitliches Recht für die gesammte Monarchie zu schaffen.

In dieser Hinsicht sind besonders zu nennen:

a) Das Ges. vom 11 Juli 1845 über das Verfahren bei Aufnahme von Notariatsinstrumenten (auch „preußische Notariatsordnung" genannt), welches in vielen Stücken der rheinischen Notariatsordnung nachgebildet war. (In Hannover blieb auch nach seiner Einverleibung in Preußen die hannoversche Notariatsordnung vom 18. Sept. 1853 bestehen, in die anderen eroberten Gebietstheile wurde durch Ges. vom 8. März 1880 die preußische Notariatsordnung eingeführt);

b) das Ges. vom 12. April 1888 über das Grundbuchwesen und die Zwangsvollstreckung in das unbewegliche Vermögen im Geltungsbereiche des rheinischen Rechts übertrug den rheinischen Gerichten die Zuständigkeit für die durch die Anlegung und Weiterführung des Grundbuchs veranlaßte Aufnahme von Urkunden, abgesehen von Testamenten, Schenkungen und Eheverträgen, § 70 Ges Die Auflassung konnte sowohl vor dem Gericht wie vor dem Notar erklärt werden, § 5 Ges ;

c) ein Ges. vom 13. April 1888 ließ auch für das Rheinland, allerdings nur im Bedürfnißfalle, die Verbindung von Notariat und Rechtsanwaltschaft zu;

d) das Ges vom 15. Juli 1890, „enthaltend Bestimmungen über das Notariat und die gerichtliche und notarielle Beglaubigung von Unterschriften und Handzeichen" traf für die gesammte Monarchie einheitliche Vorschriften u a. über die Befähigung, den Geschäftsbezirk und die Vertretung der Notare, die Zuziehung von Zeugen zur Urkundsaufnahme, die Beglaubigung von Unterschriften und Handzeichen;

e) die Gebührenordnung für Notare vom 25. Juni 1895 ist gleichfalls für den ganzen Umfang der Monarchie erlassen.

Die Entwicklung ist zu einem vorläufigen Abschlusse gebracht durch das PrFG., welches in seinem sechsten Abschnitt (Art. 77—103) die Amtsstellung der Notare einheitlich für den gesammten preußischen Staat und erschöpfend ordnet; über die Regelung der notariellen Urkundsform vgl. die §§ 46—48 dieses Leitfadens. Ebenso haben auch die meisten anderen Bundesstaaten aus dem Inkrafttreten des neuen Rechtes den Anlaß zur Umgestaltung des Notariatswesens entnommen.[1]) Die lebhaften Bestrebungen, eine Reichsnotariatsordnung zu schaffen[2]), — welche auch zu der oben S. 12 erwähnten Reichstagsresolution geführt haben —, sind dagegen einstweilen leider als gescheitert zu betrachten; die Deutschland früher eigenthümliche Zerrissenheit des Rechtszustandes dauert also auf diesem Gebiete fort, was um so unerfreulicher ist, als die Verschiedenheiten der einzelstaatlichen Notariatsrechte außerordentlich groß sind. Die nachfolgenden Ausführungen werden sich im wesentlichen auf das preußische Recht beschränken.

§ 56.

Amt des Notars.

Der Notar ist nach preußischem Recht unmittelbarer Staatsbeamter, Art. 77 PrFG., er hat den Diensteid zu leisten, Art. 81 PrFG., und führt ein eigenes Dienstsiegel;[3]) eine Behörde, d. h. eine organische Staatseinrichtung, ist dagegen das einzelne Notariat in Preußen nicht.[4]) Die Un-

---

[1]) Vgl. Schultze-Görlitz, Kommentar zum RFG. S 325; auch unten S 231.

[2]) Weißler, a. a. O. S. 50 ff.

[3]) Allg. Verf. des JM. vom 21. Dez. 1899 (JMBl. S. 834) § 3.

[4]) Vgl. Entscheidung des RG. in Strafsachen 18, 250, 254; Entscheidung des Kammergerichts in der Zeitschrift für das Notariat 1893, 151; Nußbaum, Juristische Monatsschrift für Posen, West- und Ostpreußen 1900, 85.

vereinbarkeit von Notariat und Rechtsanwaltschaft ist für die gesammte Monarchie beseitigt; die Notare sind regelmäßig zugleich Rechtsanwälte und werden durch den Justizminister für die Zeit, während welcher sie bei einem bestimmten Gerichte zur Rechtsanwaltschaft zugelassen sind, oder auch auf Lebenszeit ernannt, Art. 78 PrFG. Dem Notar wird bei der Ernennung ein Amtssitz angewiesen, innerhalb dessen er seine Geschäftsräume zu halten hat; sein Amtsbezirk, der die örtlichen Grenzen der notariellen Thätigkeit bestimmt, umfaßt den ganzen Oberlandesgerichtsbezirk, Art. 80 PrFG. Notarskammern giebt es in Preußen nicht. Ein Gehalt bezieht der Notar nicht; er ist auf die „Gebühren" (unten S. 233) angewiesen.

Der Justizminister kann einem Notar auf dessen Antrag für die Dauer einer Krankheit oder sonstigen durch erhebliche Gründe gerechtfertigten Verhinderung einen zum Richteramt befähigten Vertreter bestellen. Derselbe hat den Diensteid zu leisten, Art. 99 PrFG. Amtshandlungen soll er nicht vornehmen, wenn der von ihm vertretene Notar ausgeschlossen sein würde, natürlich auch dann nicht, wenn in seiner eigenen Person Ausschließungsgründe vorhanden sind, Art. 101 Abs. 2 PrFG.

Der Notar steht wie jeder andere Justizbeamte unter der Aufsicht der Justizverwaltung und wird von Zeit zu Zeit revidirt (Art. 92 PrFG.), sein nächster Vorgesetzter ist der Landgerichtspräsident, nicht etwa der „aufsichtführende" Richter des Amtsgerichtes, Art. 91 PrFG. Das Disziplinarverfahren gegen Notare ist ähnlich wie das gegen Richter geregelt.

Disziplinargericht ist der Disziplinarsenat des Oberlandesgerichts, in zweiter Instanz der große Disziplinarsenat des Kammergerichts; auch hinsichtlich der Ertheilung von Rügen und Ermahnungen durch Vorgesetzte, des Disziplinar*verfahrens* und der vorläufigen Enthebung vom Amte finden die für Richter erlassenen Vorschriften Anwendung.[1]) Der Begriff des Dienstvergehens und sein Ver-

[1]) Art. 93 PrFG., Ges. vom 9 April 1879 §§ 21, 23, 24, Ges. vom 7. Mai 1851 §§ 17—50

hältniß zum Strafdelikt bestimmt sich dagegen nach den §§ 2—7 des Ges. vom 21. Juli 1852, betr. die Dienstvergehen der nicht-richterlichen Beamten.[1]) Die zulässigen Disziplinarstrafen sind Warnung, Verweis, Geldstrafe bis 3000 Mark, Verlust des Amtes und Dienstentlassung; auf Verlust des Amtes — in dieser Form eine dem notariellen Disziplinarrecht eigenthümliche Strafe — ist zu erkennen, wenn das Gericht den Verurtheilten nicht für unwürdig erachtet, an einem anderen Orte wieder angestellt zu werden, Art. 94 PrFG. Die Ausschließung von der Rechtsanwaltschaft zieht den Verlust des notariellen Amtes ipso iure nach sich.[2])

Nicht zu den Disziplinarstrafen gehören die Ordnungsstrafen, welche wegen Verletzung der Stempelsteuervorschriften gegen den Notar durch die vorgesetzte Dienstbehörde verhängt werden können.[3])

Beim Ausscheiden und beim Tode eines Notars, ebenso auch bei seiner Versetzung in einen anderen Amtsgerichtsbezirk als den seines ursprünglichen Amtssitzes hat das Amtsgericht des Amtssitzes die Protokollurschriften, Register u. s. w. des Notars in Verwahrung zu nehmen, Art. 102 PrFG., und von da an auch über die Ertheilung von Abschriften und Ausfertigungen und die Einsichtnahme der notariellen Urschriften zu befinden, Art. 43, 50, 61 PrFG.

Im älteren Recht führte die Auffassung, daß die Protokolle Eigenthum des Notars seien, dazu, ihm die letztwillige Verfügung über die Verwahrung der Protokolle zu verstatten.[4])

Der ureigenste Inhalt des notariellen Amtes ist die Zuständigkeit zur öffentlichen Beurkundung (oben §§ 46—48).

---

[1]) Vgl. § 66 dieses Ges.

[2]) § 22 Ges. vom 9. April 1879.

[3]) § 19 des preuß. Stempelsteuergesetzes vom 31. Juli 1895 § 22 der Allg. Verf. des Finanzministers und des Justizministers vom 29. Febr. 1896 (JMBl. S. 63 ff.).

[4]) Oesterley, a. a. O. II, 316, 336; Jastrow, Formularbuch und Notariatsrecht, Anm. 1 zu Art. 102 PrFG. (I, 150), Vgl. noch Art. 143 PrFG.

Die Notare konkurriren in dieser Beziehung, wie früher bereits bemerkt, mit den Amtsgerichten. Darin liegt eine Erweiterung ihrer Befugnisse gegenüber dem älteren preußischen Rechte, welches z. B. für Testamente und Schenkungsversprechen nur die gerichtliche, nicht die notarielle Form kannte.[1] Vorbehalten ist den Amtsgerichten als Grundbuchämtern die Entgegennahme und Beurkundung der Auflassung und der Bestellung und Uebertragung des Erbbaurechts, §§ 925, 1016, 1017 BGB.[2]), nur im Geltungsbereiche des früheren rheinischen Rechtes sind die Notare wie schon früher[3]) auch hierfür zuständig, Art. 26 AG. z. BGB., Art. 143 EG. z. BGB. Diese Ausnahme bildet den letzten Rest der früher so bedeutsamen Sonderstellung des rheinischen Notariats; sie ist aufrecht erhalten worden, weil sie den Wünschen und Gepflogenheiten der rheinischen Bevölkerung entsprach,[4]) und die rheinischen Notare durch die neueste Gesetzgebung ohnehin stark beeinträchtigt worden sind.

Mit der Urkundsaufnahme hängen die sonst zum Geschäftskreis der Notare gehörenden Verrichtungen meist mehr oder minder zusammen. Genannt seien:

a) die Abnahme von Eiden und eidesstattlichen Versicherungen zur Wahrung von Rechten im Auslande, Art. 34 Abs. 1 PrFG., auch die Entgegennahme einer eidesstattlichen Versicherung zur Erlangung eines Erbscheins (§ 2356 BGB.), jedoch nicht zu anderen Zwecken, oben S. 59;

b) die Vermittelung der Auseinandersetzung in Nachlaß- und Theilungssachen auf Grund gerichtlicher Ueberweisung, § 37 dieses Leitfadens; übrigens erfolgt auch die außergerichtliche Auseinandersetzung vielfach vor Notaren;

---

[1]) ALR. I, 12 § 66; I, 11 § 1063.

[2]) Einige andere Fälle ausschließlicher gerichtlicher Zuständigkeit, oben S. 183.

[3]) Oben S 225.

[4]) Begründung zum Entwurf des preuß. AG. z. BGB. S. 36.

c) die Vornahme von freiwilligen Versteigerungen, Zustellungen (Art. 31 Abs. 2 PrFG.), die Vornahme von Siegelungen und Entsiegelungen, — diese nur im Auftrage des Gerichtes oder des Konkursverwalters —, (Art. 87 PrFG.), ferner die Mitwirkung bei Abmarkungen und die Aufnahme von Vermögensverzeichnissen, Art. 31 PrFG., auch die Zusammenberufung und Leitung der Generalversammlung einer Wassergenossenschaft[1]) ist hier zu nennen;

d) die Ertheilung der Vollstreckungsklausel[2]) aus vollstreckbaren Urkunden, die der betr. Notar verwahrt, § 797 Abs. 2 CPO., also auch aufgenommen hat, Art. 42 PrFG.;

e) die Stellung von Anträgen bei den Behörden, insbesondere den Grundbuchämtern und Registergerichten auf Grund der vor dem Notar errichteten Urkunden, erforderlichenfalls auch die Durchfechtung von Beschwerden; über die vermuthete Vollmacht des Notars und seine Fähigkeit, die weitere Beschwerde selbstständig durch Einreichung einer Beschwerdeschrift einzulegen, oben S. 42, 71.

f) die Vornahme von Handlungen rein thatsächlicher Art, wie die Anfertigung von Vertrags- und anderen Entwürfen,[3]) die Vermittelung hypothekarischer Darlehen (im rheinischen Rechtsgebiet),[4]) die Geldverwahrung, die Vermögensverwaltung u. s. w. Einer gesetzlichen Uebertragung der Zuständigkeit auf die Notare bedurfte es in diesen Fällen — und auch in dem unter e genannten,[5]) — nicht, da derlei Handlungen durch den Notar ebensowohl wie durch jede andere beliebige Person bewirkt werden können.

Ganz anders wie Preußen haben die süddeutschen Staaten das Notariat ausgestaltet. Sie haben an dem französischen System

---

[1]) § 22 des Wassergenossenschaftsgesetzes vom 1. April 1879, Art. 88 PrFG.

[2]) Auch in den Fällen des § 730 CPO., vgl. z. B. Weißler, Das Notariat der preuß. Monarchie, S. 360.

[3]) Vgl. § 8 der GebOrd. für Notare vom 25. Juni 1895/6. Okt. 1899.

[4]) Ebenda § 17.

[5]) Abgesehen von der Vorschrift des § 29 Abs. 1 Satz 3 RFG.

der Unvereinbarkeit von Rechtsanwaltschaft und Notariat festgehalten und letzterem behördlichen Charakter beigelegt. Um nun den Notaren einen ausreichenden Thätigkeitskreis zu gewährleisten, haben Bayern, Baden und Elsaß-Lothringen auf Grund des Art. 141 EG. z. BGB. die Zuständigkeit der Gerichte zur öffentlichen Beurkundung ausgeschlossen und den Notaren außer der Urkundsbefugniß verschiedene wichtige Rechte, u. A. in Bayern die Fähigkeit zur Entgegennahme von Auflassungen, in Baden, wo die Notare mit weitgehender Sitzungspolizei- und Zwangsgewalt ausgerüstet sind, den größten Theil der nachlaßrichterlichen Geschäfte übertragen. In Württemberg hat man es zwar bei der gerichtlichen Urkundsbefugniß des Reichsrechts belassen, dagegen sind die mit „Bezirksnotaren" als Einzelbeamten besetzten „Bezirksnotariate" hier Grundbuchämter sowie gleichzeitig — unter Hinzuziehung von vier aus Wahlen der Gemeinde hervorgegangenen „Waisenrichtern" — ordentliche Vormundschafts- und Nachlaßgerichte. Außerdem ist der Bezirksnotar in Konkurrenz mit den Gerichten zur Aufnahme öffentlicher Urkunden befähigt; er ist insofern „öffentlicher Notar", neben den Bezirksnotaren können im Bedürfnißfalle auch andere lediglich zur Beurkundung berufene „öffentliche Notare" ernannt werden, für welche der Grundsatz der Unvereinbarkeit von Notariat und Rechtsanwaltschaft nicht gilt.[1])

§ 57.

Geschäftsführung des Notars.

Dem Notar steht nicht wie dem Rechtsanwalt[2]) frei, einen Auftrag anzunehmen oder abzulehnen, sondern er darf, wie schon nach altem italienischem und gemeinen Recht,[3]) seine Dienste nicht ohne triftigen Grund verweigern. Liegt ein solcher Grund vor (z. B. Krankheit, auch Ueberhäufung mit

[1]) Siehe bayr. AG. z. BGB. Art. 81, und NotGes., bad. Rechtspolizeigesetz § 68 nebst VO. vom 24. Nov. 1899 § 47, württemb. AG. z. BGB. Art. 3, 42, 72, 94 ff., 123.

[2]) Motive zum Entwurf der Rechtsanwaltsordnung S. 53 f.

[3]) Oesterley a. a. O. I, 231 Anm. 13, Reichsnotariatsordnung § 15, § 25 AGO. III, 7.

anderen Geschäften wird unter Umständen als hinreichend erachtet werden können,[1]) so hat der Notar die Ablehnung dem Auftraggeber unverzüglich anzuzeigen, Art. 83 Abs. 1 PrFG.

Wann der Notar von der **Beurkundung eines Rechtsgeschäftes ausgeschlossen** ist, haben wir bereits oben S. 186 gesehen. Handelt es sich nicht um die Beurkundung eines Rechtsgeschäftes, sondern z. B. um die Abnahme eines Eides zur Wahrung von Rechten im Auslande oder um die Beglaubigung einer Unterschrift, so finden die Vorschriften der §§ 6, 7 RFG. über die Ausschließung eines **Richters**[2]) entsprechende Anwendung, Art. 84 PrFG.; insbesondere führt daher in solchen Fällen die Mitwirkung eines gesetzlich ausgeschlossenen Notars **niemals** zur Ungültigkeit des notariellen Aktes.[3]) Einen in den §§ 6, 7 RFG. nicht enthaltenen Ausschließungsgrund schafft Art. 85 PrFG.: ein Notar soll in einer Sache, in der er bereits für einen der mehreren Betheiligten als Prozeßbevollmächtigter thätig ist oder gewesen ist, keine Amtshandlungen vornehmen, wenn einer der Betheiligten widerspricht, und zwar soll der Notar die letzteren auf das Vorhandensein des Widerspruchsgrundes aufmerksam machen

Auch bezüglich der Sprache und Dolmetscherzuziehung bei notariellen Verhandlungen ist zwischen Beurkundungen von Rechtsgeschäften und anderen Angelegenheiten zu unterscheiden. In dieser Hinsicht gelten die oben S. 34—36 und 185, 186 für die richterliche Thätigkeit entwickelten Grundsätze auch für die notarielle, §§ 178, 179 RFG., Art. 84 PrFG. Die **Beeidigung** eines Dolmetschers soll der Notar — auch bei der Beurkundung eines Rechtsgeschäftes — nur in dringenden Fällen vornehmen, im übrigen ist sie dem

---

[1]) So auch nach gemeinem und preußischem Recht, **Oesterley** a. a. O. II, 270; § 26c AGO. III, 7.

[2]) Ueber die gemeinrechtlichen Ausschließungsgründe ausführliche Erörterungen bei **Oesterley** II, 236 ff.

[3]) Vgl. dagegen bezüglich der Aufnahme rechtsgeschäftlicher Urkunden oben S 186.

Amtsgericht vorbehalten, Art. 86 PrFG. Sitzungspolizeiliche Befugnisse kommen dem Notar nicht zu.

In der Ausübung seines Amtes soll der Notar über den Parteien stehen. Er darf daher für die Geschäfte, welche er beurkundet, keine Gewährleistung übernehmen, Art. 89 PrFG. Ueber die Verhandlungen, bei denen er mitgewirkt hat, muß er Verschwiegenheit beobachten, wenn die Betheiligten ihn nicht davon entbinden, Art. 90 PrFG. Die Verletzung dieser Pflicht ist strafbar, § 300 StGB.

Die Entscheidung, ob der Notar die ihm bei der Amtsausübung bekannt gewordenen Thatsachen geheim halten soll, ist hiernach in die Hände der Parteien gelegt. Ueber deren Willen hinaus besteht daher für den Notar, was sich aus der Natur seiner Thätigkeit erklärt, keine Verschwiegenheitspflicht, auch nicht der vorgesetzten Dienstbehörde gegenüber. Er bedarf daher der Genehmigung der letzteren (§§ 376 CPO., 53 StPO.) nicht, um über die genannten Thatsachen Zeugniß ablegen zu dürfen.[1] Dagegen hat er in Civilsachen (nicht in Strafsachen) gemäß § 383 Ziff. 5 CPO. das Recht und gemäß Art. 90 PrFG. die Pflicht der Zeugnißverweigerung, so lange ihn die Parteien nicht von der Verschwiegenheitspflicht entbinden. Zur Geheimhaltung der für die Festsetzung der Stempelsteuer in Betracht kommenden Thatsachen ist der Notar den Steuerbehörden gegenüber weder berechtigt noch verpflichtet.[2]

Die Gebühren des Notars richten sich nach der Gebührenordnung vom 25. Juni 1895/6. Oktober 1899. Sie werden grundsätzlich nach dem Werthe des Gegenstandes erhoben.[3] Der Notar kann von seinem Auftraggeber einen angemessenen Vorschuß zur Deckung seiner Gebühren und baren Auslagen fordern und die Uebernahme des Auftrages verweigern, wenn dieser Vorschuß nicht gezahlt wird.[4] Kann jemand nach den für die Inanspruchnahme der Gerichte geltenden Vorschriften

---

[1]) Begr. S. 53; Nußbaum, a. a. O.; abweichend Wellstein, Kommentar zum PrFG. zu Art. 90.

[2]) §§ 7, 31 des preuß. Stempelsteuergesetzes vom 31. Juli 1895.

[3]) GebOrdn. § 2. [4]) GebOrdn. § 23.

— oben S. 83 — die Bewilligung des Armenrechtes verlangen, so hat ihm der Notar seine Dienste gebührenfrei zu gewähren, Art. 83 Abs. 2 PrFG. Ob die Voraussetzungen des Armenrechts vorliegen, hat der Notar selbst zu entscheiden. Ersatz für die baren Auslagen und geeignetenfalls Vorschuß für dieselben kann er — anders wie die Gerichtskasse, §§ 115 Ziff. 1 CPO., 14 RFG. — in jedem Falle fordern.

Ueber das Notariatsregister vgl. Art. 95 PrFG.

Gegen Maßnahmen des Notars, namentlich gegen die Ablehnung eines Auftrages, findet das Rechtsmittel der Beschwerde nicht statt, wenngleich dies an sich wünschenswerth erschiene und z. B. in Bayern und Baden[1]) vorgeschrieben ist. Denn die §§ 19 ff. RFG. und Art. 3 ff. PrFG. beziehen sich unzweifelhaft nur auf die Beschwerde gegen gerichtliche Verfügungen, und ihre allgemeine Anwendung auf notarielle Verfügungen ist nirgends vorgeschrieben.

Wer sich durch eine notarielle Entscheidung verletzt fühlt, muß sich daher an die Aufsichtsbehörde des Notars wenden, welche, da die Notare richterliche Unabhängigkeit im Sinne des § 1 GVG. nicht genießen, nicht darauf beschränkt ist, gegen ordnungswidrige Maßnahmen des Notars einzuschreiten, sondern auch — wie im allgemeinen jede vorgesetzte Behörde — über die sachliche Richtigkeit einer Handlung des untergeordneten Beamten befinden und ihn zu einer Abänderung derselben veranlassen kann.[2])

Ausnahmen bestehen in einigen Sonderfällen:

a) die Anrufung des Landgerichtes ist zugelassen, wenn der Notar sich weigert, eine Urkundsausfertigung oder -abschrift zu er-

[1]) Bayr. Notariatsgesetz Art. 57, Bad. Rechtspolizeigesetz § 68.

[2]) Nußbaum a. a. O.; theilweise übereinstimmend Jastrow, Formularbuch und Notariatsrecht, Anm. 2 zu Art. 91 PrFG. (I, 137). Für das ältere Recht Entscheidung des Obertribunals in Oppenhoffs Rechtsprechung 14, 710.

theilen oder die Einsicht der Urschrift zu gestatten, Art. 51 Abs. 2 PrFG., oben S. 189.

b) Soll der Notar für eine vollstreckbare notarielle Urkunde die Vollstreckungsklausel ertheilen und erhebt der Schuldner Einwendungen gegen deren Zulässigkeit, so erfolgt die Entscheidung durch das Amtsgericht, ebenso kann der Notar nur auf Anordnung des letzteren dem Gläubiger eine zweite oder weitere vollstreckbare Ausfertigung der Urkunde gewähren, § 797 Abs. 3 CPO. Lehnt der Notar dagegen den Antrag des Gläubigers auf Ertheilung der ersten vollstreckbaren Ausfertigung ab, so steht nur der Aufsichtsweg offen. Denn daß alsdann keiner der Fälle des § 797 Abs. 3 CPO. vorliegt, ist anerkannt und nicht zu bezweifeln.[1]) Ebensowenig darf aber der Ausdruck „vollstreckbare Ausfertigung" dazu verleiten, hier den Art. 51 Abs. 2 PrFG. (oben zu a) anzuwenden.[2]) Denn die „vollstreckbare Ausfertigung" ist in Wahrheit die Summe von Ausfertigung und Vollstreckungsklausel; sie ist so wenig eine Unterart der Ausfertigung, wie $x + y$ ein Unterbegriff von x ist. Man muß daher unterscheiden, ob der Notar lediglich die Ertheilung der Klausel oder überhaupt die der Ausfertigung ablehnt. In ersterem Falle liegen die Voraussetzungen des Art. 51 Abs. 2 PrFG. offenbar nicht vor. Für die hier vertretene Ansicht spricht auch, daß in der Kommission des Abgeordnetenhauses ausdrücklich der Antrag, in Art. 51 Abs. 2 PrFG. hinter das Wort Abschrift einzuschalten „oder eine Vollstreckungsklausel", gestellt, demnächst aber zurückgezogen worden ist.[3])

c) Sehr zweifelhaft ist die Frage, ob gegen Verfügungen, die der Notar im Auseinandersetzungsverfahren trifft, die Rechts-

---

[1]) Vgl. besonders RG. in der „Juristischen Wochenschrift" 1895, 520; KG. in den „Blättern für Rechtspflege im Bezirke des Kammergerichtes" 1900, 39; Weißler, Das Notariat der Preußischen Monarchie S. 358.

[2]) Abweichend jedoch KG. a. a. O. und Jastrow, Formularbuch und Notariatsrecht Anm. 2c zu Art. 51 PrFG. (II, 99).

[3]) Kommissionsbericht S. 42.

beschwerde an das Landgericht oder nur die Aufsichtsbeschwerde gegeben ist, vgl. oben S. 135.

d) Gegen eine vom Notar aufgestellte Berechnung seiner Gebühren und Auslagen findet auf Antrag sowohl des Zahlungspflichtigen wie des Notars eine Festsetzung durch amtsgerichtlichen Beschluß statt, welcher der sofortigen Beschwerde nach den Vorschriften der CPO. unterliegt, § 25 GebOrdn. für Notare.

e) In gewissen Fällen kann über die von dem Notar beanspruchte Vergütung nur im Prozeßwege entschieden werden, §§ 16, 26 Abs 3 GebOrdn. für Notare.

Anlagen.

Anmerkungen zu Anlage I und II.

Zu Anlage I: [1]) Das Muster ist das amtliche, vgl. JMBl. 1899 S. 328. Die gesammten Eintragungen des Musters beziehen sich auf dieselbe Firma. Die einzelnen Firmen sind in jeder Registerabtheilung unter fortlaufenden Nummern eingeordnet (siehe Anl. I. oben rechts: „Nummer der Firma"). — [2]) Die unterstrichelten Eintragungen sind solche, die durch spätere Eintragungen ihre Bedeutung verloren haben; im Original werden sie roth unterstrichen, § 23 der Allg. Verf. des JM. vom 7. Nov. 1899. — [3]) § 131 RFG. — [4]) § 31 Abs. 1 HGB. — [5]) § 25 Abs. 2 HGB. — [6]) § 106 HGB. — [7]) §§ 53 Abs. 1, 125 Abs. 3 und 4 HGB. — [8]) § 125 Abs. 3 und 4 HGB. — [9]) § 53 Abs. 3 HGB. — [10]) §§ 161 Abs. 2, 162 Abs. 1 HGB. — [11]) §§ 161 Abs. 2, 125 Abs. 4 HGB.

Zu Anlage II: [1]) Vgl. JMBl. 1899 S. 332. Alles in Anm. [1]) zu Anl. I Bemerkte gilt auch hier. — [2]) Zu der Eintragung zu Nr. 1 vgl. § 198 HGB. — [3]) Vgl. oben Anm. [2]) zu Anl. I. — [4]) § 53 Abs. 1 HGB. — [5]) § 277 Abs. 1 und 3 HGB. — [6]) § 277 Abs. 2 HGB. — [7]) § 280 Abs. 1 HGB. — [8]) § 284 HGB. — [9]) § 234 Abs. 1 HGB. — [10]) § 296 HGB. — [11]) § 53 Abs. 3 HGB. — [12]) § 296 Abs. 1 Satz 2 HGB. — [13]) § 293 HGB.

Anlage I.

1.	2.	3.
Nummer der Eintragung.	Firma; Ort der Niederlassung; Sitz der Gesellschaft.	Bezeichnung des Einzelkaufmanns oder der persönlich haftenden Gesellschafter.
1.	Johann Müller,[2]) Stettin.	Johann Christian Müller, Kaufmann, Stettin.
2.	In Heringsdorf ist eine Zweigniederlassung errichtet.[3])	
3.	Die Firma ist in: Johann Christian Müller geändert.[4])	
4.		Anton Bolte, Kaufmann, Stettin.
5.		Georg Danz, Kaufmann, Stettin.
6.		Hermann Franke, Kaufmann, Stettin.
7.		

[1]) Anmerkung 1—11 siehe S. 237

Muster einer Seite des Handels-

4.	5.
Prokura.	Rechtsverhältnisse bei Einzelkaufleuten.
	Der Uebergang der in dem Betriebe des Geschäfts begründeten Forderungen ist bei dem Erwerbe des Geschäfts durch Anton Bolte ausgeschlossen.[5])
…leine und dem Ferdinand … in Stettin, ist Gesammt- … Ein Jeder von ihnen ist …schaft mit einem der Gesell- …nd Franke zur Vertretung ermächtigt.[7])	
Engelbert Kleine und des …pe ist erloschen.[8])	

registers, Abtheilung A.[1]

6.

Rechtsverhältnisse bei Handelsgesellschaften.

Offene Handelsgesellschaft.

Georg Danz ist in das Geschäft als persönlich haftender Gesellscha
Die Gesellschaft hat am 6. März 1901 begonnen.[6]

Hermann Franke ist in die Gesellschaft als persönlich haftender Gesell
Er und der Gesellschafter Georg Danz sind nur in Gemeinschaft od
mit einem Prokuristen zur Vertretung der Gesellschaft ermächtigt.

Kommanditgesellschaft.

Die Kaufleute Anton Gabriel in Berlin und Adolf Otto in Stettin
schaft als Kommanditisten mit einer Einlage von je 50000 Mark
Georg Danz und Hermann Franke sind unbeschränkt zur Vertretu
ermächtigt.[11]

Nummer der Firma 1.

7.	8.
Geschäftsnummer; Tag der Eintragung; Unterschrift.	Bemerkungen.
2 H R A 1. / 1. 2. Januar 1900. N. N.	
2 H R A 1. / 3. 3. April 1900. N. N.	
2 H R A 1. / 6. 10. Juli 1900. N. N	
2 H R A 1. / 10. 31. Januar 1901. N. N.	
2 H R A 1. / 11. 7. März 1901. N. N.	
2 H R A 1. / 15. 2. April 1902. N. N.	
2 H R A 1. / 20. 3. Juli 1904. N. N.	

1.	2.	3.
Nummer der Ein- tragung.	Firma u. Sitz.	Gegenst des Unterneh
1.[2])	Gas- und Elektrizitätswerke Hannover, Aktiengesellschaft. Hannover.	Die Erbauung und Gas- und Elektr innerhalb des Deu
2.		
3.		Nach dem Beschluß versammlung vom auch die Erbauung von Gas- und Elektr außerhalb des D Gegenstand des U
4.		
5.		
6.		

[1]) Anmerkung 1—13 siehe S. 237.

Muster einer Seite des Handels-

4.	5.	6.
Grund- oder Stamm-kapital.	Vorstand; persönlich haftende Gesellschafter; Geschäftsführer; Liquidatoren.	Prokura.
1 000 000 Mark. [3])	Albert Merten, Kommerzienrath, Hannover. Ernst Kluge, Fabrikant, Linden. Johannes Wilke, Techniker, Hannover.	
		Dem Herrmann Werner in Hannover ist Prokura ertheilt. [4])
Nach dem Beschlusse der Generalversammlung vom 3. Mai 1906 soll das Grundkapital um 300 000 Mark erhöht werden. [7])		
Das Grundkapital ist um 300 000 Mark erhöht und beträgt jetzt 1 300 000 Mark. [8])	Wilhelm Krüger, Fabrikant, Hannover. [9])	
	Die bisherigen Vorstandsmitglieder sind Liquidatoren. [10])	Die Prokura des Herm. Werner ist erloschen. [11])

7.	
Gesellschaftsvertrag oder Satzung; Vertretungsbefugniß.	Auf ... Erl...
Aktiengesellschaft. Der Gesellschaftsvertrag ist am 5. Januar 1900 festgestellt. Jedem Mitgliede des Vorstandes steht nach dem Gesellschaftsvertrage die selbständige Vertretung der Gesellschaft zu	
Durch den Beschluß der Generalversammlung vom 28. Mai 1905 ist die Form, in der die von der Gesellschaft ausgehenden Bekanntmachungen erfolgen, geändert.[5])	
Ernst Kluge ist aus dem Vorstand ausgeschieden und an seiner Stelle Wilhelm Krüger zum Vorstandsmitgliede bestellt.[9])	
Die Gesellschaft wird durch je zwei Liquidatoren vertreten.[12])	Durch den ... sammlu... die Ges...

Anlage II.

Nummer der Firma [illegible].

	9.	10.
	Geschäftsnummer: Tag der Eintragung; Unterschrift.	Bemerkungen.
	2 HRB 6. / 1. [illegible] März 1900. N. N.	
	2 HRB 6. / 4. 4. April 1902. N. N.	
	2 HRB 6. / 10. 26. Juni 1905. N. N.	Das über die Generalversammlung vom 20. Mai 1905 aufgenommene Protokoll befindet sich im Bl. 66 der Registerakten.[6])
	2 HRB 6. / 15. 20. Mai 1906. N. N.	
	2 HRB 6. / 16. 6. Oktober 1906. N. N.	
eralver- 1910 ist .[13])	2 HRB 6. / 26. 10. August 1910. N. N.	

Anlage III.

Muster zu einem Protokoll über die dorfgerichtliche Siegelung eines Nachlasses im Auftrage des Amtsgerichtes.[1])

Anwesend:

1. Elschner, Schulze;[2])
2. Lesching, } Schöffen.
3. Vogel, }

Wilschau, den 1. Oktober 1900,
Nachmittags $3^1/_2$ Uhr.

Das Königliche Amtsgericht zu ...... hat dem Dorfgerichte durch Verfügung vom 30. September d. J. den Auftrag ertheilt,[3]) den Nachlaß des Bauern Friedrich Scholz zu Wilschau zu siegeln.

Wir Unterzeichnete begaben uns zu diesem Zwecke auf den Bauernhof des Verstorbenen und trafen dort an:

1. die Wirthschafterin Marie Becher,
2. den Knecht Gottfried Müller. Beide, hier wohnhaft, sind uns bekannt.

Sie wurden mit dem Zwecke unseres Erscheinens bekannt gemacht und aufgefordert, Auskunft über den Nachlaß und über ihnen bekannte Verwandte oder Erben des Verstorbenen zu ertheilen. Sie erklärten, Verwandte oder Erben des Verstorbenen nicht angeben zu können.

I. Zunächst wurden die Räumlichkeiten besichtigt. Es sind ein Wohnhaus, eine Scheune und ein Stall vorhanden.

---

[1]) Das nachstehende Muster ist das amtlich bekannt gemachte, vgl. JMBl. 1899, S. 820.

[2]) Schulze und Schöffen sind die Bezeichnungen für die Dorfgerichtsmitglieder, vgl. Art. 110 PrFG.

[3]) Art. 104, 107 PrFG.

Das einstöckige Wohnhaus besteht aus 5 Wohnräumen und einer Küche. Rechts vom Hausflure liegen nach der Straße zwei zweifenstrige, nach dem Hofe zu zwei einfenstrige Zimmer Die beiden Vorderzimmer und das eine nach dem Hofe gelegene Zimmer (Schlafzimmer) sind durch Thüren verbunden. Das andere nach dem Hofe belegene Zimmer ist das Wohnzimmer der Wirthschafterin Becher und hat nur eine Thür nach dem Hausflure. Links vom Hausflure liegt nach der Straße ein zweifenstriges Zimmer und daran anstoßend nach dem Hofe zu die Küche. Von dem Hausflure führt eine Holztreppe nach dem Boden, der eine verschließbare Eingangsthür und zwei einflüglige Giebelfenster hat. Auf dem Boden befindet sich ein Aufbewahrungsraum für gedroschenes Getreide (Kornboden); besonders verschließbare Räume sind dort nicht vorhanden. Alle Fenster sind von innen mit Läden versehen, außer dem Küchenfenster und den beiden Bodenfenstern.

Die Scheune hat eine Tenne und zwei Bansen.

Der Stall besteht aus der Schlafkammer des Knechtes Müller, vier Räumen für das Vieh, einem Raume zum Häckselschneiden, einer Vorrathskammer und dem Stallboden.

II. Die Leiche befand sich noch in dem Schlafzimmer nach dem Hofe zu. Sie wurde von dort mit dem Bette in das Wohnzimmer links vom Hausflure getragen.

Die Wirthschafterin Marie Becher zeigte unter Uebergabe des Schlüssels an, daß der Verstorbene seine Papiere in der Kommode aufbewahrt habe, welche in dem ersten rechts vom Hausflure gelegenen Vorderzimmer steht. Die verschlossenen Schubladen der Kommode wurden darauf in Gegenwart der Marie Becher geöffnet. Es wurden darin vorgefunden:

1 zwei schlesische Pfandbriefe, C Nr. 401 und C Nr. 402 über je 300 M verzinslich mit jährlich 3½ pCt. nebst den Erneuerungsscheinen und den am 1 April 1900 fällig gewesenen und den später fälligen Zinsscheinen;

2. ein Sparkassenbuch der Breslauer Kreissparkasse Nr. 56 über 150 M.;
3. ein Darlehnsschuldschein über 1500 M. ausgestellt vom Bauern Feldmann in Wilschau;
4. 300 M. baares Geld;
5. ein goldener Trauring, eine silberne Taschenuhr und eine goldene Uhrkette;
6. ein mit dem Privatsiegel verschlossener Briefumschlag mit der Aufschrift:

„Mein Testament. Friedrich Scholz."

Diese Gegenstände nahmen die unterzeichneten Dorfgerichtsmitglieder an sich, das baare Geld jedoch nur insoweit, als es nicht der Marie Becher ausgehändigt wurde (vgl. unten Nr. IV).

Auf dem Kornboden wurde das dort aufbewahrte ausgedroschene Getreide vermessen. Es wurden ermittelt:

1. .... Hektoliter Weizen,
2. .... " Roggen,
3. .... " Hafer,
4. .... " Gerste,
5. .... " Erbsen.

Davon wurden entnommen und in Säcken in die Küche geschafft:

1. .... Hektoliter Roggen,
2. .... " Hafer,
3. .... " Erbsen.

Die beiden Bansen der Scheune sind mit noch nicht gedroschenem Getreide und zum Theil mit Stroh, der Stallboden ist mit Heu gefüllt. In der Vorrathskammer des Stalles befinden sich etwa Hektoliter Kartoffeln. Von den Vorräthen wurden entnommen und in die Häckselkammer des Stallgebäudes geschafft:

1. .... Kilogramm Stroh,
2. .... " Heu,
3. .... Hektoliter Kartoffeln.

III. Demnächst wurde zur Siegelung geschritten.

Im Wohnhause wurden die sämmtlichen Fensterläden außer den Läden des Zimmers, in welchem die Leiche untergebracht ist, und den Läden des Wohnzimmers der Wirthschafterin von innen geschlossen. Auf dem Hausboden wurden die beiden Giebelfenster geschlossen und an jedem Fenster quer über die Fensterflügel zwei Papierstreifen dadurch befestigt, daß auf jedem Papierstreifen zwei Dienstsiegel aufgedrückt wurden. Sodann wurden die Thür zum Boden und die Thür des rechts vom Hausflure gelegenen Vorderzimmers verschlossen, die Schlüssel abgezogen und an jede Thür ein Papierstreifen über das Schlüsselloch mit dem einen Ende an den Thürpfosten, mit dem anderen an die Thür angesiegelt.

Die Scheune wurde in der Art versichert, daß nach Verschließung des Scheunenthors der Schlüssel abgezogen, durch die Schloßkramme ein Bindfaden gezogen und dieser mit beiden Enden durch je ein Siegel an das Scheunenthor angesiegelt wurde.

In gleicher Weise wurde die einzige Zugangsthür zu der Vorrathskammer im Stallgebäude versiegelt.

Die anderen Räume im Wohnhaus und im Stallgebäude wurden offen gelassen, da ihre Weiterbenutzung nothwendig ist. In dem Zimmer, in welchem die Leiche im Bette liegt, befindet sich sonst nur ein Tisch, ein leerer Schrank, drei Stühle. In dem Wohnzimmer der Wirthschafterin befinden sich ein vollständiges Bett mit Bettstelle, ein Kleiderschrank und eine Kommode, in denen nur die Sachen der Wirthschafterin enthalten sind, sowie ein Tisch und zwei Stühle. In der Küche sind ein Küchenschrank, ein Tisch, drei Stühle und das erforderliche Küchengeräth vorhanden.

An Vieh und Wirthschaftsgeräthen wurden vorgefunden und außer Siegelung gelassen:

1. 2 Pferde, 1 Fohlen;
2. 2 Ochsen, 5 Kühe, 2 Kälber;
3. 2 Schweine, 4 Ferkel;

4. 30 Schafe;
5. 6 Gänse, 10 Enten, 1 Hahn und 20 Hühner;
6. 2 Ackerwagen;
7. 2 Pflüge, 3 Eggen;
8. 1 Häckselmaschine;
9. 2 Pferdegeschirre.

Die Schlüssel zu dem verschlossenen Wohnzimmer, dem Hausboden, der Scheune und der Vorrathskammer des Stallgebäudes wurden mit einem Zettel mit entsprechender Aufschrift (Wohnzimmer, Boden, Scheune, Stall) versehen und in die Schublade des Tisches gelegt, der im Wohnzimmer der Wirthschafterin steht. Diese nicht verschließbare Schublade wurde durch einen mit zwei Siegeln befestigten Papierstreifen verschlossen.

Im Ganzen wurden 18 Siegel angelegt und zwar in Lack. Die Anwesenden wurden darauf aufmerksam gemacht, daß sie sich jeder Beschädigung oder Ablösung der angelegten Siegel bei Vermeidung der gesetzlichen Strafen zu enthalten haben.

IV. Die Wirthschafterin Marie Becher wurde angewiesen, die Wirthschaft in der bisherigen Weise fortzuführen.

Zur Bestreitung der Begräbnißkosten und der nothwendigen Wirthschaftsausgaben wurden ihr von dem vorgefundenen baaren Gelde 150 M. ausgehändigt. Ferner wurden ihr zur Fortführung der Wirthschaft die von der Siegelung ausgeschlossenen:

.... Hektoliter Roggen,
.... „ Erbsen,
.... Kilogramm Heu,
.... Hektoliter Hafer,
.... Kilogramm Stroh,
.... Hektoliter Kartoffeln

sowie zwei Raummeter auf dem Hofe aufgestapeltes Brennholz übergeben. Sie wurde darauf hingewiesen, daß sie über die Verwendung des Geldes und ihre Wirthschaftsführung demnächst Rechenschaft ablegen müsse.

Dem Knechte Gottfried Müller wurde aufgegeben, den Anordnungen der Wirthschafterin Becher Folge zu leisten.

Schließlich wurden Marie Becher und Gottfried Müller angewiesen, über den Verschluß und die angelegten Siegel zu wachen und jede wahrgenommene Aenderung dem Dorfgericht anzuzeigen.

Vorgelesen, genehmigt, unterschrieben.

Marie Becher. Gottfried Müller.
Elschner. Lesching. Vogel.

Anlage IV.

Beispiel eines gemeinschaftlichen [1]) Erbscheins.

Hierdurch wird bescheinigt, daß alleinige [2]) Erben des am 10. Juli 1900 zu Charlottenburg, seinem letzten Wohnsitz,[3]) Hardenbergstraße 101, verstorbenen Rentners Abraham Schüler geworden sind

I. seine Wittwe Selma, geb. Niemann, zu Charlottenburg, Hardenbergstraße 101,

II. seine beiden Kinder aus der Ehe mit der zu I. Genannten, nämlich

a) der Kaufmann Ernst Herrmann Schüler zu Berlin, Alexanderstraße 8,

b) die verehelichte Fabrikant Selma Meyer, geb. Schüler, zu Hannover, Bahnhofstraße 29,

und zwar die Wittwe zur Hälfte, die Kinder zu je einem Viertel.

Charlottenburg, den 1. September 1900.

(L. S.) Kgl. Amtsgericht, Abth. 7.

Rath,

Amtsrichter.

---

[1]) Oben S. 139.

[2]) Hier wird gewöhnlich eingeschaltet: „gesetzliche" bezw. „testamentarische" oder „Vertrags"-Erben, auch wohl das Testament oder der Erbvertrag näher bezeichnet. Dies erscheint jedoch überflüssig, seitdem alle Erben ohne Unterschied des Erbscheins theilhaftig werden können (vgl. oben S. 137 f.).

[3]) Wichtig wegen der Zuständigkeit des Nachlaßgerichtes, § 73 RFG.

Anlage V.

Beispiel eines notariellen Kaufvertrages über ein Grundstück.

Verhandelt Guben, den 20. Mai 1900.[1])

Vor mir, dem unterzeichneten Notar im Bezirk des Kgl. Kammergerichts, wohnhaft hierselbst, erschienen heute

1. der Ackerbürger Friedrich Bauer von hier,
2. der Kaufmann Emil Reich aus Sommerfeld.[2])

Ersterer ist mir persönlich bekannt, über die Identität des Reich habe ich mir in folgender Weise Gewißheit verschafft:[3]) Reich legte mir nachstehende, sämmtlich auf seinen Namen lautende Urkunden vor:

a) einen am 10. Oktober 1890 vom Kgl. Bezirkskommando zu Guben ausgestellten Militärpaß,

b) eine Steuerquittung der städtischen Steuerkasse zu Sommerfeld vom 1. April 1900 (Heberolle 20/1817) über erfolgte Steuerzahlung für das zweite Vierteljahr 1900,

c) einen Hypothekenbrief über eine auf dem Grundstück Guben (Stadt) Bd. XXII Bl. Nr. 390 in Abth. III unter Nr. 5 eingetragene Hypothek von 20 000 M.,

auch versicherte Bauer, Reich persönlich zu kennen.[4])

Demnächst erklärten die Erschienenen folgenden Kaufvertrag:[5])

§ 1.

Bauer verkauft sein in Guben, Wallstraße 13 belegenes, im Grundbuche von Guben (Stadt) Bd. V Bl. Nr. 136 ver-

---

[1]) § 176 Ziff. 1 RFG. [2]) § 176 Ziff. 2 RFG.

[3]) § 176 Abs. 3 RFG.

[4]) Solche Versicherung hat nur beschränkten Werth, allein würde sie zur Sicherung der Identität keinesfalls genügen.

[5]) § 176 Ziff. 3 RFG.

zeichnetes Hausgrundstück für den Preis von 20 000 M. an Reich.

§ 2.

Auflassung und Uebergabe des Grundstücks sollen am 1. Oktober 1900 erfolgen.

§ 3.

In Anrechnung auf den Kaufpreis übernimmt Reich die in dem Grundbuchblatte des verkauften Grundstücks in Abth. III unter Nr. 1 eingetragene Hypothek von 10 000 M. vom 1. Oktober 1900 ab als persönlicher Schuldner. Der Restbetrag von 10 000 M. ist Zug um Zug gegen die Auflassung baar zu zahlen.

§ 4.

Diese Verhandlung ist für die beiden Erschienenen je einmal auszufertigen.[1]) Kosten und Stempel des Vertrages sowie die Kosten der Auflassung trägt Bauer.

Das Protokoll ist den Erschienenen vorgelesen, von ihnen genehmigt und wie folgt eigenhändig unterschrieben worden:[2])

(gez.) **Friedrich Bauer.** (gez.) **Emil Reich.**

geschehen wie oben[3])

(gez.) **Albert Müller,**
Notar.

---

[1]) Art. 49 PrFG., oben S. 188, 189.

[2]) § 177 RFG.

[3]) Mit einer derartigen Formel — man schreibt z. B. auch „a. u. s." (actum ut supra) „geschlossen" — wird die Verhandlung herkömmlicher Weise abgeschlossen.

Anlage VI.

Beispiel einer gerichtlichen Verhandlung mit einem Taubstummen.

Kgl. Amtsgericht. **Charlottenburg**, den 20. Mai 1900.[1])

Gegenwärtig:
Rath, Amtsrichter,
als Richter.

An Gerichtsstelle erschienen heute

1. der Fabrikbesitzer Ernst Großmann von hier, Kantstraße 111,
2. der Rentner August Ruhemann von hier, Berlinerstraße 12,[2])

durch den mit ihnen persönlich bekannten Gerichtsdiener Franz Büttel vom hiesigen Amtsgericht dem amtirenden Richter vorgestellt,[3]) wie Büttel durch seine Unterschrift anerkennt:

(gez.) **Franz Büttel.**[4])

Ruhemann ist, wie die Verhandlung mit ihm sofort überzeugend ergab,[5]) taubstumm, jedoch im Stande, sich auf schriftlichem Wege zu verständigen;[6]) eine Veranlassung, an seiner Geschäftsfähigkeit oder Einsicht zu zweifeln, ergab sich nicht.[7]) Es wurde daher der Sekretär Runde vom hiesigen

[1]) § 176 Ziff. 1 RFG. [2]) § 176 Ziff. 2 RFG.
[3]) § 176 Abs. 3 RFG.
[4]) Nothwendig ist die Unterschrift Büttels nicht.
[5]) § 169 RFG. [6]) §§ 169, 178 Abs. 1 RFG.
[7]) Eine solche Feststellung ausdrücklich zu treffen, ist zwar nicht immer, aber doch bei Taubstummen, die oft in der geistigen Entwickelung zurückgeblieben sind, angebracht, Art. 40 Abs. 1 PrFG.

Amtsgericht als Gerichtsschreiber zugezogen.[1] Die Erschienenen erklärten hierauf folgenden Kaufvertrag:

— — — — — — — — — — — — — — —

— — — — — — — — — — — — — — —

Sodann wurde das Protokoll dem Ruhemann zur Durchsicht vorgelegt,[2] demnächst in Gegenwart des Richters und Gerichtsschreibers[3] vorgelesen, von den Betheiligten genehmigt und wie folgt eigenhändig unterschrieben:[4]

(gez.) **Ernst Großmann.** (gez.) **August Ruhemann.**

geschehen wie oben

(gez.) **Rath.** (gez.) **Runde.**[5]

---

[1] § 169 RFG., der Gerichtsschreiber kann auch durch zwei Zeugen ersetzt werden. Uebrigens müssen Gerichtsschreiber und Zeugen nicht nothwendig schon bei Abgabe der zu beurkundenden Erklärung, sondern erst von der Verlesung des Protokolls an zugegen zu sein, § 174 RFG.

[2] Art. 41 Abs. 1 PrFG.

[3] § 174 RFG. [4] § 177 Abs. 1 RFG.

[5] § 177 Abs. 3 RFG.

Anlage VII.

Beispiel einer notariellen Verloosungsverhandlung.[1])

Berlin, den 10. März 1900.

Vor mir, dem unterzeichneten Notar im Bezirke des Königlichen Kammergerichtes, erschienen heute in dem hier, Friedrichstraße 230, belegenen Geschäftslokale der Aktiengesellschaft „Gas- und Elektricitätswerke Berlin", wohin ich mich auf Ersuchen begeben hatte, die mir persönlich bekannten Direktoren der Gesellschaft Herren

1. Friedrich Müller, wohnhaft hierselbst, Leipzigerstraße 12,
2. August Schultze, wohnhaft Charlottenburg, Tauenzienstraße 20.

Dieselben legten mir vor

1. Die zweite Beilage zur „Berliner Börsenzeitung", Nr. 61 vom 9. Februar 1900,
2. die dritte Beilage zum „Berliner Tageblatt", Nr. 64 vom 10. Februar 1900.

Die beiden Zeitungen enthielten folgende

Bekanntmachung.

In Gemäßheit der §§ 6 und 8 der Anleihebedingungen[2]) unserer 4½prozentigen Obligationenanleihe von 1897 machen wir hierdurch bekannt, daß die diesjährige Auslosung behufs Tilgung der Anleihe am

10. März 1900, Vormittags 9 Uhr

---

[1]) An diesem Beispiel ist namentlich die Mitwirkung des Notars an dem Zustandekommen des beurkundeten Vorganges — oben S. 196 — zu beachten.

[2]) Nach den Anleihebedingungen ist solche Bekanntmachung häufig Voraussetzung einer gültigen Verloosung.

in unserem Geschäftslokale, Friedrichstraße 230, durch den Notar Albert Pfeiler zu Berlin stattfinden wird. Zur Auslosung gelangen Theilschuldverschreibungen im Gesammtwerthe von 90 000 M.

Die Inhaber der Theilschuldverschreibungen haben das Recht, der Auslosung beizuwohnen.

Die Nummern der ausgeloosten Stücke werden nach dem Ziehungstermin in dieser Zeitung bekannt gemacht.

Berlin, im Februar 1900.

Der Vorstand der „Gas- und Elektricitätswerke Berlin, Aktiengesellschaft".
Müller. Schultze.

Die Herren Müller und Schultze erklärten, daß heute die Ausloosung von 90 Stück am 2. Juli d. J. zur Rückzahlung gelangender Theilschuldverschreibungen der in der Bekanntmachung erwähnten, in 3000 Theilschuldverschreibungen zu je 1000 M. eingetheilten Anleihe erfolgen und vorher die Einzählung der sämmtlichen 3000 Stück Nummern von 1 bis 3000 in das Rad stattfinden solle.

Herr Müller überreichte mir hierauf ein durchgängig aus blaulackirtem Blech undurchsichtig gefertigtes, mit einem Vorlegeschloß aus Messing verschließbares Rad, sowie 3000 Loose, bestehend aus runden, gelben Pappscheibchen, auf welche die Nummern schwarz aufgedruckt waren. Ich überzeugte mich, daß die Nummern von 1 bis 3000 vollständig in Uebereinstimmung mit den Nummern der Theilschuldverschreibungen vorhanden waren, und zählte sodann die 3000 Loosnummern einzeln in das Rad ein.

Hierauf wurde zur Ausloosung geschritten und diese derart bewirkt, daß die mir persönlich bekannte Buchhalterin der Gesellschaft, Fräulein Elise Lehmann, die Nummern einzeln aus dem Rade zog.

Es wurden folgende Nummern gezogen: —

Nachdem hiermit das Ziehungsgeschäft beendet war, verschloß ich das Rad derartig, daß, nachdem das Vorlegeschloß angehängt und zugeschlossen war, durch die Kramme desselben schwarz-weißer Zwirn in doppeltem Faden über die ganze Hochseite der Radtrommel gezogen und die beiden Enden auf der Verschlußklappe auf untergelegtem weißen Papier mit dem Abdruck des notariellen Dienstsiegels in rothem Siegelack verbunden und befestigt wurden.

Hierauf legte ich die Schlüssel des Vorlegeschlosses in ein längliches Couvert von gelbem Papier mit der Aufschrift:

> „Schlüssel zu der Verloosungstrommel für die Ziehung der Theilschuldverschreibungen der 4½ prozentigen Obligationenanleihe der „Gas- und Elektricitätswerke Berlin", Aktiengesellschaft, von 1897."

verschloß das Couvert mit dem Aufdruck des Amtssiegels in rothem Siegelack und übergab es nebst dem Rad den Herren Müller und Schultze zur Aufbewahrung.

Die gezogenen 90 Nummern sind in einem besonderen Couvert aufbewahrt.

Die Herren Müller und Schultze beantragten, der durch sie vertretenen Gesellschaft zwei Ausfertigungen der Verhandlung zu ertheilen.

Das Protokoll wurde den Betheiligten hiernach in meiner Gegenwart vorgelesen, von ihnen genehmigt und wie folgt eigenhändig unterschrieben:[1])

(gez.) **Friedrich Müller.** (gez.) **August Schultze.**

(gez.) **Elise Lehmann.**

geschehen wie oben.

(gez.) **Albert Pfeiler.**
Notar.

---

[1]) Vgl. Art. 55 PrFG. Die Unterschrift der Lehmann rechtfertigt sich, wenn diese auch nicht als „Betheiligte" anzusehen ist, aus Art. 55 Abs. 1 Satz 2 PrFG. und ist jedenfalls unschädlich.

Sachregister.

Die Ziffern bezeichnen die Seiten.

A.

G.

H.

J.

K.

(siehe auch unter C.)

L.

M.

N.

O.

P.

R.

S.

T.

U.

V.

W.

Z.

Druck von Otto Walter in Berlin S.

MIX
Papier | Fördert gute Waldnutzung
FSC® C083411

Kolibri 360 GmbH
Ferdinand-Jühlke-Straße 7
99095 Erfurt, Deutschland
produktsicherheit@kolibri360.de